国家社会科学基金一般项目“双向跨境投资驱动中国创新发展的时空演化机制及其共轨溢出效应研究”（19BJL076）结项成果
本著作获西安财经大学学术著作出版资助

中国跨境投资内外双循环的创新溢出效应

李勃昕 著

中国财经出版传媒集团
中国财政经济出版社

图书在版编目（CIP）数据

中国跨境投资内外双循环的创新溢出效应 / 李勃昕著. --北京：中国财政经济出版社，2022.6

ISBN 978-7-5223-1415-0

Ⅰ.①中… Ⅱ.①李… Ⅲ.①对外投资-研究-中国 Ⅳ.①F832.6

中国版本图书馆 CIP 数据核字（2022）第 077546 号

责任编辑：蔡　宾　　　　　　　　责任校对：胡永立

封面设计：陈宇琰

中国跨境投资内外双循环的创新溢出效应

ZHONGGUO KUAJING TOUZI NEIWAI SHUANGXUNHUAN DE CHUANGXIN YICHU XIAOYING

中国财政经济出版社 出版

URL：http://www.cfeph.cn

E-mail：cfeph@cfeph.cn

社址：北京市海淀区阜成路甲 28 号　邮政编码：100142

营销中心电话：010-88191522　编辑部门电话：010-88190666

天猫网店：中国财政经济出版社旗舰店

网址：https://zgczjjcbs.tmall.com

北京财经印刷厂印刷　各地新华书店经销

成品尺寸：170mm×240mm　16 开　14.75 印张　217 000 字

2022 年 6 月第 1 版　2022 年 6 月北京第 1 次印刷

定价：60.00 元

ISBN 978-7-5223-1415-0

（图书出现印装问题，本社负责调换，电话：010-88190548）

本社质量投诉电话：010-88190744

打击盗版举报热线：010-88191661　QQ：2242791300

前 言

新冠肺炎疫情蔓延、单边贸易保护主义盛行，全球发展处于百年未有之大变局，给新时代开放经济建设和高质量发展带来了诸多挑战。国家“十四五”规划提出，要实行高水平对外开放，开拓合作共赢新局面。毫无疑问，中国在新一轮世界经济格局演变中承担重要角色，如何履行大国责任，以内外双循环发展维护多边经贸体系，驱动创新提升，输出中国红利，为全球所期待。外资引进是改革开放和经济增长的重要驱动力，2020 年中国吸收外商直接投资流量高达 1630 亿美元，同比增长 4%，规模创历史新高，排名首次超过美国，成为全球资本吸收第一大国。

然而，与改革开放初期的简单经济驱动有所不同，新时代外资引进已经不再是初级加工业导入，通过提高技术门槛和市场竞争力，外资开放逐步过渡到新兴技术产业，演化出创新驱动新特征。首先，国内产业门类不断完善，人口红利向市场红利、制度红利和产业链优势转变，三星、特斯拉等高科技龙头企业相继进入中国市场，旨在提高科技型产业生产效率，分享中国消费市场升级红利。引入高质量外资企业，一方面为国内企业树立了技术领袖，带动上下游企业协同发展，释放了内循环创新驱动红利；另一方面，国内企业与外资企业开展创新竞争与技术合作，有利于加快国内企业技术追赶，迈向中高端创新价值链。其次，经济转型促进外资结构优化，制造业外资利用额从 2010 年的 495.9 亿美元下降至 2019 年的 353.7 亿美元，服务业外资利用额呈现稳定上升势态，从 2010 年的 71.30 亿美元增长至 2019 年的

220.7亿美元，占比68.1%，高端生产性服务业外资大量进入中国市场，有利于加快产业结构升级和技术进步。最后，从单向“引进来”，到逐步“走出去”，中国开放经济演化为双循环创新驱动特征，2020年，我国对外投资合作保持平稳健康发展，对外直接投资规模高达1 329.4亿美元，同比增长3.3%，在全球疫情影响下的低迷经济环境中，显现出强有力的外循环驱动力。

可见，与早期探索国际市场的投资模式不同，新时代对外投资在两个维度发生转变：一是从过去单纯投向发展中国家和能源富集地区逐步转向发达国家和地区，吸收外部优势资源和新兴技术，转化提高自身研发创新能力；二是过去出海投资以中低端生产加工业转移为主，现在借助对外投资与先进企业竞争合作，挤入中高端价值链，实现了跨境资本与创新驱动的双向融合。

改革开放初期的逻辑基础在于“筑巢引凤”，以招商引资吸引国外资本带动国内经济增长，“引进来”一直都是主导策略，各项开放制度与优惠政策旨在放大外资引入的溢出效应。然而，随着改革开放步入深水区，跨境投资已经转变为内资外资双循环驱动模式，“走出去”承担了越来越重要的外循环驱动职能。并且，两者之间并非相互隔离，“走出去”和“引进来”都是深化开放的重要抓手，不能厚此薄彼，激励政策同时要向外循环渗透，加快对外投资各项制度优化，双向并重“引进来”与“走出去”，以外资内循环优化技术竞争，以内资外循环扩大创新虹吸，协调释放双向跨境投资的创新驱动红利。

路径优化的方向是，一要加快扭转中低端市场开发、基础资源获取的投资模式，转向发达国家和地区，开展创新合作与技术扩散，让世界乐于接受中国的技术进步与竞争力提升。通过对外投资建立研发机构与创新中心，嵌入全球创新价值链的前端引擎，吸收学习外部创新经验，提升自主技术研发水平，实现内生驱动转型。二要借力“一带一路”建设“走出去”，通过对外投资将国内富裕产能转移输出到沿线国家，既促进当地经济发展，又能逆向驱动国内产业结构优化，实现多边共赢。鼓励中国企业“走出去”，打破传统经贸隔阂，与以色列、新加坡等发达国家加强经贸合作，充分发挥资源互补优势，以外部创新资源融合带动国内产业升级，建立“一带一路”创新价值链的互补机制。

相应的政策设计上，要提高招商引资技术门槛，由“宽进劳动密集型”向“知识技术密集型”进阶，利用先进外资引入激励国内技术竞争与创新发展，摆脱中低端价值链模仿瓶颈。与此同时，在外汇管理和金融支持上给予更多便利政策，鼓励通过对外投资并购，在发达国家设立技术研发中心和生产基地，学习吸收国外创新经验，反哺国内技术进步。须加强知识产权保护，鼓励技术竞争，对内外企业一视同仁，培育公平高效的市场环境，加快高质量驱动转型；此外，深化自贸试验区、自由贸易港相关制度创新与政策探索，扩大“放管服”，降低外资企业投资发展的不利干扰，提升市场化运营积极性。要继续坚持“一带一路”建设，为中国嵌入并重塑世界价值链提供破冰之道。以“一带一路”建设构筑沿线合作机制，将成熟产业和富裕产能输出，带动沿线国家经济发展，缩短国内供给侧改革延续周期；同时，以跨境投资为合作通道，促进沿线国家之间人员交流、技术传播、产业协同和政策融通，分享改革开放成果，促进新兴国家创新价值链融合，树立大国发展的多边共赢典范。

本书研究的边际贡献在于：①突破单一 IFDI 或单一 OFDI 的研究局限，双向对比 IFDI 与 OFDI 创新溢出的动态演进关系，界定两者的共轨驱动特征，从而为研究跨境投资创新溢出提供了一个全局视角。进一步推演双向跨境投资创新溢出的互动关系，剖析 IFDI 对 OFDI 创新溢出的影响机制和 OFDI 对 IFDI 创新溢出的影响机制，并借助实证检验刻画两者之间的动态影响规律，为新时代全面开放和创新驱动提供系统优化、动态调节的策略选择。②以政府研发资助、宏观税负调节、知识产权价值激励以及环境规制等政策工具作为外生变量，引入双向跨境投资的创新溢出模型，揭示各项政策影响、双向跨境投资及区域创新发展之间的较为复杂的迭代关系；并实证检验各项政策工具的非线性调节效应，为制定各项激励政策，撬动双向跨境投资的共轨溢出，提供科学参考和量化依据。

研究中存在的不足及扩展空间在于：①实证研究中，以省际面板数据和跨国面板数据为主，缺乏微观研究证据和中观行业分析，扩展企业层面微观数据将有助于分析双向跨境投资的直接驱动影响；如果能进一步搜集整理行业面板数据，则有助于分析双向跨境投资溢出效应的行业异质性。②重点研究了中国吸收其他国家跨境投资的顺势溢出影响，但尚未识别这些国家对中国跨境投资是否同样影响了其本国经济发展与创新驱动，如何通过有效的政策优化，撬动并放大与中国跨境投资合作的多边溢出效应，依然有待于后续研究分析。

作者

2022 年 1 月

目 录

第1章 绪论

1.1 选题背景

改革开放四十多年创造了中国增长奇迹，出口、投资与消费三驾马车功不可没，但随着人口红利褪去，单边贸易保护主义抬头，新冠肺炎疫情蔓延，复杂而多变的国际局势给世界经济和中国发展带来了前所未有的挑战。党的十九大提出，内生驱动和开放经济是形成"新常态"高质量发展的重大战略举措，要加快推动全面开放新格局，嵌入全球经济一体化，深化创新型国家建设，完善现代化经济体系（裴长洪和刘斌，2020；戴翔等，2018）。

相应的历史经验是，改革开放初期，国内经济基础薄弱，产业结构尚未完善，为了尽快融入全球经济一体化，加速国内经济建设，大量吸收外商直接投资（Inward Foreign Direct Investment，简称 IFDI）带动经济起步和技术学习，为经济高速增长注入开放驱动力（韩震，2018；盛斌和吕越，2012）。新时代下，中国嵌入全球经济价值链方式发生了本质改变，过去以单向"引进来"为主导的内循环驱动模式，逐渐转向"走出去"，中国企业在全球投资发展，建立生产基地和研发中心（许和连等，2019），一方面扩大了中国开放经济影响力，提高了中国在全球价值链中的地位，为其他国家经济发展贡献中国力量；另一方面通过对外投资，优化资源配置，竞争国际市场，为国内企业技术进步和创新发展释放虹吸驱动，华为、吉利等一批中国企业正是借助“走出去”，强化国际竞争力，实现了技术升级和创新回报（黄远浙等，2021）。

由此来看，新时代全面开放与改革开放初期单向外资引进明显不同，跨境投资呈现出内资外循环和外资内循环的双向驱动特征事实（江小涓和孟丽君，2021），因而要坚持“引进来”与“走出去”并重。相应数据统计显示（图 1－1），近年来吸引外资增速放缓，而对外直接投资（Outward Foreign Direct Investment，简称 OFDI）增长明显加快，流量规模已经趋近于同期 IFDI，这在一定程度扭转了跨境投资的单向驱动局限（李新春和肖宵，2017）。同时，IFDI 和 OFDI 双轨逆行将造成跨境投资的时空分异和创新发展的资源错配，驱动逻辑发生了本质改变，单向强调“市场换技术”则难以为继，盲目加快对外投资会适得其反，出现了双轨驱动失衡和创新溢出不足的困境，这是新时代开放经济建设与高质量发展所需要解决的核心问题。

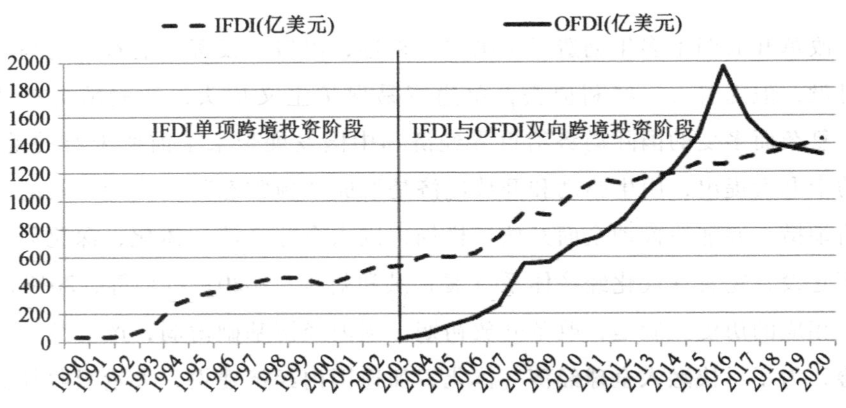

图 1－1　单向跨境投资到双向跨境投资阶段

基于现实发展需要，本书将分析招商引资嵌入中国创新转型的历史轨迹，推演对外投资逆向驱动创新发展的内在机制，梳理双向跨境投资和中国创新发展的共轨演化关系，揭示 IFDI 与 OFDI 交织衍生是偶然还是必然，阐释两者创新溢出的时间演进关系和空间互动差异，研究跨境投资驱动创新发展的双轨机制和交互溢出影响，检验政府研发资助、财税政策、知识产权制度以及环境规制等不同政策工具效应，探讨如何能够有效释放双向跨境投资的共轨溢出红利，以期为新时代推动形成全面开放新格局，借助双向跨境投资驱动创新型国家建设，提供理论参考和实践依据。

1.2 研究价值

1.2.1 理论价值

本书延续了开放经济理论和技术溢出理论的研究脉络，以中国现实发展为依据，基于系统关联视角，阐释双向跨境投资驱动中国创新发展的理论机制，借助生产力经济学、区域经济学、技术经济学、世界经济学等多学科的交叉融合，验证并丰富双向跨境投资共轨驱动的理论解释。具体研究中的理论贡献包括以下三个方面：

首先，分析改革开放以来招商引资驱动中国经济增长、内生驱动与创新发展的涟漪溢出效应，以动态演化视角揭示外资引进对中国融入全球价值链的结构变化，进而归纳外资引入的多维度溢出机制。

其次，借助开放经济框架，推演中国跨境投资从“引进来”到“走出去”的转化关系，以外部技术虹吸的逆向溢出机制解构对外跨境投资驱动中国创新发展的衍生逻辑，从而揭示开放经济的外向资本流动溢出变化。

最后，识别 IFDI 与 OFDI 的双向影响关系，分析两者创新溢出的时空演化轨迹及其交互影响，基于内外技术势差双重变化，分析“引进来”对“走出去”创新溢出的调节效应，以及“走出去”对“引进来”创新溢出的逆向影响，进而揭示两者创新驱动的共轨特征，归纳双向跨境投资之间较为复杂的演化关系。

1.2.2 现实意义

本书研究的现实意义在于，首先，通过梳理中国双向跨境投资的历史演化轨迹，揭示内外技术势差变化对跨境投资演进的深层次影响。与西方发达国家的顺势对外投资不同，中国的跨境投资既包括外资开放“引进来”，同时包括对外投资“走出去”，跨境投资目的地既有顺势投向发展中国家，也有逆势投向发达国家，这对中国内生增长与创新发展带来了深远影响，由此界定新时代双向跨境投资共轨驱动的特征事实。

其次，借助实证研究检验 IFDI 的创新溢出轨迹，以及 OFDI 的创新溢出规律，对比两者对中国创新驱动影响的时序效应、强度效应和空间效应，进一步刻画双向跨境投资交互创新溢出的演进特征及其互动关系，从而为推动形成全面开放新格局，协调并重“引进来”与“走出去”，提供相应经验依据。

最后，设计门槛调节模型，检验政府研发投入、知识产权制度等政策工具的外生影响，为推动全面开放和创新型国家建设，科学调节招商引资的技术门槛，扩大对外投资的创新驱动，解决双轨驱动失衡和创新溢出不足问题，提供双向调节、系统优化的政策建议。

1.3 研究思路与技术路线图

本书研究的逻辑主线为：问题发掘→历史分析→文献梳理→理论解释→实证检验→调研分析→政策设计。以中国跨境投资对创新驱动的双轨失衡和溢出不足瓶颈为出发点，借助历史演化分析归纳中国双向跨境投资的驱动转型特征；通过文献研究梳理双向跨境投资创新驱动的不同解释，建立研究基础，寻求扩展方向；设计理论模型，推导双向跨境投资创新溢出的演化规律并分析其共轨交互影响；进一步通过计量研究，实证检验双向跨境投资的创新驱动效应、共轨交互溢出特征以及政策工具的调节影响；理论结合实际，开展调研分析，梳理双向跨境投资发展的政策诉求及优化建议；最后基于理论研究和实证检验，为解决跨境投资创新溢出的双轨驱动失衡和创新溢出不足问题，设计双向驱动、动态释放和分层调节的政策优化体系。相应的研究技术路线，如图1-2所示。

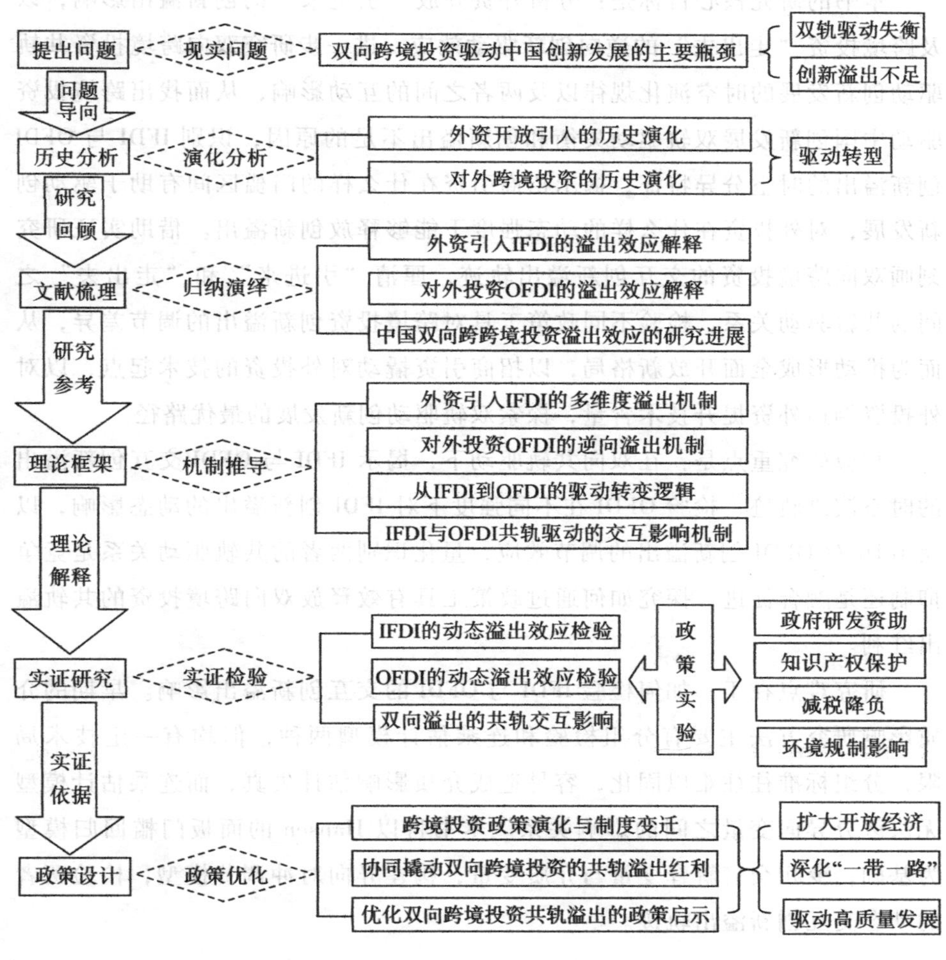

图1-2　研究技术路线图

1.4 研究目标与重点难点

本书的研究核心目标是：分析外资开放“引进来”的创新溢出影响，以及跨境投资“走出去”的逆向创新驱动效应，进一步研究双向跨境投资共轨驱动创新发展的时空演化规律以及两者之间的互动影响，从而找出跨境投资驱动中国创新发展双轨驱动失衡和创新溢出不足的原因，识别 IFDI 与 OFDI 创新溢出的时空分异特征，揭示招商引资在什么样的门槛区间有助于驱动创新发展，对外投资在什么样的动态强度下能够释放创新溢出。借助实证研究刻画双向跨境投资的交互创新溢出轨迹，厘清“引进来”和“走出去”之间的共轨驱动关系，检验不同政策工具对跨境投资创新溢出的调节差异，从而为推动形成全面开放新格局，以招商引资撬动对外投资的技术起点，以对外投资倒逼外资提升技术含量，探索双轨驱动创新发展的最优路径。

相应研究重点是：在双向共轨驱动下，揭示 IFDI 与 OFDI 交互创新溢出的时空演进轨迹，检验 OFDI 在不同强度下对 IFDI 创新溢出的动态影响，以及 IFDI 对 OFDI 创新溢出的调节效应，量化识别两者的共轨驱动关系是竞争抑制还是融合促进，探究如何通过政策工具有效释放双向跨境投资的共轨溢出红利。

研究难点在于：如何检验 IFDI 与 OFDI 的交互创新溢出影响。早期的介质影响研究方法主要有分组检验和连乘估计模型两种，但均有一定技术局限，分组标准往往难以固化，容易造成介质影响估计失真，而连乘估计模型无法区分异向变量之间的影响关系。本书将以 Hansen 的面板门槛回归模型为基础，变相交替解释变量与介质变量，构建异向对冲调节模型，检验两者的动态交互创新溢出轨迹。

1.5 研究方法

1. 历史分析。在分析双向跨境投资与创新发展的历史演进关系时，建立历史沿革坐标，将跨境投资与经济演化过程进一步总结、抽象，结合量化统计分析，发掘两者的内在联系与演进规律。

2. 归纳与演绎。通过相关文献研究和经典理论解释，归纳跨境投资创新溢出的内在机制与外部条件，演绎分析 IFDI 与 OFDI 驱动创新发展的共性、差异及衍生关系，从而界定“引进来”与“走出去”的双轨驱动特征事实。

3. 数理推导。借鉴 Bewley 和 Truman（1987）的数理推导研究方法，设计创新投入产出模型，基于内外技术势差和创新吸收转化，分层推导 IFDI 创新溢出的时空演进规律；分析创新投入产出弹性系数变化，推演 OFDI 创新溢出的外部虹吸和内部扩散双层涟漪效应，进一步阐释两者创新溢出的交互影响机制，为研究双向跨境投资的创新溢出提供理论支撑。

4. 计量研究。实证研究时，以单位根检验和协整检验降低宏观数据回归的时序干扰；采用随机前沿估计方法（SFA）测算区域创新效率，进一步测定区域创新水平的异质性；以固定效应模型（FE）检验 IFDI 与 OFDI 创新驱动的线性影响方向，进一步借助面板门槛回归方法（Threshold Regression）研究 IFDI 与 OFDI 创新溢出的动态规律；设计异向介质影响门槛模型检验两者的交互创新溢出关系；借助随机效应模型（RE）、广义矩估计模型（GMM）进一步检验计量模型输出的内生性与稳健性。

5. 实践调研分析。为了能够准确掌握区域双向跨境投资发展现状，以及企业层面的现实问题，通过调研走访政府、企业，发放调查问卷，采集各项一手数据，分析双向跨境投资发展瓶颈与政策诉求。

第2章 中国跨境投资的历史演化与驱动转型

本章通过建立历史坐标系，分析新中国成立以来，外资开放的发展趋势，以及对外投资“走出去”的历史轨迹，为研究双向跨境投资的演化关系及其驱动效应，提供现实依据。

2.1 1949—1977年：内忧外患之下的自力更生与经贸复苏

新中国成立初期，国内依然存在局部解放工作，战后社会经济发展百废待兴，但彼时西方发达国家并不认可新中国，在经济、政治和外交方面实施各项打压政策，面对复杂的国际形势，中国坚持自力更生，恢复经济秩序。同时，美苏争霸形成冷战格局，新中国与苏联等社会主义国家开展经贸合作，积极融入社会主义大家庭（罗斯等，2009），扩大外部影响力。国内经济发展以自力更生为主，经济增速在较长一段时间内与国际水平基本持平（见图2-1），1967年GDP首次超过700亿美元后有所起势。基于融入世界经济政治的发展诉求，通过对个别国家和地区的对外投资，新中国逐步建立了对外经贸合作关系，但规模有限，行业集中度较高，以初级资源获取和基础加工业为主，贸易往来更多依赖于社会主义发展中国家的相互支持。

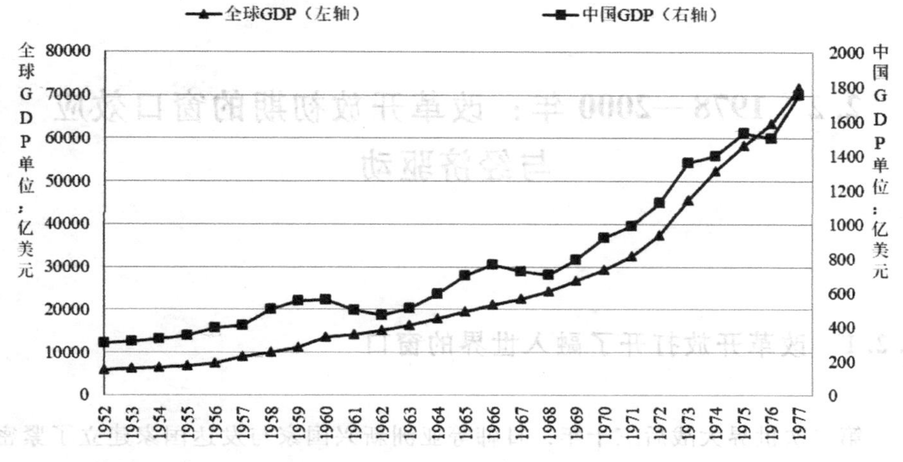

图 2－1　国内 GDP 与全球 GDP 增长趋势（1952—1977 年）

数据来源：全球 GDP 数据根据世界银行数据库整理而得，中国 GDP 数据根据中国统计年鉴整理而得。

为了学习国外先进生产经验，参与全球经济活动，新中国政府在境外接收了一些留存外资企业，随后设立了华润、南光等贸易公司，这是新中国最早的对外投资企业，成为走向世界的经贸纽带，将中国产品和资源通过对外贸易销往其他国家，虽然规模有限，但积累了重要的发展经验（Duanmu，2012）。受惠于中苏友好关系和社会主义阵营的相互支持（钟哲明，2009），1953 年 7 月，中国以东柏林为落脚点，成立中国进出口公司代表处，开启与欧洲各国的贸易往来。1971 年，中国恢复联合国席位，国际地位不断提升，中国企业陆续在纽约、东京、新加坡等发达国家和地区投资设立分支机构，扩大了国际经贸网络，为后续改革开放奠定了重要基础。

2.2 1978—2000年：改革开放初期的窗口效应与经济驱动

2.2.1 改革开放打开了融入世界的窗口

第二次世界大战后三十年，日韩等亚洲新兴国家与发达国家建立了紧密合作关系，快速融入世界经济，取得了高速发展成就，而中国短时间未能全面融入世界经济，贻误了先期对外经贸发展机遇。与此同时，欧美为首的资本主义国家倡导全球经济一体化，美苏争霸下的南北两极化逐渐被多级化趋势所替代（Sakwa，2013），以发展为主流的国际形势为中国改革开放提供了有利外部环境。

世界经济一体化过程中，单一国家难以拥有所必需的全部资源、资本和技术，要素供给逐渐形成全球化配置，国际市场以前所未有的速度融合扩张。内外双重变革下，为解决自身发展问题，中国开启具有伟大历史意义的改革开放，实施对内搞活经济、对外开放的政策方针，启动经济高速增长的开放引擎（Zhu，2012）。一方面，打开国门，通过“筑巢引凤”，制定积极的招商引资政策，欢迎国外企业在华投资建厂，引入成熟技术和生产经验，助力国内经济建设；另一方面，迈开步伐走向世界，积极参与国际事务，开展对外经贸合作，提高国际影响力，扩张全球化发展视野。

2.2.2 外资开放引入的内向经济驱动与中低端价值供给

改革开放的第一步是解放思想，开门纳客，吸引国外企业到中国投资建厂，帮助中国提高生产力水平。在对外开放早期，西方发达国家依然保持观望态度，更多通过贸易往来进入中国市场，而非资本投入。正大集团、中国航食等一些侨胞主办外资企业具有敏锐嗅觉，抓住开放窗口机遇，回国投资建厂，成为中国最早的外商投资企业，为中国树立开放合作形象，起到了至关重要的模范作用。

20世纪80年代，美国机械巨头卡特彼勒因政府项目合作进入中国，启动在华投资与经营，带来了世界先进技术装备，为国内机械行业发展塑造了一个学习标的。随着越来越多的外资企业进入中国，改革开放逐步被世界所接受，中美关系复苏为可口可乐、通用汽车等美国企业进入中国市场奠定了良好的合作基础。随着1991年苏联解体，冷战格局结束，中国迎来了发达国家的投资热潮（倪世雄，2019），1992年中国吸收外资规模首次超过百亿美元，同比增长超过150%（见图2-2），充分体现了世界经济对中国改革开放的投资热情。

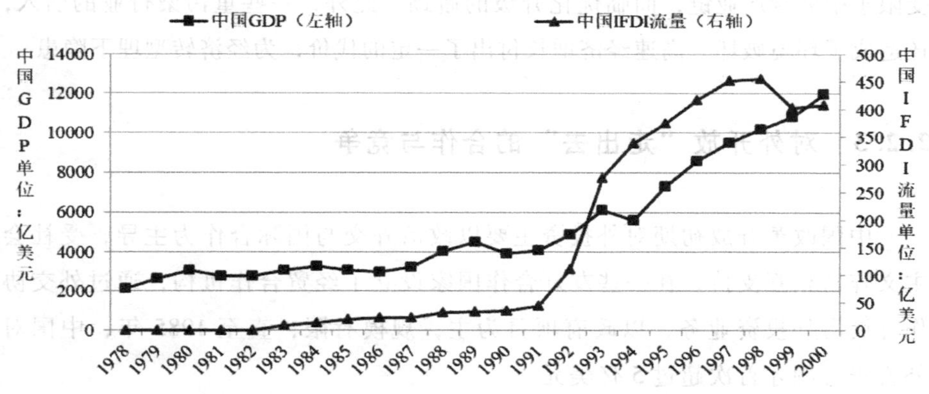

图2-2 改革开放初期GDP与IFDI增长趋势（1978—2000年）

数据来源：中国统计年鉴。

为了吸引外资，从国家到地方，出台名目繁多的招商引资政策，包括税负优惠、资源倾斜等，带动了中国经济高速增长，国内生产总值节节攀升，外汇收入储备激增，加速了中国融入世界经济一体化（Young，2003；Fieler，2011）。开放政策和人口红利放大了IFDI的内向经济驱动效应，国内产业门类逐步健全，工业发展明显加快，尤其在轻工业领域，出口规模屡创新高。外资热情背后的原因一方面在于看到中国庞大的市场空间，通过投资建厂实现本地化生产销售，占领市场先机。然而更深层次的解释在于，西方发达国家战后科技革命蔓延加速了技术传播与产业升级，技术创新是其经济增长的核心驱动，中低端加工制造业由于消耗土地、劳动力等资源，环境污染严重，边际收益递减，逐渐面临淘汰。中国由于原生资源较为丰富，拥有大量廉价劳动力，是西方发达国家中低端产业链转移的最佳目的地，外资引入驱动中国嵌入全球价值链的中低端供给侧，成为名副其实的“世界工厂”，这也正是西方发达国家乐于接受中国开放的重要原因。

同时，改革开放和外资引入加速了国内经济驱动，对外经贸地位日益提升，世界范围对中国的认可程度越来越高。但早期外资开放引入也衍生不容回避的问题，沿海地区先行吸收改革开放红利，扩大了区域间的经济差距，出现“孔雀东南飞”现象，在一定程度上造成贫富分化。产业分布出现“北重南轻”失衡问题，OEM 模式虽然创造大量外汇收入，但中国制造价值空间受限于中低端产业链，面临优化升级的瓶颈。此外，一些重污染行业的引入，还造成了环境破坏，高速经济增长付出了一定的代价，为经济转型埋下隐患。

2.2.3 对外开放“走出去”的合作与竞争

中国改革开放初期对外投资主要以政治外交与国际合作为主导，受社会主义阵营相互支持，在一些友好合作国家设立了经贸合作机构，通过外交协作开展海外投资业务，以政府项目为主，规模有限，直至 1985 年，中国对外投资总额才首次超过 5 亿美元。

1991 年，苏联解体和冷战结束为中国释放了更为广阔的对外投资空间，当年 OFDI 规模首次突破 10 亿美元（见图 2 - 3），随后两年出现规模激增，形成企业自主“走出去”的开放新局面（Dong 和 Guo，2013）。最先“走出去”的中国企业以商贸物流、能源开采和建设工程类为主，贸易物流企业通过对外投资，建立国外经营主体，一方面将海外物资引进销往国内；另一方面，将国内廉价产品通过海外贸易销往其他发展中国家和地区。以中石油为首的能源企业向国外扩张，在非洲、拉美、西亚等国家寻求外部能源开发，弥补国内能源短缺。中国交建、中国建筑等建设类央企广泛走出去，在亚非拉地区开展基础设施援建项目，带动对外投资。这一时期，国家主导的对外投资具有鲜明的政治外交意义，展现了中国走向世界的友好合作形象。

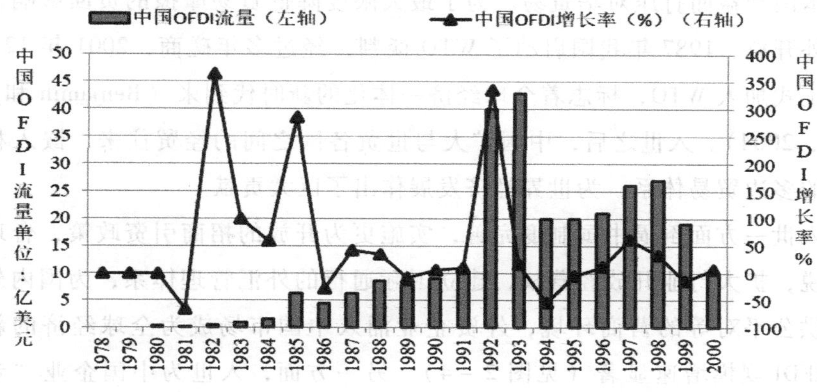

图2-3 中国OFDI增长趋势（1978—2000年）

1992年，中国启动市场化经济体制改革，进出口贸易增速显著，外汇管理渐成体系，中国企业获得前所未有的外向发展空间，以海尔、联想、华为、中兴为代表的新兴企业主动“走出去”，通过对外投资在全球布局，建立海外生产经营机构，与国际同行开展市场竞争。由于中国制造属于“雁行模式”中低端价值链，技术水平不高，质量稳定性较低，只能借助低价高产优势挤入中低端市场（Klenow，2009），国际市场议价权被发达国家巨头企业所主导。虽然这一时期对外投资的经济驱动效益有限，但参与国际市场竞争为后续产业升级和技术创新提供了重要经验。

2.3 2001—2017年：WTO加速了从“引进来”到“走出去”的内生驱动

2.3.1 WTO加速中国融入世界经济一体化

排除在世界贸易组织（WTO）之外对中国对外经贸发展造成了诸多不利

影响，包括不同国家之间进出口壁垒以及经贸政策差异，甚至一些国家为了保护本国利益而打压对华贸易。为了最大限度降低贸易摩擦的负面影响，加快对外开放，1987 年我国启动了 WTO 谈判，经过多年磋商，2001 年 12 月，中国正式加入 WTO，标志着全球经济一体化的新时代到来（Benjamin 和 Zissimos，2004）。入世之后，中国扩大与世贸各国之间的经贸往来，嵌入相对平等的多边贸易体系，为世界经济发展作出了巨大贡献。

入世一方面倒逼中国制度完善，实施更为开放的招商引资政策，合理降低关税，扩大行业开放经营权，建立国际通行的外汇管理体系，为国内外企业提供公平对等的营商环境，外资企业涌入中国市场成为全球经济的新趋势，IFDI 规模增速显著（见图 2 -4）。另一方面，入世为中国企业“走出去”保驾护航，在国际投资中享有平等地位，保护中国对外投资企业的合法权益，消除贸易摩擦的负面影响，撬动对外投资“走出去”积极性。统计数据显示（见图 2 -4），2008 年，中国 OFDI 流量首次超过 500 亿美元，此后长期保持高速增长，2014 年 OFDI 流量首次超过 IFDI 流量，外资“引进来”与内资“走出去”，形成了双向演化趋势。

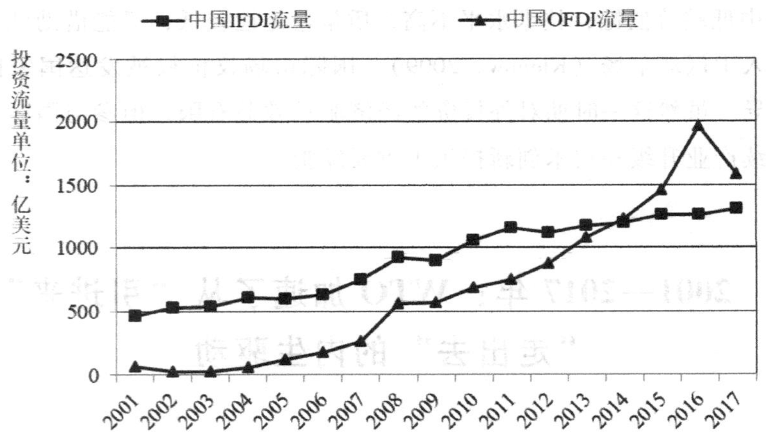

图 2 -4　中国双向跨境投资 IFDI 与 OFDI 增长趋势（2001—2017 年）

数据来源：由商务部统计和中国对外直接投资统计公报整理而得。

同时，加入 WTO 也将面临更为激烈的国际竞争，国外优质产品和先进技术进入中国市场，对国内企业导入了外部竞争压力；中国企业走入国际市场，参与技术竞争与价值链升级，倒逼中国企业驱动转型，由规模效应向内生增长过渡，对中国经济发展造成巨大冲击，产生深远影响。

2.3.2 外资开放引入的市场竞争与技术进步

中国经济高速增长带动收入水平和消费能力大幅提升，2017年居民恩格尔系数从2000年的39.2%下降至29.3%，形成了全球最大的单一消费市场，然而由于国内生产供给的结构性问题，难以满足消费升级需求。这一趋势下，外资进入中国的诉求从中低端价值链互补转向了消费升级与市场扩张，空中客车、通用集团这样的大型航空企业在国内投资建立装配基地；英特尔、IBM、西门子等先进电子信息企业纷至沓来，成为中国市场的领跑者。这些外资企业直接带动了国内产业升级和技术进步，同时也引入了外部技术势差，对国内企业造成竞争抑制，挤压国内企业生存发展空间，长此以往不利于国内经济发展。

为了促进技术进步与产业升级，提高市场竞争力，国内实施“市场换技术”策略，借助庞大的消费市场，吸引国外先进企业与国内企业合作设立合资公司，一方面满足国内消费升级需求；另一方面鼓励国内企业加快对国外先进企业的经验学习与技术吸收，实现追赶超越。这一政策在汽车制造行业广泛推广，奔驰、大众、福特等国外汽车企业抓住时机进入中国，合资建立生产基地，获取丰厚回报。通过上下游产业链融合，在一定程度提升了国内企业生产加工制造水平。一些沿海地区OEM企业通过多年积累学习，吸收先进技术和生产经验，逐步转化形成自有产品，创建自主品牌，挤入消费市场，逐渐摆脱中低端价值链瓶颈。这一过程中，资本流动演化为技术竞争，规模效应难以长期维持高速增长，面对更为激烈的中高端价值链竞争，中国招商引资的诉求从单纯的经济驱动转变为技术学习与内生驱动（樊士德等，2015），通过外部经验学习与研发吸收，提高国内产业技术水平与创新竞争力，加快产业升级，提升经济发展质量。

国内生产制造业挤入中高端价值链的过程中，提高了外资进入中国的市场门槛，对外资企业权益造成一定竞争冲击，引发诸多诟病。以美国为首的一些强权国家认为中国市场经济体制并不完善，缺乏合理有效的知识产权保护，技术模仿和知识侵权现象严重，损害了外资企业合法权益，提出加强对中国的技术封锁，限制高技术含量外资企业在中国投资建厂，旨在抑制中国技术进步和创新学习。事实上，按照创新理论解释，科技革命蔓延过程中，技术渗透与学习模仿本身就是内生增长的固有启动模式，西方发达国家在第三次科技革命浪潮中相互学习借鉴，知识积累和技术突破循环往复，得以不断建立创新竞争优势。与日本、韩国等亚洲新兴国家一样，由于近代历史发展中缺乏科技基础，中国的改革开放和技术进步更像是从“雁行模式”的尾端向前端进阶，这是一个复杂而必经的进化过程。如何能够建立合理激励机制，培育公平高效的竞争环境，吸收高技术含量外资，通过市场竞争转向内生驱动，是中国深化开放所要解决的核心问题。

2.3.3 技术进步的内生驱动从“引进来”转向“走出去”

“走出去”战略培育了更多跨国企业对外投资扩张，2014 年 OFDI 流量（1 231 亿美元）首次超过了 IFDI 流量（1 195 亿美元）。首先是能源企业大规模走出国门，投资建立海外基地，获取廉价优质的能源储备，中东、拉美地区石油开采与贸易成为中国能源的重要补给来源。化工企业通过海外投资并购，在原材料产区实现本地化加工生产，有利于缩短产业链环节，降低贸易成本，规避国际原材料价格波动和供给调节的不利影响。轻工类等企业延续改革开放初期中低端价值链成本优势，通过产业转移，走向亚洲、非洲等发展中国家，借助当地更为低廉的资源优势和人力成本，提高生产利润空间，扩张海外市场（Liu 和 Lu，2014）。

在一些高新技术领域，受制于一些西方发达国家技术封锁，国外先进企业往往难以进入中国市场，而国内企业由于缺乏创新模仿路径，无法掌握核心技术，国际竞争力不足。为了打破国界壁垒，华为、吉利等一批中国企业通过海外投资并购，在先进国家地区投资建厂，引入高端生产装备，雇用当地研发人员，虹吸国外技术势差，反哺自身技术创新水平，由此突破“雁行模式”的跟随瓶颈，挤入先进产业链。这反映了中国对外投资在两个维度发生转变：一是过去单纯投向发展中国家和能源富集地区逐步转向发达国家和地区（见图2－5），吸收先进资源和创新经验，提高自身技术水平，将内外技术势差转化为内生驱动；二是过去以基础能源产业扩张和中低端生产加工业转移为主的对外投资，挤入中高端价值链（高鹏飞，2019），借助海外投资与先进企业竞争合作，实现了跨境资本与技术渗透的双向融合。

图2－5　中国OFDI投资目的地结构演化（2001—2017年）

数据来源：中国统计年鉴和中国对外直接投资统计公报。

国家层面为了进一步规范对外投资，引导外向经济有序发展，于2004年颁布《境外投资项目核准暂行管理办法》，解除了对外投资额超过100万美元的项目须由国务院或者相关部委审批的相关要求，2006年发布了《境外投资产业指导政策》和《境外投资产业指导目录》，进一步明确规定了鼓励类和禁止类境外投资项目，除基本的生产类行业外，鼓励科技类产业和新兴技术类境外投资项目，在宏观调控、经贸政策、财税金融等方面给予相应政策支持，激励内资外循环的虹吸效应。但一些西方国家认为中国资本扩张破坏了本国经济发展和市场环境，通过各种经贸壁垒和投资限制，禁止中国资本进入本国先进技术行业，衍生贸易摩擦和行业壁垒，并不利于全球经济融合，成为中国跨境投资“走出去”所必须面对的严峻挑战。

2.4 2018年：开启新时代内资外资双循环的多重驱动新格局

2.4.1 全面开放新格局下内资外资双循环的共轨驱动模式

近年来，世界格局演变愈加复杂，英国脱欧、单边主义盛行、希腊等欧盟国家债务危机频发、中美贸易摩擦为全球发展带来了诸多不确定影响，世界经济一体化受到多重挑战，对开放经济发展造成了一定制约。党的十九大召开，标志着中国特色社会主义发展进入新时代，提出深化全面开放，建设创新型国家的发展战略，以我为主，应对复杂多变的国际形势，由高速增长阶段逐步转向高质量发展阶段（张幼文，2017），跨境投资和创新驱动尤为关键。

毫无疑问，中国在新一轮世界经济格局演变中承担着重要角色，如何履行大国责任，以自身经济发展维护多边经贸体系，输出中国红利，为全球所期待。必须以深化改革为契机，推动全面开放新格局，优化政策体系和要素市场结构，推进市场监管体制和治理能力改革，以跨境投资内外双循环驱动创新转型和高质量发展。一方面，进一步放宽市场准入，健全知识产权保护制度，建设公平竞争的市场环境，提高外资内循环的“磁吸力”，通过技术扩散和价值链升级促进国内技术进步与内生增长。另一方面，鼓励技术创新型企业“走出去”，学习国外先进研发经验，竞争海外市场，在更大范围、更深程度参与国际合作与技术研发，以创新虹吸的外循环模式逆向提升自主研发水平，内资外资双循环赋能高质量发展。

2.4.2 以外资内循环带动创新竞争与价值链升级

外资引入从简单的经济驱动逐步过渡到内生驱动，演化出新特征。首先，国内产业门类不断完善，人口红利向市场红利、制度红利和产业链优势转变，三星、特斯拉等高科技龙头企业相继进入中国市场，旨在提高科技型产业生产效率，分享中国消费市场升级红利。高质量外资引入一方面为国内企业树立了技术领袖，带动上下游企业协同发展，释放了IFDI内循环的溢出效应；另一方面，与外资企业开展创新竞争与技术合作，有利于加快国内技术追赶，摆脱“雁行模式”的中低端价值链局限。

其次，人口红利褪去，外资企业设厂用工成本提高，同时对一些高污染、高能耗制造业加以限制，挤出国内市场。由此，要合理安排退出路径，为相关外资企业撤离和转移提供多元化支持，一方面深化西部大开发，吸收东部沿海地区加工制造业转移，调整内部空间布局，尽可能降低外资撤离造成的短期不利影响；另一方面，要积极与周边国家协同，发挥“一带一路”建设的纽带作用，通过牵线搭桥协助外资企业转移落地友好国家，延续国内上下游产业链的跟踪服务。

再次，从IFDI存量结构来看，主要集中在制造业、租赁和商务服务业批发和零售业、电子信息、计算机服务和软件业。经济转型促进外资结构优化，制造业IFDI利用额从2010年的495.91亿美元下降至2018年的411.74亿美元；而服务行业IFDI利用额呈现稳定上升势态，从2010年的71.30亿美元增长至2018年的188.75亿美元，在IFDI结构占比68.1%，高端生产性服务业外资大量进入中国市场，有利于加快产业结构升级。

最后，价值链升级过程中，市场开放与外资内循环将承担更为重要的驱动作用，要强化战略性新兴产业引入，攻克关键核心技术，就必须开放创新合作，共享价值链耦合接口，让渡盈利空间。不仅引进先进外资企业，还要鼓励吸收外资研发机构，借助外部技术人员的研发经验，嵌入国内技术创新领域。在一些高精尖行业，简单的技术购买或设备引进并不解决根本问题，要充分重视高质量外资内循环的前端价值，扩大基础研发和技术设计阶段的创新合作，以显性回报互惠互利，建立长期稳定的融合机制。

2.4.3 以对外投资外循环实现多边共赢

世界经济呈现出差异化发展趋势，发展中国家经济增速有所下滑，发达国家创新竞争从未停滞，技术迭代与产业升级比以往节奏更快。客观来看，与西方国家上百年的科技革命相比，中国现代科技发展史较短，技术创新经验有限，关键核心技术欠缺。改革开放初期发达国家通过中低端价值链互补获取多重收益，而国内高新技术产业发展受制于自主创新不足与外部技术封锁，存在诸多技术瓶颈。外循环要改变中低端市场开发、基础资源获取的投资模式，转向发达国家和地区，开展创新合作，让世界乐于接受中国的技术进步与价值链升级。通过对外投资建立研发机构与创新中心，嵌入全球创新价值链的前端引擎，借助技术势差逆向虹吸，提升自主技术创新水平，实现内生驱动转型。

国内正值供给侧改革关键期，借力“一带一路”建设“走出去”，以对外投资将国内富余产能转移输出到沿线国家，既能够促进当地经济发展，还有助于逆向驱动国内产业结构优化，实现多边共赢。同时，新时代“一带一路”建设有利于打破传统经贸隔阂，鼓励中国企业“走出去”，与以色列、新加坡等发达国家加强经贸合作，充分发挥资源互补优势，以外部创新经验融合国内产业升级，形成“一带一路”创新价值链的耦合机制。

此外，中国创新发展具有“弯道超车”优势，在一些领域已经取得国际领先地位，通过对外投资，将5G网络技术、电子商务、高速铁路输出到市场经济规模较大的发展中国家，共享创新成果，有利于缩小南北差距，释放对外投资外循环的多边溢出红利。

第3章 研究梳理与文献述评

本章梳理外资开放引入溢出效应的相关研究，以及对外投资溢出效应的已有文献，进一步界定中国双向跨境投资共轨驱动的特殊性，对比不同国家间的研究差异，为系统研究双向跨境投资的溢出效应提供文献支撑，寻求研究扩展空间。

3.1 外资开放引入的溢出效应解释

3.1.1 外资引入溢出效应的理论学说

开放经济理论认为，对外开放是开启经济发展和社会进步的奠基石。因外资的投入产出系数与本国不同（Blonigen 等，2006），对于发展中国家而言，借助内外技术势差，吸收发达国家资本与技术，加快生产水平提升（Branstetter 和 Foley，2006），可以获得经济高速增长和 GDP 的显性回报。而从内循环投入产出模型来看，外资开放引入扩大了资本投入规模，提高产出效益，进而驱动经济增长，这一逻辑符合中国改革开放的历史路径（刘建丽，2019）。改革开放初期，正是通过自然资源、人口优势和区位优势等要素禀赋，吸引外资进入中国，通过技术学习和资本吸收，完善产业链，刺激内循环经济增长（肖琬君等，2020）。

内生增长理论给出了新的解释界面，认为不应简单强调经济增速，而要重视经济发展质量，以技术进步驱动全要素生产率（TFP）提升（Grossman和Helpman，1990）。日本、韩国、新加坡等亚洲新兴国家，通过外资开放引入，推动技术进步和生产效率提升，短时间从战后经济恢复步入了发达国家行列（Wang和Chung，2013）。而外资来源及其进入动机在驱动内循环升级方面，也发挥了重要作用。郭娟娟等（2020）的发现证实了来自高收入国家的外资和市场导向型的外资对企业全球价值链提升具有显著促进作用。本地企业通过技术模仿和市场竞争，缩小内外技术差距，促使外资企业引入高端价值链，抢占市场份额，从而驱动本地企业内生增长（Wang和Blomström，1992）。相应经验证据在于，IFDI内生溢出较为复杂，受环境规制（王竹君等，2008）、政策优惠（樊纲等，2011）、人力资本（Lucas，1998）和制度环境（李依颖，2019）等多因素的影响，具有一定的时空分异特征。

新增长理论认为创新是推动经济长期发展的主要动力（Romer，1990）。IFDI对于东道国而言，除了投入资本以外，更重要的作用在于促进东道国技术、人力资本和管理水平的提高（Balasubramanyam等，1999；Campos和Knoshita，2002）。从大卫·李嘉图的比较优势贸易理论解释来看（Merlevede和Schoors，2014），早期发展中国家工业基础薄弱，通过IFDI引入先进产业和成熟技术，外资企业将其视为低端产业聚集地，借助低成本劳动力创造高额收益，这个过程的创新溢出效应主要体现在本土企业对外资企业的技术学习，提高了国内生产水平和内生增长，但这一阶段的创新驱动较为有限，掌握技术不等于创新突破。随着市场经济逐渐繁荣，产业基础不断完善，发展中国家提出了“市场换技术”策略，吸引包括集成制造业、生物医药、电子信息等技术型产业在国内投资发展，国内企业通过对外资企业的研发学习和创新模仿，吸收技术势差，有效提升了自身技术竞争力，显现出IFDI的创新驱动效应（Gunby等，2017），逻辑在于，IFDI溢出效应可以促进国内的内生技术进步和创新发展，进而驱动国内经济持续增长，为自主创新提供技术和资本基础，这是内循环价值链的最高阶段。

3.1.2 外资开放引入的正向溢出解释

西方学界普遍认为“引进来”有利于发展中国家技术进步和经济发展，相应经验证据包括拉美国家对美国的外资引进与吸收（Jacob 和 José, 2007），以及日韩等亚洲新兴国家对欧美国家的外资引进（Nabin 等，2013），在不同程度上带动了区域经济发展。当然，对于外资引入到底如何促进本国经济增长，依然存在不同解释。有些学者认为外资可以通过溢出、示范以及培训效应等机制促进经济增长与技术升级（Harding 和 Javorcik, 2012；DUL 等，2014），文淑惠和张诣博（2020）则从金融角度出发，认为IFDI 溢出效应和资本积累效应强化了金融发展对经济增长的促进作用，而IFDI 对经济增长的溢出效应也取决于该国的金融发展水平。魏后凯（2002）认为外资引入对本国人均 GDP 具有显著提升，且东部地区影响更明显。而内生经济增长理论则更关注外资开放引入对全要素生产率（TFP）的影响（Battisti 等，2015），Borensztein 等（1998）构建了人力资本与 IFDI 的内生增长模型，研究发现 IFDI 对经济的促进作用与人力资本存量相关，相应经验事实也表明，较高的人力资本水平对吸收外资的技术溢出更为有利。近年来的研究关注点从外资引入的经济溢出转为技术溢出和创新驱动，IFDI 对研发活动和技术创新能力的促进作用也引起广泛关注，前期研究主要集中在省级和行业等宏观领域（Zhang，2017），发现 IFDI 推动国内创新水平提升，正向溢出比竞争溢出更为显著。毛其淋（2019）基于企业微观数据发现，外资进入不仅显著提升本土企业的创新程度，还有利于延续本土企业创新持续时间，且知识产权强化了外资对本土企业的创新溢出效应（沈国兵和黄铄珺，2020）。

3.1.3 外资开放引入的负向溢出解释

当然有些学者持相反观点，王小滕（2018）从环境质量因素的角度出发，认为发展中国家引进的大多是低端价值链产业，这些产业所带来的正向溢出效应难以抵消资源消耗和环境破坏的负外部性，IFDI 对 GTFP 产生显著的负向作用（杨俊和邵汉华，2009），从而在一定程度上抑制了经济增长。吴玉鸣（2006）认为获得最大限度的利润是外资流入唯一目的，在这一动机下外资对东道国的投资经营，除了会带来一定正向技术溢出，还会产生负面影响，环境只是其中的一个方面。国内方面，刘舜佳（2008）通过省级面板数据发现，从长期来看，IFDI 阻碍了国内全要素生产率的提高，制度约束是造成阻碍的原因之一（蒋殿春和张宇，2008）。罗伟和葛顺奇（2015）研究表明，外资企业对国内企业的自主研发能力起到直接和间接的抑制效应，且随着外资企业进入程度、企业规模、行业技术水平以及市场集中度的增加而上升。国际层面，Aitken 和 Harrison（1999）认为外资对东道国企业产生"挤出效应"，外商直接投资与国内生产率存在显著的负相关关系（Djankov 和 Hoekman，2000；Ahmed ，2012）。与此同时随之的产业植入也会抑制东道国自主创新积极性，如摩洛哥（Haddad 和 Harrison，1993）、委内瑞拉（Aitken 等，1997）等国的研究结果均表明 IFDI 的正面溢出影响不显著，甚至形成了负的溢出效应，Ghebrihiwet（2017）由此认为，IFDI 会扩大资本吸收国和资本输出国之间的创新差距，不利于全球经济平衡。显然，不同国家间的实际情况差异较大，外资开放引入的虹吸效应难以定论。

3.1.4 外资开放引入溢出效应的复杂性

外资开放引入溢出效应在价值链不同维度呈现复杂特征，并非一定正向溢出，或者一定负向溢出，存在多元化的影响因素。江小涓（2002）通过研究发现，外资引入对经济的贡献，体现在 GDP 的增长、技术进步和产业结构升级、扩大出口、增强研究和发展能力等多个方面，外资引入带来了技术模范，促进国内生产水平提升，且外资引入对区域创新产出规模及层次的影响具有差异性。王鹏和张剑波（2012）以 2001—2010 年泛珠三角区域内地九省区的经济数据为基础，并依据创新能力将其分为两类地区，研究发现外资引入能够显著扩大高创新能力地区的产出规模，并对低创新能力地区产出的规模及层次均有正向影响。但有些学者持消极态度，从区域研究视角，罗良文和阚大学（2012）提出东部地区的外资引入促进了技术效率与技术进步，而中西部地区的外资引入虽然促进了技术效率，但却抑制了技术进步，具有一定的空间异质性。徐硼等（2020）将外资引入变量分解为外资开放程度和外资水平两个方面，外资开放程度对企业创新能力提升有抑制作用，而外资水平有利于国内企业创新能力的提升，其中企业吸收能力（Snchezsellero等，2014）在外资开放程度、外资水平与上市公司创新之间存在调节作用。吸收能力越强，对企业创新能力的促进或抑制作用越强。深入研究发现，影响外资溢出效应的因素较多，包括政府研发资助（Haskel和Wallis，2013）、产业基础与耦合度（Nakamura，2010）、人力资本水平（Criaco等，2014）、自身技术吸收能力（Berman和Machin，2000）、知识产权环境（Owen－Smith和Powell，2001）等，外资开放引入溢出效应较为复杂，存在不同维度的影响因素。

3.1.5 中国外资引入创新溢出效应的不同观点

改革开放四十多年来，我国“开门纳客”和“筑巢引凤”，大量吸收外商直接投资（IFDI），以“市场换技术”培育工业基础，提高技术水平（Whalley和Xin，2010）。多数学者支持外资开放引入具有正向创新溢出效应，但随着研究的深入和方法的不同，对于外资开放引入创新溢出的影响方向存在一定程度上的分歧，有以下三个观点：

第一种，外资开放引入有益于驱动创新溢出。从中国转型升级的现实情况来看，过去依赖低端价值链互补的开放经济驱动模式难以为继，新时代高质量发展强调内生增长与创新驱动（高培勇等，2019），国内改革开放初期的IFDI创新溢出效应较为显著（白俊红和吕晓红，2017），Javorcik（2004）认为跨国公司是发展中国家外资引入正向溢出的重要方式之一，跨国公司进入东道国，占领市场份额，导致市场竞争加剧，会迫使本土企业提升其研发支出与生产效率（Jeon et al.，2013）。韩超等（2021）基于1998—2010年中国制造业数据，发现外资开放通过学习效应以及竞争效应等途径提升企业创新能力，促使更多企业从事创新活动。

第二种，外资开放引入阻碍了创新溢出。邵玉君（2017）的研究揭示了外资开放过度可能会削弱国内企业自主创新积极性，从而抑制内生经济增长。沈国云（2017）基于2004—2013年中国29个省（市）汽车产业的面板数据发现，外资开放引入对中国经济增长质量有抑制作用，其在东西部地区的抑制作用随着对外开放程度加大而弱化。宋炜和周勇（2019）认为中国利用“市场换技术”，为中国工业创新水平提升提供了必要的内生动力，显著促进了工业创新溢出，而采取强制性技术转移反而会抑制了中国工业的创新进步。由此可见，IFDI创新溢出并非一成不变，在一定层次上，外资开放引入并没有释放溢出红利，不利于区域创新发展（郭慧等，2021）。

第三种，外资开放引入创新溢出效应受多因素的影响。冯华和韩小红（2020）基于中介效应角度分析发现，技术市场发展、工业研发经费投入与地方财政科技支出均发挥中介效应，对中国工业创新绩效有着更显著的正向溢出效应。刘德学和刘帷韬（2016）从正负面清单视角分析，研究表明相较于正面清单，负面清单的实施更有利于创新绩效的提升，贸易开放度的提高也发挥了积极作用。何兴强等（2014）认为中国IFDI创新溢出受到国内经济发展差异、R&D投入水平、技术吸收能力、人力资本条件等多重因素影响，具有较为复杂的外溢特征。

3.2 对外跨境投资OFDI溢出效应的不同解释

3.2.1 对外跨境投资溢出效应的理论学说

第二次世界大战后全球贸易增长和产业扩张加快了资本流动，按照历史演化特征，可分为两个不同阶段。第一个阶段源于战后世界经济恢复期，先进国家企业为了占领市场和对外扩张，依靠自身竞争优势，在落后国家投资建厂，有效降低生产成本，提高利润水平和市场竞争力（Helpman，2006）。第二个阶段，落后国家通过吸收发达国家投资，促进技术学习和创新模仿，加之第三次科技革命蔓延，不断提升自身产业技术水平，建立本国工业基础，由原来的资本吸收国逐渐向资本输出国转变，通过OFDI竞争全球市场份额和资源，在与先进国家技术竞争中加快提升自身创新能力，这是促生跨境投资的历史原因。

贸易竞争理论认为，跨境资本流入能够带来先进技术和生产经验，加速本国经济增长和产业培育（Author，2004），而资本流出可能造成经济衰退和产业转移，由此一些国家对资本流出加以限制，保护本国经济发展（Blum等，2020）。大卫·李嘉图的比较优势贸易理论解释，发达国家向发展中国家的OFDI可能会引致创新资源外流，降低自身创新积极性。Cantwell and Tolentino（1987）在其提出的技术积累理论中分析了发展中国家的对外直接投资行为，认为随着对外直接投资经验的不断累积，可以显著提升母国企业的技术创新能力。此外，小规模技术理论（Wells，1977）和技术地方化理论（Lell，1983）的提出也从不同层面解释了跨境投资对资本吸收国的技术创新的积极影响。

3.2.2 对外跨境投资的积极溢出效应

跨境资本流入能够带来先进技术和生产经验等积极溢出效应，Mello和Luiz（1997）提出，先进国家向落后国家OFDI过程中，会带来先进生产经验和成熟加工设备，帮助落后国家提高产业技术水平。李彤（2007）以中国改革开放初期的市场换技术验证了这一点。外国资本流入中国带来经济溢出效应和技术势差带来的虹吸效应，并且还可以通过人力资本的积累来提升自身的吸收能力。与改革开放初期不同，人口红利和资源成本优势逐渐褪去，国内中低端加工制造业逐渐向周边发展中国家转移，衍生了跨境投资的顺流趋势（张晓涛等，2019）。中国OFDI也对东道国产生了积极溢出效应（姚树洁等，2014），中亚国家丰富的能源资源与中国巨大的资源需求形成互补，通过吸收来自中国的资金进行资源开发，建立能源合作伙伴关系，同时对新能源、水电、矿产资源等其他产业产生关联效应（余晓钟和刘利，2020）。中国在工业化进程中积累起了丰富的基础设施建设经验和完善的产业链体系，可以通过产业链延伸，推动资本吸收国家的经济发展（杜龙政和林伟芬，2018），通过不断改变投资空间流向，实现对外直接投资在世界范围内布局优化。

Kogut 和 Chang（1991）研究发现，日本 20 世纪末的制造业 OFDI 流向既包括印度、中国等发展中国家新兴市场，同时也包括美国等发达地区。Yamawaki（1994）揭示日本企业向美国投资并非仅出于市场销售考虑，更深层次目的在于通过 OFDI 学习吸收美国先进技术，反补自身创新水平。葛顺奇和罗伟（2009）认为中国制造业 OFDI 具有类似特征。由此来看，落后国家向先进国家的 OFDI 过程中，内外技术势差会引致先进技术、研发人员和创新经验向落后国家倾斜，通过虹吸转化激发 OFDI 逆向创新溢出效应，提高落后国家技术创新竞争力。

此外，对外跨境投资溢出效应的"促进论"，认为对外直接投资具有显著的逆向创新溢出。Chang 等（2013）采用跨国面板数据研究发现，对外直接投资能够显著地推动母国技术创新。Huang（2013）实证考察了 OFDI 对企业研发投入的影响，结果得出了 OFDI 有利于带动企业研发投入的结论。Seyoum 等（2015）分析发现，向发展中国家的投资同样会产生显著的逆向技术溢出现象。毛其淋和许家云（2014）基于中国微观层面的数据，采用倾向得分匹配方法实证发现，OFDI 对企业创新具有持续的促进作用，且这种影响效应呈现逐年递增态势。董有德和孟醒考察了 OFDI 与国内企业创新能力的关系，结果表明，OFDI 逆向溢出对国内创新能力的提高具有正向影响，OFDI 中的制造、研发和营运环节则是逆向溢出的主要渠道。

3.2.3 对外跨境投资的负面溢出影响

贸易竞争理论认为资本流出可能造成经济衰退和产业转移，意大利（Elia 等，2009）、阿根廷（Huang 等，2010）的 OFDI 确实造成了资本外流和就业问题。苟强（2018）认为 OFDI 在初始阶段可能导致资本外流，造成国内投资动力不足，不利于国内产业发展。同时李洁琳（2015）认为中国对外跨境投资伴随中低端产业的转移，可能造成劳动密集型产业的人员流失问题。

此外，“抑制论”认为对外直接投资对母国创新同样具有抑制影响。Li和Hu（2013）研究发现，OFDI对地区研发具有替代现象，中国台湾对其他地区的投资抑制了本国企业的技术效率提升。谢钰敏等（2014）利用我国2000—2011年的相关数据研究表明，对外直接投资对中国整体创新能力产生了显著的抑制效应，主要原因在于其不利于自主创新和二次创新能力的提升。邱喆成（2015）使用2004—2012年的省际面板数据检验了对外直接投资与创新能力提升之间的关联性，结果发现，在国有经济比重较为显著的省份，对外直接投资会在一定程度上抑制国内创新能力的提升。李思慧和于津平（2016）的研究发现，对外直接投资会导致企业创新产出的相对不足，进而总体上会抑制企业创新效率的提升。何建华等（2016）通过采用LP模型与CH模型构建OFDI逆向溢出回归模型考察发现，OFDI逆向技术溢出效应对技术创新有抑制作用。负向溢出的原因较为复杂，不同国家、不同地区存在差异性解释。

3.2.4 对外跨境投资溢出效应的复杂性

跨境投资的溢出影响存在多元化的影响因素，在经济溢出、内生溢出和创新溢出不同维度呈现较为复杂，某种原因是不同国家吸收外资的乘数效应有所差异，虽然外资引入可能短期带动经济增长，但对生产效率和技术水平的影响存在不确定性，会受到资本吸收国产业发展水平（张岳然和费瑾，2020）、技术创新基础（Stoian和Filippaios，2008），以及国家间的制度差异（代玉娟，2015）等多重因素影响，具有一定的时空分异特征。拉美国家（Khoury和Peng，2011）的经济发展和效率进步长期受益于美国投资，但卡尔的研究发现，出于能源获取为诉求的外资引入对非洲地区的生产效率的影响并不显著（Adom等，2019），原因在于非洲国家工业基础较为薄弱，外商投资更多集中在原始能源开采行业，未能带动当地产业发展和技术进步。

OFDI 所对应的资本吸收国关注更多的是本国经济影响，发展中国家希望借鉴中国的成功经验，通过吸引外资撬动本国经济增长。类似经验让发展中国家对吸收外资持差异化态度，泰国对来自中国的产业转移持积极态度（Nidhiprabha，2017），希望能够吸收中国跨境投资和发展经验，帮助本国经济实现快速增长；而越南等东南亚国家态度较为复杂（Thangavelu 等，2010），既希望能够借助中国投资发展经济，同时也担心中国跨国企业挤占了本国企业发展空间，造成不利影响。

“不确定性论”认为对外直接投资对母国创新的影响不显著。Vahter 和 Masso（2006）研究发现，在中观产业层面和宏观国家层面的 OFDI 逆向技术溢出效应尚未显现。Pradhan 和 Singh（2009）基于印度汽车产业的检验结果表明，无显著证据证明 OFDI 促进了母国整体的技术进步。张洁颖和周煊（2007）的早期研究认为，我国的对外直接投资的溢出效应可能较为复杂，对国内企业存在一定的竞争抑制性。沙文兵（2012）的面板数据实证考察显示，中国对外投资逆向技术溢出效应并不显著，可能的原因在于中国现有 OFDI 主要集中于技术密集度较低的产业，技术寻求型的 OFDI 所占比重较小。尹东东和张建清（2016）利用中国 2003—2012 年的省际面板数据，基于 GMM 估计方法研究发现，现阶段中国积极的 OFDI 逆向溢出效应尚未出现。

3.2.5 中国对外跨境投资创新溢出效应的不同观点和解释

已有研究多认为 OFDI 有利于本国技术创新水平提升，但 Bitzer 和 Kerekes（2008）提出 OFDI 并非在任何国家都会产生正向创新溢出，这取决于本国技术吸收水平和创新转化能力，由此引发了国内学者的研究热情。一些研究证实中国 OFDI 存在积极的创新溢出影响。潘素昆和袁然（2014）通过分析 2003—2012 年的制造业数据提出，OFDI 有效提升了中国产业技术水平和创新能力。陈岩（2011）采用省际面板数据的实证研究有效验证了这一观点，随着中国创新吸收能力提升，OFDI 能够带动跨国公司加大研发投入，反向提高国内技术水平。陈昊和吴雯（2016）认为中国 OFDI 结构正在发生变化，投向技术密集的发达国家更有利于实现创新溢出效应。也有一些学者认为 OFDI 不利于中国创新能力提升。宋勇超（2015）的实证研究结果显示，OFDI 对一些地区的技术进步影响低于国内投资的促进作用，正向创新溢出效应并不明显。沈国婧（2016）的相关研究结果也都验证了这一点，认为 OFDI 早期对中国经济发展和技术进步可能存在一定抑制性影响。原因在于，上述研究主要集中在 2010 年之前，中国 OFDI 增长以中低端市场扩张和能源获取为主，并且创新吸收能力有限，不具备 OFDI 逆向创新溢出条件。而近年来的一些研究显示，中国 OFDI 创新溢出影响并非简单地抑制或促进，呈现出某种复杂特征。李惠茹和蒋俊（2019）认为中国的 OFDI 逆向创新溢出受到经济结构影响，在国有经济比重较大的省份，可能抑制了创新进步，而民营经济 OFDI 更有利于激发创新溢出效应。王欣等（2016）对长三角地区 25 个城市 2007—2014 年的面板数据研究发现，中国 OFDI 逆向创新溢出效应受到人力资本、金融发展水平、交通基础设施和对外开放度等因素影响，呈现出某种非线性特征。李洪亚和宫汝凯（2016）持类似观点，认为中国 OFDI 受到多重因素影响，会产生较为复杂的创新溢出规律。

可见，对于 OFDI 与创新能力之间的关系，理论界尚未形成一致的结论。多数学者对 OFDI 逆向创新溢出的研究只是基于单一的创新投入或产出的角度，而事实上，OFDI 的创新溢出影响较为复杂，并且区域创新能力提升是一个系统过程，受到内外部技术势差影响，自主创新学习能力，制度环境差异等多因素影响，可能存在较为复杂的溢出机制。

3.3 中国双向跨境投资溢出效应的研究进展

改革开放初期，中国跨境投资主要以招商引资的 IFDI 流入为主导，有利于健全中国产业结构，并促进产业链上下游协同发展，丰富了市场经济发展形式（Zhang 和 Song，2000）。后来更多学者关注到 IFDI 不仅帮助中国完善产业结构、创造经济收益，更重要的作用在于国外企业在中国投资建厂所带来的技术示范效应，并以量化研究验证了 IFDI 对中国技术进步和经济增长具有积极影响（唐宜红和张鹏杨，2017）。另有一些学者还提出中国 IFDI 的创新溢出效应会受到地方人力资本条件、技术创新基础等多重因素影响，显现出不同的外部特征（张慧颖和邢彦，2018）。早期研究合理解释了中国改革开放初期的现实情况，由于缺乏技术基础，产业条件相对落后，工业水平与发达国家差距较大，依靠 IFDI 帮助中国快速建立工业基础，同时促进国内企业向外资企业学习先进知识，吸收技术经验，培育自身创新能力。随着改革开放深入，外资企业在中国创新引领发展过程中，中国企业不断加快技术学习和创新模仿，逐渐走出国门竞争国际市场份额，通过在发达国家投资并购寻求更高的技术提升，中国跨境投资从早期的招商引资 IFDI 主导，逐渐发展成为 IFDI 和 OFDI 双向共存（杨世迪和韩先锋，2021）。这一趋势下，虽然一些文献延续了改革开放初期的经验，认为外资企业的 IFDI 提升了中国产业技术水平，产生了积极的外部创新溢出效应。但一些学者提出不同意见，陈劲等（2007）以中国省际面板数据研究发现，IFDI 对中国区域技术创新的溢出效应并非普遍认为的那样显著。谢子远等（2017）的研究揭示 IFDI 表面上带来了外部先进技术，但长期依赖会削弱国内企业自主创新积极性。近年来学界关于 IFDI 的创新驱动观点不一，项婕好（2014）认为这和中国 IFDI 的结构变化存在一定关系，2004—2015 年欧美日发达国家对中国的 IFDI 阻碍了技术进步，而其他一些技术更为开放国家的 IFDI 促进了创新发展。田毕飞和陈紫若（2016）则认为，IFDI 能否产生技术创新外溢取决于区域本身的技术创新吸收能力，从而呈现出显著的空间异质性，技术创新基础较好的东部地区 IFDI 创新驱动效应更佳。这些研究说明，IFDI 的创新驱动逐渐弱化，这和早期普遍认为 IFDI 具有正向创新有所不同，背后的原因可能是中国自身技术水平和创新能力有了一定提升，改革开放初期的“中国制造”OEM 模式已经难以驱动创新进步，而 IFDI 引入中国的先进技术也需要更为充分地消化吸收。

在外资开放“引进来”带动下，中国企业逐步“走出去，”在两个不同层面反映了中国参与世界经济全球化建设的角色转变。早期中国企业具备了一定的外向扩张能力后，为了获取国外资源，走向亚非拉等发展中国家的投资发展。王英和刘思峰（2008）以中国 1985—2005 年的样本数据实证研究发现，这个阶段跨境投资以外资开放引入的IFDI为主，OFDI并未体现出显著的创新驱动效应。第二层是一些中国企业通过投资发达国家和地区，寻求外部技术势差，弥补自身技术短板，逆向提升研发创新能力。李娟等（2017）分析中国OFDI结构发现，外部技术势差是影响创新驱动的重要因素。陶长琪和王慧芳（2018）进一步提出，区域人力资本条件和创新基础差异同样会影响中国OFDI的创新驱动效应，沙文兵和李莹（2018）发现中国OFDI创新驱动具有一定的空间异质性，东部地区的OFDI创新驱动明显更优。可见，在双向跨境投资阶段，中国OFDI的快速增长和创新驱动变化一方面体现了资本外向驱动下，中国企业在“走出去”过程中的技术进步诉求；另一方面也反映了中国的OFDI创新驱动较为复杂，和IFID的溢出效应存在交叉共轨趋势。

从中国资本流动的历史演化趋势来看，2000年以前以IFDI资本单向流入为主，2000年中国开始初现OFDI规模化增长趋势，之后步入了双向资本流动阶段，2014年中国OFDI流量首次超过了IFDI，呈现出更为积极的资本外向流动趋势。新时代“一带一路”建设下，中国双向资本流动的趋势将更为明显（田原和李建军，2018）：一方面，改革深化和金融市场开放将吸引更多的国际资本参与中国经济建设，招商引资依然是地方经济发展的长期战略，尤其对尖端技术领域争相引进；另一方面，“一带一路”红利下，更多具有国际竞争力的中国企业将借助OFDI走向海外市场，寻求创新提升，吉利并购沃尔沃所取得的技术进步广为效仿。当前，一些学者也关注到新时代中国双向资本流动特征（赵蓓文，2018），黄凌云和鲍怡（2009）基于IFDI和OFDI的共生性提出“走出去”和“引进来”不能厚此薄彼，相应的国家政策也倡导创新进步要注重两者协调发展。

国际比较发现，中国的跨境投资历史演化与亚洲新兴国家较为类似，改革开放初期以外商引资的IFDI为主导，相应研究普遍认为资本流入显著提升了早期中国产业技术水平（Cheung and Lin，2004）。但近年来的相关研究却提出不同看法，认为IFDI的创新溢出效应逐渐弱化，原因可能是中国自身产业技术水平有了明显提升，外商引资所带来的技术势差有所降低。也有一些学者认为，深化改革开放，吸引高质量的外商投资，提升自身技术创新吸收能力，依然有利于中国创新进步（张兴祥，2020）。中国跨境投资从“引进来”到“走出去”具有特殊的历史必然性，对外资企业的技术学习和创新模仿过程中，中国企业积极参与国际市场分工与合作，扩大国际市场规模和资源渠道，推动了中国产业输出和境外投资（景光正等，2017）。殷朝华等（2017）从技术驱动视角揭示这一过程，认为外资企业带来的技术优势逐渐缩小，而外向型OFDI具有更大的技术溢出空间，中国企业通过“走出去”能够对接参与更为先进的产业技术创新。但白洁（2009）的研究认为早期中国OFDI以市场扩张为主要诉求，造成资源外流，不利于中国全要素生产率进步。Buckley等（2007）提出，随着中国OFDI投向发达国家地区逐渐增长，释放了更为积极的技术溢出效应。杨连星和刘晓光（2016）发现中国OFDI创新溢出较为复杂，不仅受到对外投资的技术势差影响，还会受到自身的研发水平的制约。国内研究反映了中国早期“引进来”到当前“走出去”的历史演化趋势，然而，“走出去”并非取代了“引进来”，而是形成了IFDI与OFDI双向驱动的共轨效应，这一现象较为特殊。

3.4 文献简评及研究拓展空间

西方主流研究以比较优势贸易理论解释跨境投资的溢出效应，发达国家通过向落后国家投资建厂，追求销售扩张和低成本竞争优势（Akhtaruzzaman等，2017），落后国家通过吸收外部IFDI，培育产业发展和技术进步，衍生了IFDI的创新溢出效应。但不同国家IFDI的创新溢出会有所差异（Radlo，2012），Perri和Peruffo（2016）研究发现一些发展中国家虽然通过IFDI实现了产业进步，但也会衍生自主创新惰性。反向来看，发达国家向发展中国家的OFDI可能会引致创新资源外流，降低自身创新积极性。但与此相反的是，“雁行模式”驱动下，日本制造业对美国的OFDI却提升了自身产业技术水平（Hiratsuka，2018），杨连星和罗玉辉（2017）认为，技术逆向吸收转化是发展中国家实现OFDI创新溢出的重要原因。然而，由于研究视角不同和国家间的实践差异，IFDI 和 OFDI 的创新溢出会呈现不同的内在机制和外部效应，这些理论解释有一定的借鉴意义。但国外研究更多关注的是广义技术势差单向传导，而中国跨境投资从早期 IFDI 主导逐步衍生出 IFDI 与 OFDI 并行，形成了双向跨境投资对创新驱动的共轨效应，具有转型发展的独特性和复杂性，研究视角不同和现实发展差异导致国外研究对中国跨境投资创新溢出的理论解释尚存局限。

国内研究梳理来看，普遍认为 IFDI 显著提升了国内产业技术水平（傅元海等，2010）。但近年来发达地区对先进外资企业的技术学习和创新吸收不足。詹晓宁和欧阳永福（2017）认为，提高技术吸收转化能力依然有利于释放 IFDI 创新溢出（刘徐方，2016；程惠芳和陈超，2017）。而中国 OFDI 创新溢出研究仍有争议，主要有促进论、抑制论和复杂论三种观点。范德成和刘凯然（2020）认为早期中国 OFDI 不利于技术进步。而杜龙政和林润辉（2018）则提出，随着中国 OFDI 结构变化，自身技术创新能力提升，OFDI 释放了更为积极的技术溢出效应。可见，中国 OFDI 创新溢出较为复杂，会受到自身区位优势（永钦等，2014）、创新研发能力（白俊红和蒋伏心，2015）、制度环境影响（张述存，2017）等多重因素制约。

已有研究的解释瓶颈在于，IFDI 与 OFDI 双轨驱动了中国创新发展，但两者的驱动因素有所不同，共生机制较为复杂，而上述研究多为单向静态视角，难以系统解释双轨驱动失衡和创新溢出不足问题。事实上，新时代中国全面开放过程中，IFDI 与 OFDI 不应割裂而谈，“引进来”与“走出去”之间存在必然的互动演进关系，两者对创新驱动的影响既有共性，又有区别，还存在复杂的交互作用，但现有文献并未揭示 IFDI 与 OFDI 是什么样的双向演进关系，双向跨境投资创新溢出的逻辑基础和拓扑机制是什么，为什么会衍生出复杂而不同的动态特征和空间效应，双向共轨驱动下，两者的创新溢出是否存在竞争抑制，还是融合促进。如何能够通过有效的外部政策工具，进一步撬动释放双向跨境投资的共轨溢出效应？若能对上述问题进一步深入研究，则有助于为双向跨境投资驱动创新发展提供全面而深入的政策启示，解决双轨驱动失衡和创新溢出不足瓶颈，赋能新时代开放经济发展与创新型国家建设。

第4章 双向跨境投资创新溢出的理论机制分析

本章借助开放经济学理论、生产力经济学、创新溢出理论、比较优势理论、区域经济学理论、技术经济学等多学科交叉融合，从外资开放引入的IFDI内循环溢出机制、对外投资OFDI的逆向创新溢出效应、从IFDI到OFDI转轨的逻辑分析，以及双向跨境投资共轨关系四个方面，构建本书研究的核心理论框架。

4.1 IFDI内循环的多维度溢出机制

4.1.1 理论基础

以大卫·李嘉图的比较优势贸易理论解释（Merlevede等，2014），改革开放初期中国工业发展基础较为薄弱，依赖于招商引资带动产业培育。初期先进外资企业通过IFDI引入成熟产业加工设备及生产技术，更多将中国视为全球最佳OEM代工厂，借助中国低成本劳动力完成加工环节后，通过出口或离港贸易创造高额收益，这也是“中国制造”的快速膨胀期，这个过程的溢出效应主要体现在技术学习和生产模仿，提高了国内生产水平，大量中国企业逐渐取代了外资企业，成为 OEM 主体，但这一阶段的创新驱动较为有限，掌握技术不等于实现了研发创新，生产加工环节的替代效应难以获得关键核心技术。随着中国市场经济逐渐繁荣，工业基础不断完善，中国不仅成为制造大国，更是吸引全球资本的巨大消费市场。在较长一段时间内，中国的跨国投资主要以 IFDI 资本流入为主导，外资企业所带来的成熟产业技术势差 ΔT 驱动了 IFDI 的创新溢出效应（见图 4－1）。但随着近年来中国企业加快创新能力提升，逐渐缩小了与外资企业的技术差距，这时 IFDI 的创新溢出效应有所减弱，外资企业的技术竞争力相应降低。与此同时，中国人口红利加快褪去降低了外资企业在中国的 OEM 热情，引发了低端产业向劳动力更为廉价的东南亚国家转移。外资企业在中国失去了传统产业竞争优势，新进入中国市场的外资企业若要寻求更高收益，需要进一步提高 IFDI 的技术门槛，但在国家竞争优势理论倡导下，一些西方发达国家对发展中国家采取长期技术封锁，外资企业难以将高新技术产业引入中国，当传统产业失去了原有的技术竞争优势，会造成 IFDI 的创新驱动瓶颈。如果持续引入中低端成熟产业，可能会加剧市场竞争，反而不利于国内技术创新进步。

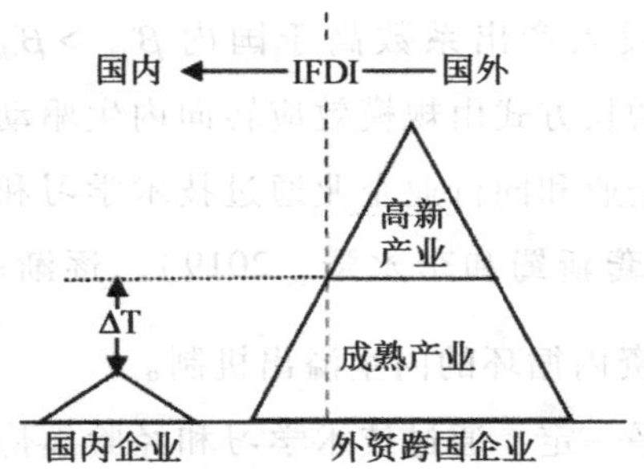

图 4－1 IFDI 创新溢出

4.1.2 模型推演

我们设计外资开放引入的内循环投入产出模型：

$$Y_{china} = \alpha_{china} L_{china} + \beta_{china} (K_{china} + K_{ifdi}) + \mu \tag{4-1}$$

其中，Y 为产出规模，L 为劳动力投入水平，α 为劳动力的影响弹性系数，K 为资本投入水平，β 是资本投入影响弹性系数，A（t）为技术水平，μ 为随机干扰误差。

外资开放引入扩大了资本投入规模（$K_{china}+K_{ifdi}$），提高产出效益，驱动经济增长。反观发达国家先进外资进入中国的本位诉求在于，将初级产业链转移，吸收中国人口红利与低成本资源，扩大自身收益空间（Belkhodja 等，2017）。早期东南沿海大量的出口代加工（OEM）企业，正是外资开放所带动的生产加工链嵌入。内外契合点在于，中国需要外资带动经济增长，完善产业链，而外资也需要中国的成本优势维持低端价值链收益空间（$R_{ifdi}>R_{domestic}$），这是中国改革开放广受西方发达国家欢迎的基础。

资本规模扩张能够解释经济溢出，但事实上，外资进入之所以能够带来经济溢出，重要原因在于，外资的投入产出系数与国内不同，构建外资进入国内的联立方程：

$$\begin{cases} Y_{china}^{t}=\alpha_{china}^{t}L_{china}^{t}+\beta_{china}^{t}K_{china}^{t}+\mu \\ Y_{ifdi}^{t}=\alpha_{ifdi}^{t}L_{ifdi}^{t}+\beta_{ifdi}^{t}K_{ifdi}^{t}+\mu \end{cases} \tag{4-2}$$

初始基期，资本投入产出系数高于国内 $\beta_{ifdi}^{t}>\beta_{china}^{t}$，然而，随着改革开放深入，中国经济增长方式由规模效应转向内生驱动，先进外资引入了技术势差，国内上下游企业和同行业企业通过技术学习和经验模仿，不断提升自身生产技术水平（龚新蜀和李永翠，2019），逐渐趋近于外资生产效率 $\beta_{china}^{t+1}\xrightarrow{ifdi}\beta_{ifdi}^{t}$，形成外资内循环的内生溢出机制。

假设外资技术水平一定，通过技术学习和经验模仿，国内生产技术水平在一定周期追赶外资生产技术水平，资本投入产出系数相等 $\beta_{china}^{t+1}=\beta_{ifdi}^{t}$，则外资引入的溢出效应回到规模扩张与经济溢出，即：

$$Y_{china}^{t+1}=\alpha_{china}^{t+1}L_{china}^{t+1}+\beta_{ifdi}^{t}(K_{china}^{t+1}+K_{ifdi}^{t+1})+\mu \tag{4-3}$$

可见，初始阶段内外技术势差较大，外资内循环有利于加快内生驱动转型，当内外技术势差逐步缩小，内生溢出可能有所减弱，最终退化为经济溢出。

开放经济鼓励市场竞争，内外技术势差逐渐缩小，外资竞争优势弱化，挤压低端产业链的收益空间。对外资而言，面临两难选择，要么提高技术势差，引入高端产业链，维持收益水平，这势必引入更高水平核心技术，加速新一轮技术学习和创新竞争，但一旦被模仿追赶，会威胁自身竞争地位。另外一种选择是退出市场，失去庞大的消费空间，长远来看，这是一种两败俱伤的选择。因此，大量外资企业一方面积极进入中国市场，寻求价值链互补收益（刘军和王长春，2020），同时，要求中国加强知识产权保护，维护自身技术竞争优势。从初期经济规模效应，到内生驱动转型，是中国嵌入全球价值链的驱动升级过程，必须看到，外资带来的经济溢出与内生溢出，均以价值链互补为前提（诸竹君等，2020），当中国的发展挤入中高端价值链，与西方发达国家形成竞争格局时，内生驱动的技术来源甚为关键。长期外资引入一方面带来了先进技术经验，同时也释放了积极模仿红利，国内企业通过研发学习，逐渐提升自身技术创新能力，实现技术自主创新驱动，支撑内生增长，这是内循环价值链的最高阶段。

将技术供给 T 引入生产模型，推演资本投入产出效率的变化：

$$\begin{cases} Y_{china}^{t} = \alpha_{china}^{t} L_{china}^{t} + \beta_{china}^{t} (K_{china}^{t} \cdot T_{china}^{t}) + \mu \\ Y_{ifdi}^{t} = \alpha_{ifdi}^{t} L_{ifdi}^{t} + \beta_{ifdi}^{t} (K_{ifdi}^{t} \cdot T_{ifdi}^{t}) + \mu \end{cases} \tag{4-4}$$

初始阶段，外资引入的技术水平明显高于国内，$T_{ifdi}^{t} > T_{china}^{t}$，若通过技术进步提高生产效率，有两种方式，当成本较低时，选择外资引入所附带的国外技术：

$$Y_{china}^{t+1} = \alpha_{china}^{t+1} L_{china}^{t+1} + \beta_{china}^{t+1} (K_{china}^{t+1} \cdot T_{ifdi}^{t}) + \mu \tag{4-5}$$

这一模式可直接提高投入产出效率，但缺点在于，失去了自主研发创新能力，可能形成技术依赖，一旦遇到技术封锁与产品限购，将出现华为困境。

当技术引进成本较高，或存在技术封锁时，需要通过自主研发提供技术创新支持，而对外学习能够加快技术追赶，跨越“雁行模式”局限，先进外资引入能够为自主研发提供模仿范例，即 $T_{china}^{t+1} \xrightarrow{ifdi} T_{ifdi}^{t}$，形成外资开放引入得创新溢出，这是招商引资“市场换技术”的基础逻辑。

但“市场换技术”并非长期有效，技术创新是一项复杂的系统工程，凝结了大量的基础研发、智力投入和资本投入，一旦形成竞争优势，外资引入可能造成“创造性破坏”，抑制甚至替代本国的技术创新系统，印度早期的殖民经济正是受限于此（Dash 和 Parida，2013）。中国价值链升级必须以建设创新型国家为目的，最终实现自主技术创新驱动，才能打破技术封锁，彻底摆脱华为困境。

综上所述，在以技术创新驱动的高阶发展阶段，外资引入的创新溢出较为复杂，受到内外技术势差和自主吸收能力的差异性影响，可能存在正负双向演化规律。

4.2 OFDI外循环的创新溢出机制

4.2.1 理论基础

在长期“引进来”过程中，中国企业通过向外资企业的技术学习和创新模仿，能够有效提高自身竞争力，跨越单纯的OEM阶段，进一步参与国际市场分工与合作（王勇，2018）。当然，由于相对优势不足，中国企业早期“走出去”更多面向的是亚非拉等第三世界国家，主要诉求是中低端市场扩张和资源获取，投资体量也较为有限，难以形成有效的创新溢出。在产业转移过程中，一些企业将设备和技术带到东南亚国家，降低了国内投入水平，反而不利于中国技术进步。然而，随着中国消费市场升级和产业进步，国内企业也在不断提高自身竞争力，加快追赶国外先进技术企业，但是国外先进技术企业往往难以引入中国，造成了国内技术领袖和创新模范缺失。为了寻求核心技术突破，华为、吉利等一些中国企业通过OFDI走向西方发达国家，在欧美地区投资建立研发中心和生产基地，跨越技术封锁，吸收国外高新产业技术势差ΔT（见图4-2），反哺自身技术研发能力，并将之虹吸引入国内，提升中国产业技术创新水平，形成了OFDI的创新溢出效应，这一策略突破了新兴发展中国家的“雁行模式”局限。跨国企业技术水平提升后，在国内逐渐替代了过去的先进外资企业，成为新的技术播放器，而国内上下游企业进一步通过技术学习和创新模仿，整体提升了国内产业技术水平，激发扩散了OFDI的技术溢出红利。可见，“走出去”过程中，虹吸外部先进技术势差能够有效释放OFDI的逆向创新溢出效应，并且由于内外技术势差的变化，OFDI的创新溢出具有一定的动态演化特征和双层涟漪机制。

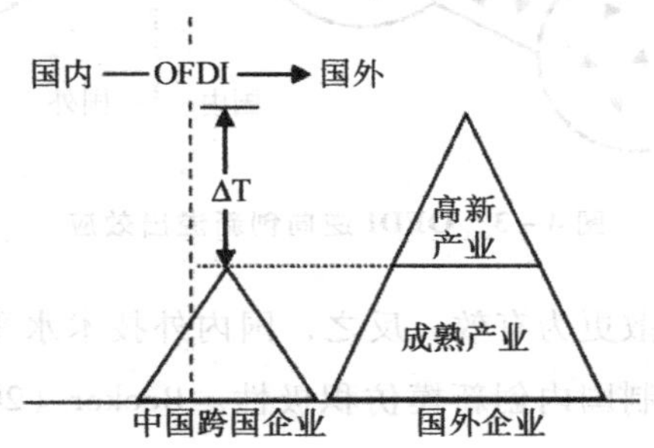

图4-2 OFDI创新溢出

依据Porter（1980）的创新竞争理论，技术势差存在下，先进国家为保持竞争优势，对落后国家实施技术封锁和投资限制，造成落后国家企业在国内难以接触到新兴技术和创新经验。为了突破技术瓶颈和创新局限，落后国家企业通过OFDI在先进国家和地区投资建立研发中心和生产基地，雇用当地高级研发人员，虹吸先进创新经验，并将之引入国内母体吸收转化，从而逆向提升国内技术创新水平。按照张晓朋（2018）的研究解释，虹吸效应帮助OFDI跨国公司在投资先进国家和争夺国际市场过程中，培育了更好的技术创新竞争力，体现了中国OFDI逆向创新溢出的积极影响。

中国企业技术水平参差不齐，市场结构较为复杂，跨国公司通过OFDI将新兴技术和创新经验引入国内，加快自身技术进步，在创新活动外延和市场销售过程中，促进技术创新在国内传播扩散，替代了先进外资企业在中国的技术模范角色，带动国内上下游企业和技术跟进企业创新模仿，从而整体提升国内技术创新水平。这个过程中，国内技术创新吸收转化能力是核心因素（阚大学，2010）国内创新吸收能力越强，技术转化条件越好，则OFDI

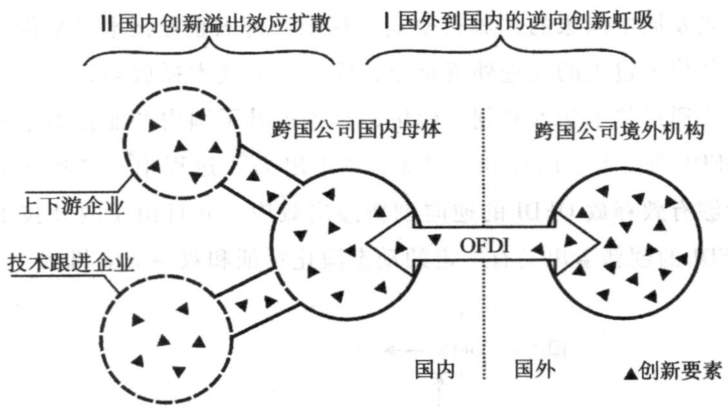

图 4-3 OFDI 逆向创新溢出效应

逆向创新溢出吸收扩散更为有效；反之，国内外技术水平差距过大可能会造成技术鸿沟，从而抑制国内创新模仿积极性。Becker（2012）以印度为例的研究证实了这一点，塔塔汽车虽然投资并购了英国捷豹路虎汽车公司，但受制于国内产业技术转化能力有限，并未给印度汽车工业带来明显的技术提升。类似的情况在中国 OFDI 研究文献中同样得以验证，早期 OFDI 抑制了中国技术创新进步，但通过技术条件提升和创新能力培养，后期中国 OFDI 逐步释放出积极的技术创新溢出影响。据此，OFDI 对中国技术创新并非简单抑制或促进，可能具有较为复杂的非线性溢出影响。

4.2.2 模型推演

以最 C-D 生产函数构建经济产出的基本模型：

$$Y = A(t)L^{\alpha}K^{\beta}\mu \tag{4-6}$$

其中，Y 为产出规模，L 为劳动力投入水平，α 为劳动力的影响弹性系数，K 为资本投入水平，β 是资本投入的影响弹性系数，$A(t)$ 为技术水平，μ 为随机干扰误差。

将生产函数转化为线性模型，技术水平一定，则技术差异以劳动力和资本的投入产出系数差异反映：

$$Y = \alpha L + \beta K + \mu \tag{4-7}$$

内生增长理论认为，规模报酬不变，即 $\alpha + \beta = 1$，经济增长转化为 $A(t)$ 技术进步和内生驱动。从微观层面来看，在同等管理条件约束下，即便是同行业企业，个体投入（包括劳动力投入 L 和资本投入 K）产出绩效也存在较大差异，过渡到宏观层面，不同国家之间的投入产出关系同样存在较大差异，这为分析对外投资的溢出效应提供了一个开放经济基本框架。

对外投资属于资本外向输出，对本国有可能产生较为复杂的溢出影响。假设国内可支配资本包括国内投资 $K_{domestic}$ 和对外投资 K_{ofdi}，国内产出以 GDP 为表现，相应生产函数表现为：

$$Y_{GDP} = \alpha_{domestic} L_{domestic} + \beta_{domestic} K_{domestic} + \mu \tag{4-8}$$

而对外投资的投入产出更多以 GNP 形式表现：

$$Y_{GNP} = \alpha_{OFDI} L_{OFDI} + \beta_{OFDI} K_{OFDI} + \mu \tag{4-9}$$

对比分析来看，如果对外投资仅仅出于经济回报为目的，则有可能造成资本外向流动趋势，即便有利于 GNP 增长，但对国内经济发展（GDP）可能造成不利溢出影响①。这也是一些国家对资本外流有所限制的原因（Wang 等，2012）。

但反观欧美等发达国家常年保持大规模对外投资（Atems 和 Mullen，2016），合理的解释在于，发达国家的生产效率水平较高，虽然 $\beta_{domestic} > \beta_{OFDI}$，但是当生产要素资本化，国内生产成本远高于国外，可能降低生产利润，因此发达国家逐渐将落后产业向外转移，降低要素资本化的价格弹性，因此对外投资虽然可能造成资本外流，但会获取更大的利润空间，逆向驱动本国价值链升级，GNP 收益会循环支撑本国经济增长，释放 OFDI 的溢出红利。

---

① 与 GNP 相比，GDP 能够更为真实地反映一国经济发展所具备的生产水平，原因在于 GDP 是由属地原所决定的产出指标，必须依附于本国国土之上，任何产出（无论是本国居民生产投资带来的，还是由外国居民生产投资所带来的）都必须和这个国家的各种要素相结合，包括这个国家的劳动力、土地、资源、市场以及制度，从而在政治、经济、社会、文化等各方面推动国家的发展和进步（Tan 等，2020）。

当然，发展中国家同样存在对发达国家的对外投资（Piperopoulos 等，2017），相应理论动机在于：国外生产技术水平更高，产出系数 $\beta_{domestic} < \beta_{OFDI}$，通过 OFDI 有利于实现更高的投入产出绩效。但事实上，发展中国家企业竞争力有限，初始阶段内外技术势差较大，难以挤入发达国家市场，通过对外投资在发达国家建立研发生产基地，更深层次诉求在于，学习吸收发达国家的高端技术和先进经验，提升自身投入产出绩效，逐步实现 $\partial\beta_{domestic}/\partial\beta_{OFDI} \approx 1$，驱动本国价值链升级，形成 OFDI 的内循环创新溢出机制。

4.3　从 IFDI 到 OFDI：创新驱动的转变逻辑

改革开放初期红利更多来自 IFDI“引进来”，中国拥有全球最好的产业化条件，通过招商引资，西方发达国家的先进技术也选择在中国产业化，实现产业链终端价值回报。如果从全球价值链结构的演化分析来看，经济高速增长期，中国企业学习掌握更多的是集中在产业化层面的中低端技术，这也是西方发达国家产业链植入中的技术嫁接，世界经济需要中国低价而高效的生产加工链，西方发达国家正是借助中国的技术产业化和庞大的消费市场获取终端收益，外部对中国的改革开放持积极欢迎态度，随之释放了技术学习和创新模仿空间。

经济高速增长过程中，以消费市场换取中低端技术的溢出红利不可持续，中国特色社会主义进入新时代，内生驱动需要技术创新支撑，但缺乏核心技术造成转型瓶颈。一些西方发达国家从未在核心技术领域开放合作，甚至为了限制中国创新发展，长期实施技术封锁、人才管控、贸易限制等措施，中美贸易摩擦中的“华为事件”正是美国对华创新抑制策略的体现。针对这一困局，应吸取改革开放几十年的发展经验，加快融入世界创新价值链，扩张世界经济对中国创新发展的引致通道。

在核心技术领域，鼓励创新型企业通过对外投资挤入全球行业领先地位，为全球经济发展和社会进步提供成本更低、效率更高、服务更优的创新价值，实现了外部技术虹吸。虽然华为崛起会引发美国等个别西方发达国家抵制，然而一旦建立竞争优势，中国的创新价值会被更多国家所接受。创新的本质就是新旧替代，这个过程总要应对偏见和抵触，新兴国家必将经历这一阶段，尤其是中国作为世界上最大的发展中国家，在全球扩张过程中和一些西方发达国家创新竞争过程中的摩擦是不可避免的，只要我们坚持自主创新和开放经济，秉承创新服务价值优化，总会挤入创新价值链的前端位置，跨越“雁行模式”壁垒。

随着改革开放不断深化，中国自身经济发展水平和技术创新能力有了长足进步，逐渐缩小了与国外发达国家的产业技术势差（ΔT），经济结构和创新环境日趋完善，来自国外成熟产业的 IFDI 失去了原有的技术优势（王福涛等，2017），而国内人口红利褪去也进一步加剧了市场竞争，招商引资所带来的技术模范效应逐渐消失。竞争优势理论兴盛下，诸多西方发达国家为了保持并扩大技术优势，限制本国高新技术产业对外投资，长期对中国实施技术封锁（周立，2018），导致 IFDI 难以引入尖端高新技术，造成创新驱动瓶颈。这一过程中，中国企业具备了一定的创新能力，但依然缺乏核心技术，为了打破瓶颈，跨国公司通过向发达国家对外投资（OFDI），学习国外先进技术和研发经验，转化提升自身创新能力（王碧珺等，2018），逐渐取代外资企业成为国内的技术模范，带动上下游企业技术学习和研发跟进，成为国内创新发展的新动能。

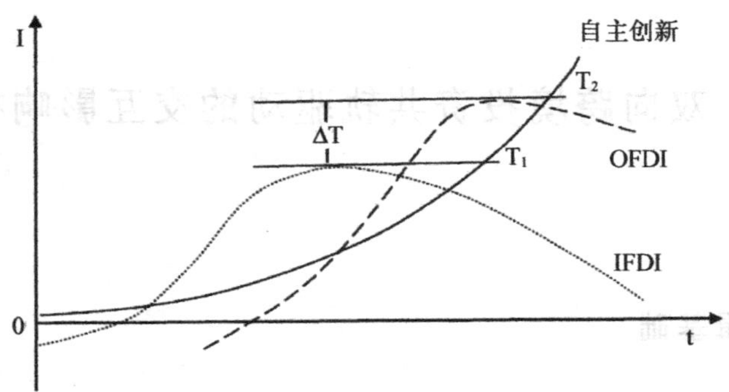

图 4－4 双向跨境投资创新溢出的时空分异

内外技术势差变化是IFDI向OFDI过渡的内生动因（见图4－4），在开放经济共同发展框架内，外资企业与国内企业竞争发展，当国内企业不断提高技术水平，外资引入的技术优势逐渐弱化，则会降低国内企业的学习模仿空间，进而失去溢出动力，这个过程反映了国内空间的技术势差双向变化。为了提高竞争力，需求外部虹吸空间，国内企业"走出去"，投资发达国家，在更高水平的技术环境中竞争学习，接入更大的技术势差，实现了逆向溢出驱动。由此来看，在开放经济驱动下，外部技术水平和内部技术水平的密度变化会导致跨境投资的创新溢出由单向"引进来"向"走出去"分化，外部技术空间更高，则可能带来更强的创新驱动力，从而衍生出双向跨境投资的共轨创新驱动机制，带来双向跨境投资创新驱动的逻辑转变。

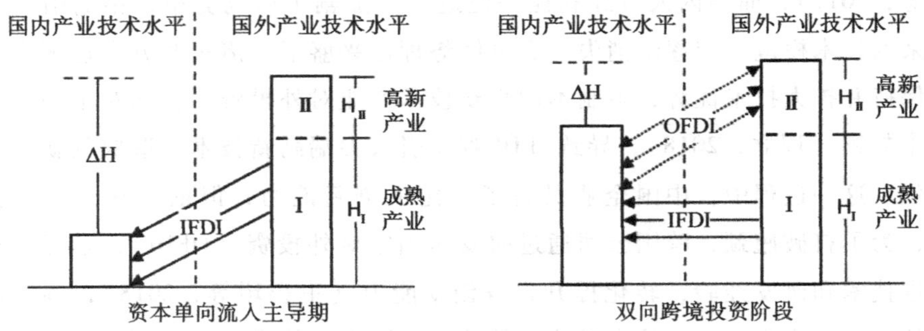

图4－5　中国跨境投资趋势与技术势差演变

4.4　双向跨境投资共轨驱动的交互影响机制

4.4.1　逻辑基础

中国跨境投资从资本流入主导变为IFDI和OFDI双向并行，新时代推进全面开放新格局要并重"引进来"与"走出去"，事实上，IFDI和OFDI的创新驱动并非隔离演进（汪思齐和王恕立，2017），两者之间会产生相互制约影响，李磊等（2018）认为高质量的“引进来”将会促进“走出去”，提高OFDI的溢出水平。这一观点的逻辑基础在于，随着中国经济稳步增长和产业技术逐渐优化，成熟产业IFDI难以维持竞争优势，需要提高招商引资的技术门槛，鼓励引入国外尖端高新技术产业。但从两者的内在联系来看，IFDI对OFDI创新溢出的影响并非单向线性，可能产生两种不同影响：一是外部高新技术产业引进会扩大技术模仿和创新吸收边界，促进国内企业创新能力提升，进而撬动企业“走出去”的技术起点，加速OFDI过程中的逆向创新虹吸，从而提升OFDI创新驱动效应；二是高新技术产业IFDI引入后，提高了国内技术势差，成为技术创新模范，引领国内企业技术跟进和创新模仿，从而降低了“走出去”寻求外部技术势差的积极性，抑制了OFDI的创新驱动效应，陷入IFDI技术跟进依赖。

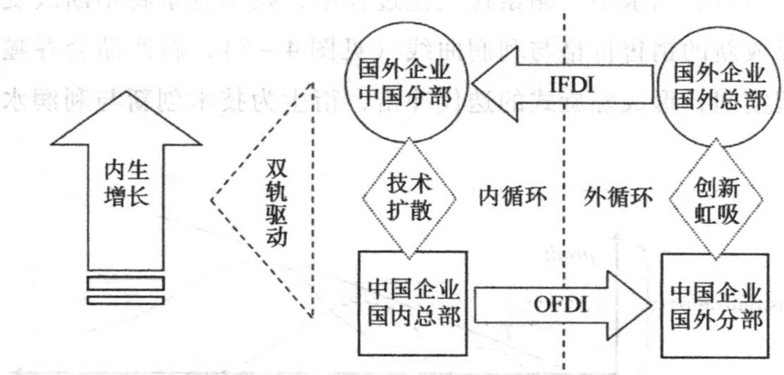

图4-6 双向跨境投资内外双循环的共轨驱动模式

反过来，OFDI同样会影响IFDI的创新驱动效应，全球经济一体化建设过程中，中国企业在国内逐步积累了一定的技术能力，在国内市场巩固基础上，大胆“走出去”开辟市场扩张，并学习国外创新经验，引入先进技术，通过逆向虹吸提升国内母体技术创新能力（阚大学，2014），当国内企业技术水平提升后，会对原有招商引资企业造成技术竞争，取代其在国内的技术领先地位，从而降低了IFDI的创新驱动效应，这是招商引资技术溢出不断弱化的根本原因，形成了OFDI对IFID创新溢出的“挤出效应”。当然，国际市场竞争更为激烈，OFDI 企业不断提高技术水平，如果外资企业要保持国内市场优势，会提高进入中国市场的技术含量，这会激发 IFDI 的创新驱动效应，形成了良性互动机制，促进双向跨境投资的共轨溢出红利。可见，双向跨境投资的共轨创新驱动模式下，IFDI 与 OFDI 并非隔离互质，两者的创新驱动具有复杂的互动溢出影响。

4.4.2 模型推演

从创新周期来看，资本流动、技术研发、市场结构与盈利水平之间会形成复杂的涟漪关系，技术创新本身存在一定的不确定性，研发投入与创新产出的周期较长，难以产生利润，受风险排斥。在创新产业化阶段，生产企业需要的是成熟技术，能够衍生新产品，因此新兴技术成为稀缺资源，有利于扩大新产品销售利润水平。帕累托优化过程中，技术竞争将不断改变市场竞争结构，形成新的销售价格与利润曲线（见图 4 –7），新产品会吞噬上一代产品的利润空间，形成螺旋式的迭代冲击，衍生为技术创新与利润水平的互动关系。

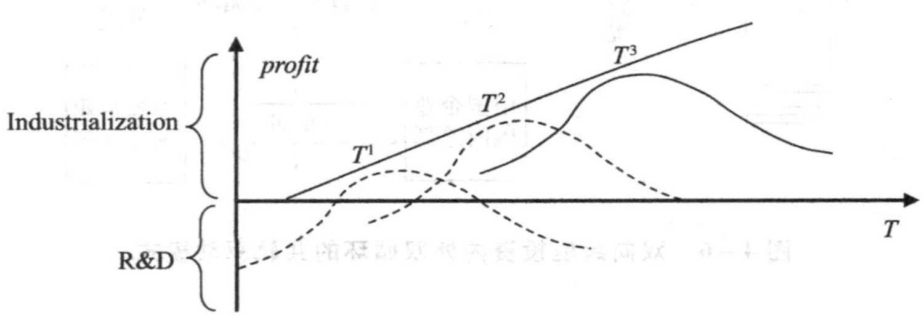

图 4 –7　技术创新与利润水平的迭代关系

为了追求更高的利润空间，行业竞争者需要提高技术创新竞争水平。但初期国内技术水平不高，多数生产性企业并不具备技术研发能力，难以承担技术研发风险，则会通过外资引进企业实现技术供给（T^{IFDI}），国内企业通过学习模仿外资企业，提高整体技术水平。当然，当国内外资企业的技术水平受限，或无法实现外部溢出时，国内企业通过对外投资“走出去”，寻求国外技术势差学习（T^{OFDI}），提高国际竞争力，实现逆向创新溢出，获取更高的创新产业化收益。由此我们以 V 为国内社会总产出，构建一个开放经济框架下双向跨境投资技术势差的投入产出模型：

$$V=\alpha K+\beta L+\gamma_{IFDI}T^{IFDI}+\gamma_{OFDI}T^{OFDI}+\varepsilon \qquad (4-10)$$

其中，K 为资本投入水平，L 为劳动力投入水平，γ_{IFDI} 为外资引入 IFDI 的技术来源影响弹性系数，γ_{OFDI} 为对外投资 OFDI 实现逆向技术溢出的影响弹性系数，假设技术水平的规模产出影响一定，则有 $\gamma_1+\gamma_2=\sigma$。创新发展过程中，由于 IFDI 的技术来源更为直接，在本国环境能够广泛释放溢出效应，初期阶段以外资开放引入的创新溢出为主导，尤其在创新培育阶段，外资引入的技术水平远超过国内，产生了一定的技术势差引入，即 $\gamma_{IFDI}/\gamma_{domestic}>1$，国内代工生产（OEM）的销售市场以国外为主，则需要考虑以学习外资技术弥补国内技术不足（刘磊和刘晓宁，2018），这是外资引入优势的第一阶段。

在第二阶段，假设外资引进的水平一定，形成了国外技术引进对国内技术进步的溢出效应。外资引进的创新驱动效应不仅来自内外技术势差，更重要的影响在于先进技术引进对国内研发水平的溢出影响，通过逆向模仿吸收，能够进一步提升国内技术创新水平，过度依赖外资引进的技术来源显然不利于长期发展，必须缩小内外技术势差，衍生 $\gamma_{IFDI}/\gamma_{domestic}\xrightarrow{T^{domestic}}1$，即“雁行模式”由尾向头的进化趋势，形成了外资引入的创新溢出瓶颈。显然，发达国家不会轻易放弃技术竞争优势，通过限制对发展中国家的核心技术出口，降低溢出效应阻碍发展中国家技术进步。

在第三阶段，当外资引进的国内技术溢出无法满足生产水平提升需要时，而国外先进技术难以引入国内，即 $\gamma_{OFDI}/\gamma_{domestic}>1$，国内企业走出去，在发达国家学习先进技术和研发经验，逆向提升自身创新能力，$\gamma_{OFDI}/\gamma_{domestic}\xrightarrow{T^{domestic}}1$ 这是对外投资 OFDI 所激发的创新溢出效应，通过对外投资虹吸国外技术势差引入，带动国内创新能力提升。

开放经济框架内，外资引进 IFDI 和 OFDI 共存，生产资源会逐渐向技术势差更高的跨境资本流动。在第三个阶段，国内外资引进的技术优势弱化，外部竞争技术水平更高，$\gamma_{OFDI}/\gamma_{IFDI}>1$，则创新型企业将更愿意走出去，寻求外部技术势差虹吸，逐步放弃国内外资引进的创新溢出，出现了 $\gamma_{OFDI}\uparrow\xrightarrow{T^{OFDI}}\gamma_{IFDI}\downarrow$，形成了对外投资OFDI对外资引入IFID创新溢出的“挤出效应”调节影响。

反向推导，如果外资企业为了维持市场规模和自身竞争力，则会提升自身技术水平，释放更大的创新溢出空间，相对于对外投资走出去，外资引入的创新溢出具有更好的便利性和更低的成本，这有可能降低国内企业走出去创新学习积极性，形成外资开放引入对OFDI创新溢出的挤出调节效应：$\gamma_{IFDI}\uparrow\xrightarrow{T^{IFDI}}\gamma_{OFDI}\downarrow$。

当然，IFDI与OFDI两者共轨驱动过程中，不单单是此消彼长的高低演化关系，两者相互挤压，有利于形成了共轨正向溢出，即提高外资开放引入的创新溢出空间，则会撬动国内企业“走出去”的技术起点，有利于虹吸更高的外部创新溢出空间。与此同时，对外投资“走出去”的逆向创新溢出，有利于提高国内企业的技术竞争水平，从而强化国内市场创新竞争环境，激励外资引入提高技术门槛，优化内循环创新溢出，衍生为双向跨境投资的共轨溢出效应，这是实现跨境投资创新驱动的最佳模型。

4.5 理论启示

由于技术势差属于开放经济动态演化范畴，国家之间发展情况差异会导致跨境投资溢出效应有所不同，在印度等一些发展中国家，工业基础较为薄弱，由于殖民历史的影响，从欧美外资企业的国外技术引进较为普遍，反而在一定程度抑制了本国自主研发与创新（Mitra和Sharma，2014），形成了外资引入对本国创新发展的“替代破坏”，反而产生了创新瓶颈，即 $\gamma_{domestic}/\gamma_{IFDI}\xrightarrow{T^{IFDI}}\min$，并不利于本国创新发展。逆向推导，如果发展中国家在外资引进过程中，能够建立从知识积累、基础研发到技术创新、产业化应用这一完整的创新体系，通过知识产权保护、公平技术交易，扩大自主研发的技术产出水平，提高创新产业化的市场应用价值，则有利于培育自主创新竞争优势，跨越与发达国家之间的“技术鸿沟”，能够合理规避外资陷阱。

国内改革开放初期招商引资也可能存在这一问题，过于注重外部资源对经济增长的驱动影响，反而忽视了“替代效应”对自主研发与创新发展的抑制性影响，造成一些核心技术长期依赖进口，基础研发能力不足。新时代全面开放新格局推进过程中，国内自主研发和国外技术引进形成了双轨驱动机制，但事实上，国内技术研发和国外技术引进的驱动影响存在本质差异，技术创新的优势在于建立壁垒，形成市场竞争中的“马太效应”，为了降低研发风险，一些关键技术与核心产品采用了技术引进的获取方式，虽然短期释放了经济驱动，但从长远来看，外资引进对国内创新体系造成了“挤出效应”，一些新兴技术在自主研发过程中尚未成型就丧失了竞争空间，这对国内创新体系造成了巨大冲击，而自主创新才是应对外部竞争和技术封锁的最佳路径。

对外投资是通往国际竞争的一条重要通道，所衍生的技术追赶与市场扩张是中国嵌入全球价值链的核心关键，在国外技术封锁影响下，通过对外投资“走出去”，能够参与国际创新活动，在发达国家和先进地区虹吸技术创新资源，学习研发经验，提高自身创新发展水平，这个过程是全球创新演进的必然过程，日本、韩国等亚洲新兴发达国家的经验已经证实，对外开放走出去，嵌入全球价值链对本国经济增长的长效驱动效应。改革开放初期经济高速增长过程中，外资走出去更多出于基础资源获取，但随着中国经济发展模式转变，初级规模扩张逐渐转向内生增长，技术驱动与创新溢出具有更强的竞争优势，这个阶段中国企业“走出去”，已经不再简单投资亚非拉等发展中国家，更大的驱动力来自对发达国家和地区的产业嵌入和技术学习，提升自身技术水平和创新能力，竞争国际市场，扩大开放经济影响力，是新时代高质量发展的重要动能。

新时代开放经济驱动下，中国的跨境资本流动规模增长迅速，并且出现了外资引进与对外投资共存的特征事实，但从理论推演来看，两者对国内创新发展的驱动并非简单的平行双轨，相互影响关系较为复杂，必将存在竞争对冲关系，外资引进对“走出去”会产生双向影响，而对外投资也会对“引进来”产生对冲影响，双轨之间可能衍生从外生到内生的交叉驱动影响，也有可能在不同维度释放积极的共轨溢出红利，如何能够规避双向跨境投资的“挤出破坏”，放大两者之间的共轨溢出效应，尚需进一步经验识别和系统分析。

第5章 外资开放引入的内循环溢出效应检验

改革开放40多年来，招商引资和筑巢引凤打开了中国融入世界的窗口，新时代推动全面开放新格局吸引了全球资本对中国的投资热情。据统计，2020年中国吸收外商直接投资IFDI流入同比增长4%，达到1 630亿美元[①]，规模创历史新高，排名首次超过美国。但与改革开放初期单纯外企植入和经济增长诉求有所不同，十九届五中全会提出，新时代要建立高水平开放型经济和现代科技创新体制，提升外资质量，注重技术创新和内生驱动。从全球经济演化轨迹来看，战后经济恢复过程中，多数西方发达国家基于价值链升级目的，通过对外投资在中国设立出口代加工（OEM）企业，转移植入中低端加工制造业，吸收人口红利，拓展新兴消费市场（李娟，2019）。对中国而言，大量IFDI引入有助于培育产业基础，推动经济增长，实现双赢局面，这也是中国IFDI规模持续增长的重要原因。然而，中国经济高速增长的同时，要素成本不断上升，对IFDI产生了涟漪效应，外资引入同样面临优胜劣汰，低技术含量的加工制造业难以为继，庞大的消费市场升级引致技术创新，对传统商业模式产生“创造性破坏”，倒逼经济转型和发展质量提升（魏浩等，2019）。由此需要思考的是，近年来国内技术水平不断提升，而IFDI的技术含量受技术封锁限制，那么外资开放引入的创新虹吸是否依然有效？外资开放引入的驱动效应这是一种线性有效关系，或是具有非线性溢出特征，呈现出什么样的演化规律，如何能够激励外资开放引入的溢出效应，

① 数据来源：联合国贸易和发展会议UNCTAD。

实现内循环驱动升级，转向内生驱动与创新驱动，进而赋能高质量发展。

5.1 研究假设

5.1.1 外资开放引入内循环的多层次驱动机制

技术溢出理论的解释认为，国内经济发展初期，产业基础薄弱，技术创新能力不足，引入先进外资参与经济建设，有利于提高国内经济增长水平。当然，外资开放并非仅仅出于经济溢出，更为重要的是，国内企业通过技术学习和创新模仿，逐步提升市场竞争力，形成了外资开放引入的内生驱动和创新溢出（刘朝等，2014）。以发展中国家追赶发达国家的“雁行模式”来看（见图5-1），外资开放引入能够衍生创新溢出的前提条件是存在国内外技术势差，初始阶段发达国家产业技术水平最高（T_3），发展中国家产业技术水平相对较低（T_1），通过引入发达国家IFDI企业，能够直接带动本国产业进步，并且通过外资开放引入先进技术模范（T_2），形成了技术势差的创新溢出空间（S_1），由外到内转化提升本国技术创新水平（ΔT_{1-2}），这是IFDI创新溢出的逻辑基础。发展中国家希望通过外资引入树立技术高塔和创新模范，带动国内企业创新提升，形成“雁尾”向“雁头”的追赶并进。

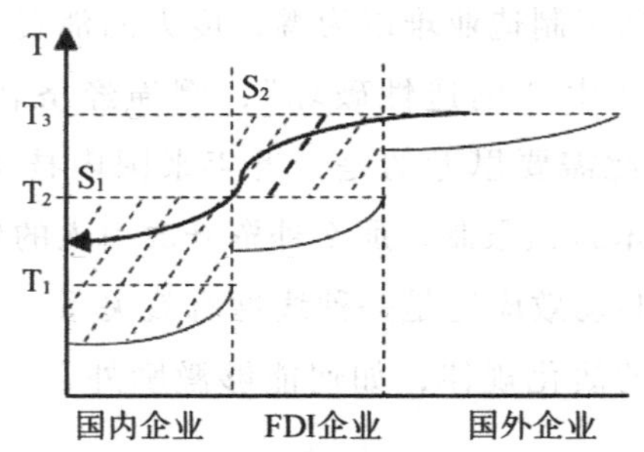

图5-1 外资开放引入的内循环溢出空间

开放经济演化过程中，发达国家乐于对发展中国家对外投资，这显然并非出于帮助发展中国家的目的，而是源于自身利益诉求：一是将中低端产业转移植入发展中国家，加速本国产业升级与结构优化（李虹含等，2020）；二是通过在发展中国家建立生产基地，借助 OEM 代工生产模式消耗发展中国家资源，吸收低成本人口红利，大幅降低国内生产成本，提高利润空间；三是先入为主在发展中国家投资扩张，培育占领新兴消费市场，巩固竞争地位。那么，这就出现了 IFDI 创新溢出的外部空间 S_2，与 S_1叠加形成 IFDI 溢出效应的最大吸收空间，而这一空间，在初期以经济溢出的相互关系为主导。反向来看，IFDI 的内生溢出和创新溢出诉求更多来源于发展中国家，通过市场开放和要素配置，吸收国外先进资本带动本国技术进步和创新发展，竞争国际市场，但事实上，外资开放并非一定会释放 IFDI 的正向创新溢出。倘若发展中国家以单纯经济增长为目的，放弃自主创新，以外商资本作为产业主导，那么将可能衍生对外依赖惰性，形成“雁行模式”的逆向“挤出效应”，反而抑制了本国创新发展积极性，这在发展中国家屡见不鲜。由此可见，外资开放引入从最初的经济溢出，到技术溢出，再到创新溢出，形成了较为复杂的涟漪机制。

理论假设 H1：内外技术势差存在下，理想状态的 IFDI 引入有利于加快发展中国家经济发展，提升技术水平和创新能力，但因为各个国家间的实践差异，技术学习能力与创新吸收水平参差不齐，内外技术竞争差距逐渐固化，可能造成 IFDI 在不同驱动维度的溢出存在一定的差异性。

5.1.2 内外技术势差影响下 IFDI 内循环驱动的动态影响机制

在经济溢出之外，内外技术势差是 IFDI 内生驱动和创新溢出的重要前提条件，但技术势差转移受制于发达国家的产业链利益诉求，外资引入所带来的技术红利并非恒久不变，中国改革开放的核心价值在于通过融入世界经济，加快自主创新转型，缩小内外技术势差，逐步摆脱“雁行模式”的尾端瓶颈，从“雁尾”向“雁头”迈进，这和日本、韩国等亚洲新兴国家战后所经历的自主转型类似。借助“筑巢引凤”是为了“市场换技术”，通过

IFDI 培育提升自主技术创新能力。显然，这和发达国家的中低端产业链转移诉求存在一定偏差。西方发达国家长期处于科技革命主导地位，不愿轻易放弃技术优势和新兴市场（夏杰长等，2020），因此在对发展中国家的对外投资时，对中低端产业转移持鼓励态度，但对战略性新兴产业与核心技术领域的对外投资往往高筑壁垒，衍生出阶梯式的技术势差，发展中国家产业技术水平低于 IFDI 技术水平（$T_1 < T_2$），而 IFDI 技术水平低于发达国家高新产业技术水平（$T_2 < T_3$），在内生驱动和创新驱动维度形成了递进式创新溢出空间（$S_1 < S_2$）。

发展中国家外资开放引入过程中，通过内外融合，开放市场竞争，激励本国企业向 IFDI 企业模仿学习，提高自身技术水平和创新能力，在一定程度缩小了内外技术势差（ΔT_{1-2}），这会降低外资开放引入的溢出空间（S_1）。而发达国家如果限制更高水平的技术转移（$T_3 \rightarrow T_2$），则会出现 T_1 与 T_2 之间的技术势差转化，甚至可能出现 $T_1 > T_2$，发展中国家实现技术创新突破，外资引入失去原有的技术优势，逐步被本国企业替代，IFDI 不但未能有效释放创新溢出，还可能出现恶性竞争，反而破坏发展中国家技术提升和创新发展。可见，从经济溢出，到内生驱动和创新驱动，存在较为复杂的动态演化机制。

理论假设 H2：外资开放引入的创新溢出包括基本的经济溢出，以及技术学习进步的内生驱动，在更高阶段的 IFDI 能够激励国内创新能力提升，加快创新驱动转型，但在内外技术势差的动态演化影响下，IFDI 的溢出效应并非静态线性，可能呈现较为复杂的非线性影响轨迹。

5.2 研究设计

5.2.1 计量模型

内循环驱动是多因素影响下的系统运行表现，本章重点考察外资开放引入的内循环驱动效应，首先采用面板回归技术，拟合一个线性模型，检验外资引入在不同维度对内循环驱动升级的影响：

$$\begin{vmatrix} GDP \\ TFP \\ innovation_{it} \end{vmatrix} = \alpha ifdi_{it} + \theta_n C_{it}^n + \mu_i + \upsilon + \varepsilon_{it} \tag{5-1}$$

其中，$ifdi_{it}$是核心解释变量，表示 i 省在 t 年的外资引入水平，α 是外资引入对内循环驱动的影响系数。考虑到地区经济发展和驱动模式的升级差异，以人均国内生产总值（*GDP*）反映基本经济增长水平，以全要素生产率（*TFP*）反映内生增长水平，以区域技术创新水平（*innovation*）反映创新驱动水平，作为评价不同维度驱动效应的被解释变量。同时引入相关控制变量 C_n，θ_n 为各控制变量影响系数，u_i 表示不随时间变化的各样本截面个体效应，υ 表示时间个体效应，μ_i 为误差项，$\varepsilon_{it} \sim iid(0,\sigma^2)$。

我们通过构建解释变量回归系数的分段函数，设计一个外资引入对内循环驱动的非线性影响门槛模型：

$$\begin{vmatrix} GDP \\ TFP \\ innovation_{it} \end{vmatrix} = \alpha_1 ifdi_{it} \cdot I(ifdi_{it} \leqslant \gamma_1) + \alpha_2 ifdi_{it} \cdot I(ifdi_{it} > \gamma_1) + \ldots + \alpha_{2n-1} ifdi_{it} \cdot I(ifdi_{it} \leqslant \gamma_n)$$

$$+ \alpha_{2n} ifdi_{it} \cdot I(ifdi_{it} > \gamma_n) + \theta_n C_{it}^n + \mu_i + \varepsilon_{it} \tag{5-2}$$

式（5-2）中，$ifdi_{it}$作为核心解释变量的同时，存在动态影响规律，γ 为外资引入水平的待估门槛阈值，借助门槛阈值 γ 能够将外资引入水平划分成两个不同强度区间，对内循环驱动影响的回归系数也会有所不同，反映了外资引入溢出效应的非线性特征。$I(*)$表示检验外资引入水平变化的假设检验函数，当括号内门槛条件满足时，则符合假设取值为 1，反之则取值为 0。

（1）被解释变量。内循环驱动模式经历了经济规模扩张、内生增长驱动与技术创新驱动三个不同阶段（严成樑，2020），因此在评价内循环驱动升级时，选择三个维度被解释变量：

人均国内生产总值（*GDP*）。选择各省份的人均国内生产总值（GDP）

作为评估基本经济发展水平，为了降低方差影响，做了对数处理。

全要素生产率（*TFP*）。按照随机前沿生产函数（SFA）的参数估计值[①]，测算的地区全要素生产率 *TFP*（Kumbhakar，2000），以此评估外资引入带来的技术溢出影响。

区域技术创新水平（*innovation*）。技术创新驱动是经济增长的最高阶段，不仅体现的是技术创新成果产出，更要注重创新投入与技术产出的关系，反映创新活动的纵向加工能力，因此本章选择技术创新效率作为区域创新水平的测度指标。在区域创新效率测算时，借鉴相关研究经验，设计超越对数生产函数模型（Trans – Log Production Function）[②]，测定区域创新效率，作为评价区域技术创新水平的评价指标。

（2）核心解释变量：外资引入水平（*ifdi*）。目前《中国统计年鉴》中关于外商直接投资主要有流量数据和存量数据两种统计方法，本章选取中国IFDI 流量数据，以此评估外资引入水平的动态影响，回归时为降低方差影响，取对数处理。

（3）控制变量。为了尽可能降低估计过程中的内生性影响，考虑到地区间差异，力求获取无偏检验结果，模型中引入一些相关控制变量，具体包括：

城市化水平（*urbanization*）。城市化进程是区域经济发展和驱动升级的重要支撑，我们选择区域城镇人口在总人口中占比测度各个省份的城市化水平。

人力资本条件（*human*）。人力资本是经济发展、社会进步另一重要影响因素，我们以该地区平均受教育年限测度人力资本条件，检验人力资本条件对内循环发展的驱动效应。

---

① 采用的随机前沿生产函数为：

$$\ln Y_{it} = \beta_0 + \beta_t t + 0.5\beta_{tt} t^2 + \beta_K \ln K_{it} + \beta_L \ln L_{it} + 0.5\beta_{KK}(\ln K_{it})^2 + 0.5\beta_{LL}(\ln L_{it})^2 + \beta_{KL} \ln K_{it} \ln L_{it} + \beta_{tK} t \ln K_{it} + \beta_{tL} t \ln L_{it} - u_{it} + \varepsilon_{it}$$

② 测算区域创新效率前，需要考虑柯布 – 道格拉斯生产函数（Cobb – Douglas Production Function）模型和超越对数生产函数模型（Trans – Log Production Function）哪一个更适合，以广义似然率统计量方法（SFA）进一步检验测试发现，超越对数生产函数模型的拟合结果更优，对非平衡数据和异质类数据的处理更为有效。

市场化经济程度（*marketization*）。市场化经济程度提升有利于跨境投资流通，更高的自由度能够释放更高的溢出空间（刘航和杨丹辉，2020），由此我们测定该地区固定资产投资中的非国有比重，反映市场化经济程度，作为模型输出的控制变量。

技术引进水平（*tech - import*）。为了加快追赶超越，引进国外技术是区域加快内生驱动的另一途径，但技术引进对本地化创新发展是否存在“挤出效应”依然有待验证，模型中引入技术引进水平，以此判断其内循环驱动影响。测算时，选取国外技术引进合同额与区域同期 GDP 比值，以此反映该地区单位 GDP 中外部技术引进的价值含量。

对外贸易贡献度（*trade*）。开放经济驱动下，进出口贸易对国家经济发展和驱动升级具有重要影响，我们以货物贸易进出口总额与服务贸易进出口总额之和与该地区 GDP 的比值来测定内循环驱动中的对外贸易贡献度。

5.2.2 数据来源与检验

（1）数据来源。在数据的空间截面选取时，我们主要根据《中国统计年鉴》相关统计，选择中国省际层面数据，考虑到相关统计的一致性和可获得性，剔除了港、澳、台、西藏等省区，最终实际选取的数据来自 30 个省区，以 2003—2018 年截取数据时间跨度。一些其他相关数据来源包括：《中国科技统计年鉴》、各省区统计年鉴等。

表 5 - 1　　主要研究变量的描述性统计

变量	number	max	min	mean	St - deviation
urbanization	480	0.942	0.226	0.523	0.144
human	480	12.675	6.227	8.714	1.005
marketization	480	0.904	0.391	0.692	0.114
techimport	480	0.052	0	0.004	0.007
IFDI	480	0.105	1.450	0.023	0.020
TFP	480	2.393	0.001	0.355	0.317
innovation	480	0.892	0.034	0.347	0.164
GDP	480	11.855	8.216	10.277	0.732

（2）单位根检验。尽管本章研究所选的面板数据时间跨度不算太长，但为了有效避免宏观经济数据可能存在时间趋势干扰，我们对变量做了数据平稳性检验。在具体检验技术上，本章选用假设存在同质面板单位根的 LLC 方法和 Breitung t – stat 方法，以及假设存在异质面板单位根的 IPS 方法、ADF – Fisher 方法和 PP – Fisher 方法。五种检验结果整体显示，各个变量所选取的面板数据一阶平稳（见表 5 – 2）。

表 5 – 2　　面板数据的单位根检验结果

变量	LLC	Breitung	ADF – Fisheri	IPS	PP – Fisher
urbanization	– 2. 156 **	2. 740	326. 003 ***	– 97. 380 ***	495. 040 ***
	(0. 022)	(0. 997)	(0. 000)	(0. 000)	(0. 000)
human	– 1. 633 *	– 1. 089	339. 505 ***	– 25. 738 ***	416. 850 ***
	(0. 051)	(0. 138)	(0. 000)	(0. 000)	(0. 000)
marketization	– 9. 995 ***	– 1. 731 **	284. 076 ***	– 16. 700 ***	347. 980 ***
	(0. 000)	(0. 042)	(0. 000)	(0. 000)	(0. 000)
techimport	– 8. 644 ***	– 2. 561 ***	216. 729 ***	– 15. 125 ***	287. 621 ***
	(0. 000)	(0. 005)	(0. 000)	(0. 000)	(0. 000)
IFDI	2. 197	– 1. 078	169. 269 ***	– 7. 583 ***	292. 197 ***
	(0. 986)	(0. 141)	(0. 000)	(0. 000)	(0. 000)
TFP	68. 839	0. 890	376. 217 ***	– 120. 846 ***	535. 202 ***
	(1. 000)	(0. 813)	(0. 000)	(0. 000)	(0. 000)
innovation	5. 506 ***	10. 760	497. 358 ***	– 785. 171 ***	509. 656 ***
	(0. 000)	(1. 000)	(0. 000)	(0. 000)	(0. 000)
GDP	– 20. 806 ***	– 0. 503	495. 052 ***	– 77. 800 ***	531. 623 ***
	(0. 000)	(0. 308)	(0. 000)	(0. 000)	(0. 000)

（3）协整检验。为了避免出现伪回归现象，我们进一步选择 Kao 的残差协整检验工具（Kao，1999），通过十一个协整统计量检验变量数据的协整关系（见表 5 – 3）。结果显示统计量 ADF 通过了 1% 的显著性水平检验，由此判断各个变量之间存在长期稳定均衡关系。

表 5－3　　面板数据的协整检验 Kao

检验方法	检验假设	统计量名	统计量值（P 值）
Kao 检验	$H_0: p=1$	ADF	－2.7947（0.0026）***

注：（）中检验结果表示该统计量的伴随概率值。*** 表示在 1% 的显著水平拒绝不存在协整关系的原假设。

（4）多重共线性检验。研究设计中为了尽可能消除内生性影响，选取的控制变量较多，为了首先检验研究设计是否合理，我们对解释变量做了多重共线性检验，结果显示 Mean VIF 为 4.16，远小于 10，由此认为模型设计较为合理地控制了多重共线性干扰。

5.3　实证结果分析

5.3.1　IFDI 的内循环驱动线性估计结果

经 Hausman 检验，选择固定效应模型分析外资引入对内循环驱动的线性影响。表 5－4 中模型 L1 估计结果显示，外资引入对国内人均 GDP 的影响系数为 0.0140，通过了 10% 显著性水平检验，这一结果与理论模型假设相一致，外资开放引入扩大了资本投入规模，能够释放积极的经济溢出效应。相关控制变量中，城市化水平、人力资本条件、市场化程度的经济驱动效应均显著为正，有利于加快地区经济增长。技术引进与对外贸易对经济增长的驱动效应并不显著。

表 5－4 中模型 L2 估计结果显示，外资引入对国内 TFP 的影响同样显著为正，说明外资开放在短时间内存在一定的技术势差导流，不仅能够放大规模经济，并且能够释放积极的内生溢出效应，带动国内技术进步和生产效率提升。相关控制变量中，城市化水平、人力资本条件、市场化程度对国内

表 5-4 IFDI 对内循环驱动的线性估计结果

变量	FE/GDP 模型-L1	FE/TFP 模型-L2	FE/INN 模型-L3	GMM/GDP 模型-L4	GMM/TFP 模型-L5	GMM/INN 模型-L6	OLS/GDP 模型-L7	OLS/TFP 模型-L8	OLS/INN 模型-L9
ifdi (-1)	—	—	—	0.0200 (0.4460)	-0.0330*** (-3.0610)	-0.0940*** (-4.7370)	—	—	—
ifdi	0.0140* (1.7000)	0.1180*** (12.9000)	0.0050*** (6.5400)	0.0370* (1.8590)	0.0780*** (7.0260)	0.0380*** (8.4370)	0.0230*** (3.0100)	0.1130*** (16.5300)	0.0190*** (7.1400)
urbanization	3.5760*** (5.6800)	-0.6260 (-1.1800)	0.4520*** (5.5200)	3.5780*** (7.3710)	0.3870*** (2.6100)	-0.1440 (-1.1670)	3.6930*** (11.0100)	0.0190 (0.1200)	0.5350*** (4.6900)
human	0.2730*** (3.7400)	0.0080 (0.3000)	0.0500*** (7.7100)	-0.0310 (-0.5270)	-0.0620 (-1.4750)	-0.0290*** (-5.0260)	0.0940*** (2.8100)	-0.0650*** (-3.0800)	-0.0850*** (-6.0600)
marketization	2.1360*** (5.6100)	-0.1280 (-0.7400)	0.2390*** (4.6400)	0.4760 (1.5920)	0.4930*** (5.9260)	0.1560*** (2.6720)	1.2720*** (6.8700)	0.0270 (0.2800)	0.5440*** (8.8200)
tech-import	-8.7740 (-1.6000)	-1.8340** (-2.0900)	-1.4350** (-2.1800)	-22.1630*** (-4.7830)	-8.0610*** (-4.9640)	2.8660*** (2.9380)	-20.2940*** (-4.4200)	-3.1020*** (-3.0300)	-3.1740** (-2.2100)
trade	-0.0620 (-1.1000)	0.0220*** (3.4200)	-0.0020 (-0.5600)	0.0500 (0.4780)	0.0960** (2.0360)	0.0660*** (3.4620)	-0.1040 (-1.2800)	0.0750** (2.1700)	0.0300*** (2.9000)
J-statistic	—	—	—	23.7060	21.0050	29.2760	—	—	—
Prob (J-statistic)	—	—	—	0.4200	0.5810	0.1710	—	—	—

注：*、**、*** 分别表示在 10%、5%、1% 的显著水平拒绝原假设。模型 L1、L2 和 L3 为固定效应回归模型，模型 L4、L5 和 L6 为内生性检验 GMM 回归模型，模型 L7、L8 和模型 L9 为控制了个体效应和时间效应的稳健性检验 OLS 模型。

TFP的影响不显著。技术引进显著抑制了国内TFP，说明单纯外部购买不仅难以促进效率提升，反而可能抑制国内技术进步。对外贸易在一定程度能够提升TFP，说明贸易结构逐渐优化，加速了生产加工链的技术进步和效率提升。

模型L3估计结果显示，外资开放引入对国内创新驱动的影响系数为0.0050，且通过了1%显著性水平检验，说明外资开放引入不仅仅带来了技术势差，更重要的影响在于引入创新竞争，从而激励国内技术创新水平提升，推动创新型国家建设。城市化水对技术创新的影响显著为正，说明城市化为研发创新和智力聚集提供了必要的环境支撑。人力资本条件对技术创新的影响同样显著为正，反映了在研发创新活动中智力劳动质量的重要性。市场化程度较高，则有利于技术竞争，优胜劣汰，加快技术升级与创新进步。技术引进抑制了区域技术创新发展，说明外部技术对国内创新活动形成了显著的抑制性影响，外来借用并不利于长效创新驱动。对外贸易对技术创新的影响并不显著。

为了尽可能降低计量模型的内生性影响，我们在回归过程中添加了相关控制变量。为了进一步排除控制变量本身的多重共线性干扰，通过VIF检验发现，多元回归有效避免了这一问题，逐步加入控制变量的估计结果具有较好的一致性。对核心解释变量影响的内生性考察较为关键，我们采用广义矩估计模型（GMM）检验发现，外资引入对国内人均GDP（模型L4）、TFP（模型L5）和创新效率（模型L6）的影响弹性系数依然显著为正，而控制变量相对应的回归结果虽然有一些变化，但并不影响核心解释变量估计结果，说明模型输出在一定程度控制了内生性影响。

稳健性检验时，我们对OLS模型控制了个体效应和时间效应，结果发现，IFDI对国内人均GDP（模型L7）、TFP（模型L8）和创新效率（模型L9）的影响结果和固定效应模型一致，说明实证结果具有合理的稳健度。

5.3.2 IFDI内循环驱动的非线性估计结果

以Hansen（1999）的动态门槛估计方法，借助“自举法”模拟检验似然比 1 000 次，结合 bootstrap P 值与 F 值判断外资引入内循环驱动影响非线性溢出效应①。表 5 - 5 中模型 D1 估计结果显示，外资引入对国内人均 GDP 的影响存在三重门槛（12.4535，13.6725，14.5102）特征。当外资引入水平小于 12.4535 时，对国内人均 GDP 的影响弹性系数为 4.2989，且通过了 1% 显著性检验，呈现出积极的经济驱动效应；当 IFDI 水平处于第二门槛区间［12.4535 13.6725］时，影响弹性系数变为 0.3256；外资引入水平进一步提升到第三门槛区间［13.6725 14.5102］时，影响弹性系数 1.8855，经济驱动依然显著有效；然而，外资引入水平超过 14.5102 时，对人均 GDP 的影响变得不显著。这一趋势反映的经济规律在于，外资开放的经济驱动效应并非线性有效，在不同水平区间存在差异性影响，初期阶段，外资引入一方面能够放大资本投入规模，同时加快上下游产业协同，释放积极的经济驱动效应，然而，当国内经济持续增长，外资引入的驱动效应将有所弱化，模型输出反映的结果是，外资引入水平超过 14.5102 后，经济驱动失效。2018 年全国 30 个省区外资引入水平均已超过 14.5102，可见，外资引入已经跨越了初级经济驱动区间，这一点值得关注，在招商引资过程中，不能再盲目追求规模效应。

门槛模型 D2 估计结果显示，外资开放引入对国内 TFP 的驱动影响同样具有三重门槛（11.3064，13.8855，19.9093）特征。当外资引入水平小于 11.3064 时，对国内 TFP 的影响显著为负，呈现出抑制性作用；当外资引入水平处于第二门槛区间（11.3064 13.8855）时，对国内 TFP 的影响转负为正，且通过了 1% 的显著性水平检验；当外资引入水平进一步提升到第三门槛区间（13.8855 19.9093）时，影响变为不显著；外资引入水平超过 19.9093 时，对国内 TFP 的影响回到负向溢出轨道。上述趋势说明，外资开

---

① 假设外资引入影响的门槛效应存在原假设是 $H_0: \alpha_1 = \alpha_2$，否定假设为 $H_1: \alpha_1 \neq \alpha_2$，构建统计量：$F = \dfrac{S_0(\gamma) - S_1(\hat{\gamma})}{\hat{\sigma}^2}$，其中，$S_0(\gamma)$ 和 $S_1(\hat{\gamma})$ 分别表示在 H_0 和 H_1 的假设条件下，以参数估计得到的残差平方，$\hat{\sigma}^2$ 是在 H_1 假设条件下由参数估计得到的残差方差。根据 Hansen 的检验方法，通过自抽样获得 F 统计量的渐进分布，从而测算得到拒绝原假设的概率值，以此检验门槛阈值存在的合理性与显著性。

表5-5　　IFDI对内循环驱动的非线性估计结果

变量	GDP 模型D1	TFP 模型D2	INN 模型D3	GDP 模型D4	TFP 模型D5	INN 模型D6	GDP 模型D7	TFP 模型D8	INN 模型D9
ifdi-1	(0 12.4535***)	(0 11.3064***)	(0 12.4535***)	(0 12.4535***)	(0 11.3064**)	(0 12.4535***)	(0 12.3973***)	(0 12.3973***)	(0 12.3354**)
α_1	4.2989*** (9.1722)	-0.5461** (-2.2565)	0.4245*** (6.3986)	3.8598*** (8.1223)	0.3585 (0.6419)	0.4160*** (5.7597)	4.8010*** (8.6391)	0.0659 (1.0490)	0.5227*** (5.7963)
ifdi-2	(12.4535*** 13.6725***)	(11.3064*** 13.8855**)	(12.4535*** 14.5047***)	(12.4535*** 13.3191***)	(11.3064** 15.5505**)	(12.4535*** 14.5047***)	(12.3973*** 13.6725***)	(12.3973*** 13.3332***)	(12.3354** 14.5047***)
α_2	0.3256*** (8.9849)	0.0684*** (3.0178)	0.0509*** (9.7816)	0.2657*** (7.0925)	0.1789*** (3.3496)	0.0502*** (9.3416)	0.2926*** (7.1275)	0.0111* (1.6678)	0.0454*** (7.1990)
ifdi-3	(13.6725*** 14.5102***)	(13.8855** 19.9093)	(14.5047*** 21.4200*)	(13.3191*** 14.5102***)	(15.5505** 16.3147*)	(14.5047*** 14.6605**)	(13.6725*** 14.5276***)	(13.3332*** 14.7125***)	(14.5047*** 14.6599**)
α_3	1.8855*** (7.5877)	0.1519 (0.9399)	0.2353*** (8.8708)	1.7253*** (6.9718)	0.4200 (1.1771)	0.2312*** (8.1635)	1.2208*** (5.5160)	0.0227 (0.5264)	0.1936*** (6.8700)
ifdi-4	(14.5102*** +∞)	(19.9093 +∞)	(21.4200* +∞)	(14.5102*** +∞)	(16.3174* +∞)	(14.6605** +∞)	(14.5276*** +∞)	(14.7125*** +∞)	(14.6599*** +∞)
α_4	-2.9878 (-1.6410)	-2.4364** (-2.0968)	-1.4866*** (-4.1390)	-2.9013* (-1.6973)	-7.9949** (-2.2600)	-1.4869*** (-4.5761)	-3.8934*** (-2.6151)	-0.0781 (-0.3261)	-1.5653*** (-5.0665)

注：( )内为调节变量门槛估计区间，模型D1、D2、D3为基本固定效应门槛回归，模型D4、D5、D6为解释变量滞后一阶的内生性检验模型，模型D7、D8、D9为收缩面板时间跨度（2004—2017）的稳健性检验模型。控制变量估计结果不再赘述。

放引入对内生驱动影响较为复杂，在初期阶段，外资进入与国内经济融合可能存在一定摩擦，对生产效率产生了阶段性竞争抑制，当外资开放融合深化，在适度区间，将外部先进技术和生产经验逐步引入国内，有助于提高国内技术水平，释放积极内生溢出效应，然而，当外资开放过度，引入超过一定的门槛区间，则会挤压国内企业生存空间，反而不利于技术追赶和效率提升。从国内 30 个省区 2018 年的统计情况来看，外资引入水平基本都超过 19.9093 的负向溢出门槛界限，反映了外资开放引入的内生驱动已经转为竞争抑制阶段。

门槛模型 D3 估计结果显示，外资开放引入对国内创新驱动影响具有先扬后抑的“∩”形规律。当外资开放水平在第一门槛区间（0 12.4535）、第二门槛区间（12.4535 14.5047）和第三门槛区间（14.5047 21.4200）时，对国内创新效率的影响均显著为正，释放了积极的溢出效应；然而，当外资引入水平超过 21.4200 时，对国内创新效率的影响变为负向抑制。外资引入的创新溢出轨迹与理论假设相吻合，外资开放必将引入技术势差，通过创新竞争能够加快技术追赶和创新发展，但随着国内技术创新水平提升，外资引入的技术势差逐渐弱化，甚至可能失去竞争优势，无法释放溢出势能，外资过度还会造成资源浪费和恶性竞争，破坏自主创新系统。提高外资技术门槛与创新水平，加速内外研发合作，是撬动外资引入创新驱动的关键。

在动态门槛估计结果的内生性检验时，传统方法并不适用，我们将解释变量做了滞后一阶处理，相应估计结果显示，外资引入对内循环的经济驱动效应依然存在边际弱化规律（见表 5 - 5 中模型 D4），区别在于在最高门槛区间出现了负向溢出。外资开放引入的内生溢出仅在中等适度区间有效（见表 5 - 5 中模型 D5）。而外资开放引入的创新驱动轨迹继续保持“∩”形趋势（见表 5 - 5 中模型 D6），由此验证模型输出在一定程度控制了内生性干扰。

为了进一步判断动态门槛模型的稳健性，借鉴韩先锋等（2019）的方法，缩短面板数据的时间跨度，以 2004—2017 年为考察期，结果发现，外资开放引入的内循环驱动轨迹在三个维度的输出结果（见表 5 - 5 中模型 D7、D8 和 D9）和基本模型相比保持了较好的一致性。

5.4 小结

供给侧改革和转型升级双重驱动下，推动全面开放新格局并吸引外资能够为中国经济发展注入内循环驱动力。以省际面板数据检验发现，外资开放引入对内循环驱动并非传统经验判断那般线性有效，存在动态演化规律，并且外资开放引入对内循环驱动升级的影响也存在纵向拓扑差异，对经济驱动影响具有边际弱化趋势，对内生驱动影响存在适度有效特征，对创新驱动影响呈现先扬后抑的“∩”形规律。研究发现所蕴含的经济启示在于，随着改革开放深入，内循环模式从传统的经济驱动逐渐转向内生驱动与创新驱动，效率提升和创新驱动逐渐成为高质量发展的风向标，对外资引入的技术势差虹吸至关重要，一方面要提高招商引资技术门槛，吸引创新型外资企业落户，撬动外资开放的技术溢出和创新驱动；另一方面，加快建设高标准市场体系，强化知识产权保护，对内资外资企业一视同仁，培育公平高效的竞争机制，才能长效激励技术进步和创新发展。

第6章

对外投资对创新价值链的逆向溢出效应

党的十九大明确提出，要坚定实施创新驱动发展战略，推动形成全面开放新格局，这预示着创新驱动发展和“走出去”已成为新时代中国发展的主题，如何有效实现二者的“双赢”对驱动中国经济高质量发展意义重大。从理论上讲，提高中国创新能力主要有两个途径：一是本国的自主创新；二是通过国际技术外溢进行的二次创新。其中，对外直接投资（OFDI）是我国企业获取国际技术溢出进行二次创新的一条重要渠道。然而，关于对外直接投资与国内创新能力的关系究竟如何，学术界目前尚存在明显争议。特别是，在新时代背景下，伴随着“走出去”战略和“一带一路”倡议的深入实施，中国对外直接投资规模呈现快速的上升趋势，据商务部统计，OFDI企业数量由2003年的3 439家猛增至2020年近3万家，OFDI流量从2003年的28.5亿美元激增至2020年的1 330亿美元，长期保持高速增长态势，必将进一步深刻地影响着国内和全球社会经济的各个领域。在这种情况下，一个极为现实和值得探讨的问题是，快速增长的OFDI是否有效提升了中国的创新能力，是否出现了OFDI逆向溢出的新情况和新问题，如何更为精确地揭示OFDI的逆向创新溢出就显得尤为必要。要深刻揭示当前OFDI与技术创新能力的内在动态关联，首先需要深刻剖析技术创新活动的本质。在创新价值链视角下，技术创新活动要依次经历从创新资源投入技术成果生产的技术开发阶段，以及从技术成果进一步转化为经济效益的技术转化阶段，目前关于OFDI与两阶段创新能力之间动态关联问题的研究尚属空白，而如果忽视技术创新活动的阶段性特征可能会出现误导性结论。那么，创新价值链视角下，中国迅速增长的 OFDI 是否促进了国内两阶段技术创新能力？OFDI 逆向创新的价值链外溢效应存在何种规律和特征？是否存在阶段异质性和区域异质性？回答上述问题，对于揭示和理解新时代背景下中国实现对外直接投资和技术创新协同推进的阶段性特点和条件特征具有重要意义。

6.1 理论假设

在创新价值链视角下，学术界将技术创新活动的全过程进行了分解。一般认为，为保证技术创新活动的有效开展，创新系统必须依次经历研究开发、产业化应用以及市场运作三个子过程，这三个子过程可以划分为两个不同的阶段，分别是：第一阶段：从研发资源投入技术成果生产的技术开发阶段；第二阶段：从技术成果到实现经济效益的技术转化阶段。近年来，诸多学者均认为应将中国的创新过程进行分解和细化，余永泽和刘大勇（2013）、李阳等（2014）均将创新活动视为自创新投入创新知识生产再到创新成果转化的过程，即技术创新活动是一个多阶段、多要素的价值链传递过程。以上基于两阶段创新视角的研究深化了学术界关于技术创新过程的认识，有助于人们更加细致地分析技术创新活动的内在机制。因此，为了更加深入地揭示对外直接投资逆向创新溢出效应，这里基于创新价值链的两阶段视角重新审视 OFDI 的逆向创新溢出问题，第一阶段重在反映 OFDI 逆向溢出对国内技术开发能力的动态影响，第二阶段旨在揭示 OFDI 逆向溢出对国内技术转化能力的动态影响。这种情况下，OFDI 逆向创新溢出的动态效应问题将被进一步分解和细化，能更好地揭示 OFDI 对国内技术创新能力影响的内在特征。基于上述讨论，这里基于创新价值链视角构建的 OFDI 逆向创新溢出的两阶段理论模型见图 6－1。

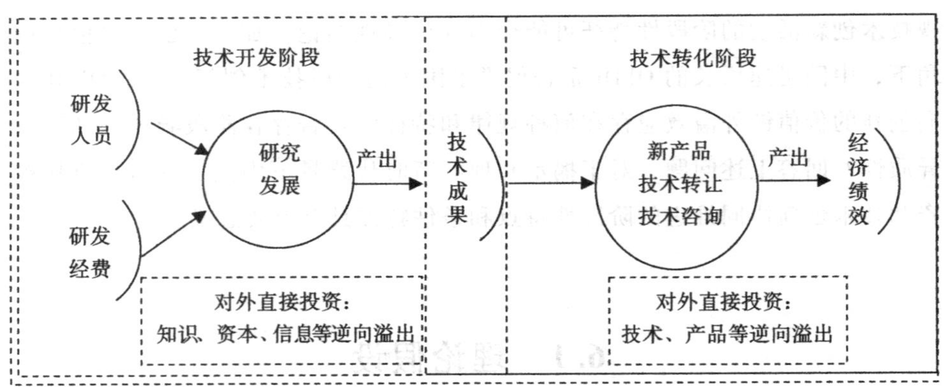

图 6－1　对外直接投资逆向创新溢出的两阶段理论模型

对于 OFDI 与国内创新能力之间的关系，理论界尚未形成一致的结论，新时代背景下还需要紧扣中国“走出去”步入新常态这一事实，更加细致地研究新情况、发现新问题。另外，现有文献大多聚集于探讨 OFDI 与国内创新能力的线性关联，而关于 OFDI 逆向创新溢出的非线性研究尚不多见，尤其是缺乏对二者之间可能存在的内在动态关联问题进行探讨。基于创新价值链视角研究 OFDI 逆向外溢效应的文献基本属于空白，即几乎未有文献关注到 OFDI 对国内两阶段创新能力的非线性异质影响。与已有研究不同的是，本章基于创新价值链视角把 OFDI 逆向创新的动态影响过程划分为技术开发和技术转化两个阶段进行研究，试图为进一步地揭示 OFDI 逆向创新溢出效应的内在机制提供一个新视角，以期为新时代实现“走出去”战略和“创新驱动发展”战略的“双赢”提供一定的政策依据。

6.2　研究设计

6.2.1　计量模型

本章借鉴面板门槛技术考察对外直接投资逆向创新的价值链外溢效应。

这里构建的面板门槛模型的基本形式如下：

$$TE_{it} = \alpha_1 OFDI_{it} \cdot I(OFDI_{it} \leqslant \gamma) + \alpha_2 OFDI_{it} \cdot I(OFDI_{it} > \gamma) + \theta x_{it} + \mu_i + \varepsilon_{it} \tag{6-1}$$

上式中，TE_{it}为被解释变量，表示 i 省在 t 年的技术开发能力或技术转化能力；$OFDI_{it}$既是核心解释变量，也是门槛变量，表示 i 省在 t 年的对外直接投资水平；γ 表示待估计的门槛值；x_{it}表示 i 省份在 t 时期的控制变量；ε_{it}为误差项，$\varepsilon_{it} \sim iid(0, \sigma^2)$，$\mu_i$ 表示不随时间变化的各样本截面个体效应。通过比较门槛变量 $OFDI_{it}$与门槛值 γ 的大小，能将样本划分成两个不同区域，两个样本区域之间的区别在于回归系数的取值不同。$I(*)$表示一个指示函数，当括号内条件满足时，取值为 1，反之则取值为 0。

给定任意 γ，估计各回归系数的同时，可求出相应的残差平方和 $S_1(\gamma)$，若在可行的范围内依次从大到小地选定 γ，可得到多个 $S_1(\gamma)$，使得最小的 $S_1(\gamma)$就是门限值 γ^*，即：

$$\hat{\gamma} = \mathrm{argmin} S_1(\gamma) \tag{6-2}$$

在估计出门槛值的情况下，需要做以下两个检验以验证门槛模型使用的合理性：

一是检验门槛效应是否存在。门槛效应存在性检验的原假设是 H_0：$\alpha_1 = \alpha_2$，备择假设为 H_1：$\alpha_1 \neq \alpha_2$，则构建的统计量为：

$$F = [S_0(\gamma) - S_1(\hat{\gamma})] / \hat{\sigma}^2 \tag{6-3}$$

上式中，$S_0(\gamma)$和 $S_1(\hat{\gamma})$分别表示在 H_0和 H_1条件下进行参数估计所得到的残差平方，$\hat{\sigma}^2$ 是在 H_1条件下进行参数估计所得出的残差方差。通过自抽样方法获得 F 统计量的渐进分布，得到拒绝原假设的概率值以检验其显著性。

二是检验门槛估计值是否与真实值相等。相应的似然比统计量可表示为：

$$LR = [S_1(\gamma) - S_1(\hat{\gamma})] / \hat{\sigma}^2 \tag{6-4}$$

LR 统计量不满足标准分布，但其渐进分布满足 $c(\alpha) = -2\ln(1-\sqrt{\alpha})$ 时，当 $LR_1 \leqslant c(\alpha)$时拒绝原假设。

模型（6－1）是单一门槛模型，考虑到研究样本可能存在多个门槛，这里进一步对模型做了拓展，具体形式如下：

$$TE_{it} = \alpha_1 OFDI_{it} \cdot I(OFDI_{it} \leqslant \gamma_1) + \alpha_2 OFDI_{it} \cdot I(OFDI_{it} > \gamma_1) + ... + \alpha_n OFDI_{it} \cdot I(OFDI_{it} \leqslant \gamma_n) + \alpha_{n+1} OFDI_{it} \cdot I(OFDI_{it} > \gamma_n) + \theta x_{it} + \mu_i + \varepsilon_{it} \tag{6-5}$$

6.2.2 变量设计和数据说明

本章选择的样本区间为2006—2016年，这里剔除了西藏、港澳台等数据缺失严重的省份，最终进行实际研究的省份为30个。本章研究的基础数据主要来自考察期内历年的《中国科技统计年鉴》《中国对外直接投资统计公报》和《中国统计年鉴》。相关变量设定如下：

（1）被解释变量：技术开发能力（*TE*1）和技术转化能力（*TE*2）。专利是较好衡量创新资源投入转换为技术成果的重要指标，能反映出一个地区的科技综合实力和原始创新能力。新产品销售收入是企业在一定时段内的主营业务收入和其他收入中销售新产品所能够实现的收入，可反映出一个区域将技术成果转化为经济效益的创新能力。考虑到现有统计资料中并未公布分省层面总体的新产品销售收入数据，考虑到数据的可获性和统计口径的一致性，借鉴宋文飞等（2014）的做法，采用各省工业企业专利申请数的对数作为体现区域技术开发能力的替代指标，选取各省工业企业新产品销售收入的对数作为区域技术转化能力的衡量指标。

（2）核心解释变量：对外直接投资（OFDI）。《中国对外直接投资统计公报》披露的OFDI数据包括存量和流量两种，考虑到OFDI流量数据存在短期波动较大的现象，且上期OFDI的残值可能会继续产生作用，加之本章更关注OFDI的长期效应且其研究价值更高等因素，故选择OFDI的存量数据进行研究。这里采用各省历年用美元表示的对外直接投资的存量数据来衡量对外直接投资指标。在数据处理上，采用历年的平均汇率进行折算，得到用人民币表示的OFDI存量数据，并对其进行对数处理。该指标值越大，表示OFDI强度越大。

(3) 控制变量。为了尽可能获取无偏的估计结果，这里还控制了其他一些可能影响两阶段创新能力的因素。人力资本（*HC*），人力资本是推动技术创新的重要因素，可能会对两阶段创新能力产生不同影响，这里采用平均受教育年限来衡量。贸易开放度（*TRA*），采用各省份历年进出口总额与GDP之比来表征，并按照当年人民币平均汇率将用美元表示的进出口总额数据其转换成人民币。自主研发（*RD*），运用内部R&D经费支出与R&D人员全时当量的比值表征。政府资助（*GOV*），选取各地区R&D经费支出中政府资金的占比来反映。技术引进（*YJ*），运用各省份历年的国外技术引进合同金额与GDP比重来体现。市场化水平（*MAR*），采用各省份历年的非国有企业员工占比来刻画。

6.2.3 数据检验

(1) 面板单位根检验。由于本章基于2006—2016年的省际面板数据进行研究，还需要对上文设定的相应变量做单位根测试，以检验其平稳性。在具体的检验技术选择上，这里同时采用原假设为存在同质面板单位根的LLC方法和原假设为存在异质面板单位根的IPS方法、PP - Fisher方法和ADF - Fisher方法进行平稳性测试。通过检验发现，本章选取的面板数据均是平稳的（见表6-1）。

表6-1　面板单位根检验结果

变量/方法	*LLC* 检验	*IPS* 检验	*ADF* 检验	*PP* 检验
Δ*TE*1	-9.356*** (0.000)	-3.944*** (0.000)	121.386*** (0.000)	148.170*** (0.000)
Δ*TE*2	-9.859*** (0.000)	-4.774*** (0.000)	139.006*** (0.000)	191.618*** (0.000)
Δ*HC*	-18.658*** (0.000)	-8.809*** (0.000)	202.253*** (0.000)	306.463*** (0.000)
Δ*TRA*	-16.043*** (0.000)	-7.604*** (0.002)	169.702*** (0.000)	233.283*** (0.000)
Δ*RD*	-13.602*** (0.000)	-5.884*** (0.000)	153.906*** (0.000)	171.108*** (0.000)
Δ*GOV*	-15.214*** (0.000)	-7.590*** (0.000)	181.749*** (0.000)	255.098*** (0.000)
Δ*YJ*	-23.875*** (0.000)	-12.072*** (0.000)	256.100*** (0.000)	339.176*** (0.000)
Δ*MAR*	-12.210*** (0.000)	-5.407*** (0.000)	145.852*** (0.000)	195.192*** (0.000)
Δ*OFDI*	-9.837*** (0.000)	-4.455* (0.071)	131.209*** (0.000)	193.938*** (0.000)

注：*、*** 分别表示在10%和1%的显著水平上拒绝原假设。

（2）协整检验。在此基础上，这里进一步分别检验创新价值链视角下对外直接投资与技术开发能力和技术转化能力之间是否存在长期稳定的均衡关系，运用 Pedroni（1999）基于残差的面板协整检验方法对上述变量进行检验。由表 6－2 的检验可知，不论是技术开发阶段还是技术转化阶段，长期稳定的均衡关系均是显著存在的。本章接着将进一步考察 OFDI 逆向创新的价值链外溢问题。

表 6－2　　　　面板协整关系的 Pedroni 检验

检验方法			技术开发阶段	技术转化阶段
组内统计量	$H_0: \rho=1$ $H_1: (\rho_i=\rho)<1$	Panel v－stat	3.103***(0.001)	－0.093(0.537)
		Panel ρ－stat	－1.177(0.120)	－1.324*(0.093)
		Panel PP－stat	－3.618***(0.000)	－5.353***(0.000)
		Panel ADF－stat	－4.179***(0.000)	－4.736***(0.000)
组间统计量	$H_0: \rho=1$ $H_1: (\rho_i=\rho)<1$	Group ρ－stat	1.458(0.928)	1.679(0.954)
		Group PP－stat	－3.618***(0.000)	－6.837***(0.000)
		Group ADF－stat	－3.555***(0.000)	－6.797***(0.000)

注：*** 和 * 分别表示在 1% 和 10% 的显著性水平上拒绝不存在协整关系的原假设；括号中的数据是该统计量的伴随概率。

6.3　实证结果分析

6.3.1　技术开发阶段 OFDI 逆向创新溢出的门槛效应分析

面板门槛回归方法估计时，运用“自举法”重叠模拟似然比检验统计量 300 次，估计出 bootstrap P 值检验门槛效应是否存在。考虑到从 OFDI 逆向创新溢出到实现技术创新产出存在一定的时间滞后，以及为能较好地处理面板门槛数据模型的内生性问题，这里将着重考察 OFDI 滞后一期情况下的门槛效应问题。对于模型的稳健性处理，这里分别对考虑控制变量和不考虑控制变量的两种情况下面板门槛模型进行了估计。表6-3给出了全国层面的门槛效应检验后得到的F值和P值。不难发现，以OFDI作为门槛变量和不考虑控制变量时，在1%显著水平下依次通过了单一门槛效应、双重门槛和三重门槛检验，说明技术开发阶段OFDI的逆向创新溢出效应存在显著的三重门槛效应。以OFDI作为门槛变量和考虑控制变量时，单一门槛在1%显著水平下通过了检验，双重门槛和三重门槛均在5%的显著性水平下通过了检验，且三重门槛检验的95%置信区间为（13.660 15.035），表明采用三重门槛模型进行分析是较为科学的。上述检验结果表明，在两种情况下的门槛模型均存在三个门槛值，说明了这里基于三重门槛模型进行研究所得出的基本结论应是稳健的。

表6-3　全国层面的门槛效应存在性检验及门槛估计值

检验	模型	估计值	F值	P值	BS次数
不含控制变量	单一门槛	12.982	19.014***	0.000	300
	双重门槛	13.907	23.920***	0.000	300
	三重门槛	14.730	9.241***	0.003	300
包含控制变量	单一门槛	10.370	7.849***	0.000	300
	双重门槛	13.107	5.502**	0.017	300
	三重门槛	14.282	4.491**	0.047	300

注：***、**分别表示在1%和5%的显著水平上拒绝原假设。

在估计非线性模型之前，这里首先初步估计了两个线性模型以方便进行比较，分别采用随机效应模型和固定效应模型进行估计的结果见表6-4的模型1a和模型2a。从估计结果来看，各变量系数方向具有较好的一致性，说明估计结果具有稳健性。对外直接投资变量的系数均为正且通过了1%的显著性水平检验，说明OFDI显著地促进了中国的技术开发能力，即在技术开发阶段中国的OFDI具有显著的逆向溢出效应，原因可能是：中国对外投资企业在与东道国企业及科研机构交流的过程中，既能通过充分学习和引进东道国的新信息、新成果、新知识和优秀人才等创新要素提升自身创新能力，又能较好地将其逆向反馈至国内，进而通过有效地扩散、示范、吸收、二次创新等方式推动国内企业短时间内开发出更多更好的创新成果，从而提高了整体的技术开发能力。在上述估计的基础上，这里将进一步揭示在创新活动的技术开发阶段中国 OFDI 的逆向溢出效应会表现出何种规律和动态特征。

表 6-4　　全国层面的面板模型估计结果

变量	模型 1a	模型 2a	模型 3a	模型 4a
HC	0.520*** (6.595)	0.651*** (6.155)		0.616*** (8.486)
TRA	0.008 (0.252)	0.010*** (3.064)		0.015** (2.044)
RD	0.023*** (4.398)	0.022** (2.491)		0.025*** (4.370)
GOV	-0.959** (-2.058)	-0.344 (-0.548)		-0.216 (-0.387)
YJ	-8.929** (-2.112)	-7.282 (-1.523)		-8.111** (-2.235)
MAR	1.390*** (2.613)	1.187 (1.407)		0.502 (1.003)
OFDI_1	0.367*** (11.547)	0.333*** (8.691)	0.440*** (15.263)	0.187*** (3.804)
OFDI_2			0.468*** (18.408)	0.212*** (5.325)
OFDI_3			0.482*** (19.592)	0.229*** (5.978)
OFDI_4			0.505*** (22.001)	0.240*** (6.348)

注：() 内为修正异方差后的 t 统计量值，***、** 分别表示各变量的系数通过 1%、5% 的显著水平。*OFDI_1* 至 *OFDI_4* 分别为不同面板门槛区间对外直接投资变量的估计系数，下表同。

对于面板门槛数据模型估计，为了消除异方差的影响，本章采取了稳健标准差检验，具体估计结果见表 6-4。其中，模型 3a 是不考虑控制变量的估计结果，模型 4a 是考虑控制变量的估计结果。线性模型与非线性模型的估计结果比较发现，人力资本、贸易开放度和自主研发等均显著有利于技术开发能力提升。技术引进对当前中国的技术开发能力产生了一定的消极作用，意味着盲目进行技术引进可能并不利于中国技术开发能力提升，而市场化水平和政府资助对技术开发能力的作用并不明显。由模型 3a 和模型 4a 的门槛估计结果可知，对外直接投资在技术开发阶段的逆向创新溢出效应不仅仅是简单的线性关系，而是呈现较为复杂的非线性规律。由模型 4a 可得到以下结论：

对外直接投资对技术开发能力存在着显著的正向边际效率递增的非线性影响规律，这在一定程度上支持了张建和李占风（2020）的研究结论。对外直接投资的三个门槛值分别为 10.370、13.107 和 14.282，根据三个门槛值可相应划分出四个门槛区间，在不同区间内对外直接投资的逆向溢出效应是有差异的，具体表现为：当 OFDI 水平低于 10.370 时，影响系数显著为正，表明在第一门槛区间内 OFDI 对技术开发能力具有显著的促进效应。当 OFDI 水平介于 10.370 与 13.107 时，影响强度增大至 0.212，且通过了 1% 的显著性水平检验，表明在第二门槛区间 OFDI 对技术开发能力的积极影响有所强化。当 OFDI 水平位于 13.107 和 14.282 时，OFDI 的影响系数进一步增大至 0.229 且显著，表明此门槛区间内 OFDI 对技术开发能力的促进效应持续增强。当 OFDI 水平超过 14.282 时，其估计系数增值最大，且通过了 1% 的显著性水平检验，表明跨越该门槛后 OFDI 对技术开发能力的积极影响最为明显。进一步计算发现，考察期内中国对外直接投资的平均水平为 13.388，正处于第三门槛区间内，距离跨越 14.282 门槛水平还有较大距离，特别是，山西、内蒙古、广西、陕西、青海等 12 省份的对外直接投资水平甚至尚处于第二门槛区间。因此，总体上来看，新时代背景下政府应充分把握 OFDI 对国内技术开发能力的正向边际效率递增的动态规律，大力鼓励企业“走出去”和加强技术成果获取型投资，最大限度地释放 OFDI 对技术开发能力的逆向溢出红利。

那么，在技术开发阶段为什么会存在正向边际效率递增的动态规律呢？本章认为原因在于：中国企业在通过对外直接投资的过程中，能接触到国际上的新信息、新知识、新成果、高级人力资本和先进管理经验等创新要素，短期内能促进自身技术开发能力的提升，但国内企业对这些逆向溢出成果的消化吸收效果相对有限，且较小范围和强度的逆向技术溢出使得这种促进效应相对较小。随着对外直接投资强度的不断提升，越来越多的新信息、新知识、新成果和先进管理经验等创新要素在国内也得到了有效地流动、扩散和消化吸收，既直接促进了对外投资企业的技术开发能力提升，又间接提升了其他企业的技术开发能力，从而使得较大范围和强度的逆向技术溢出对整体技术开发能力的驱动效应有所增强。随着对外直接投资强度的持续增大，一方面，对外投资企业能获取越来越多的新信息、新知识和新成果，并通过逆向溢出渠道有效反馈至国内，使得其在国内技术开发阶段的创新活动中波及广度和深度越来越显著；另一方面，本土企业在吸收逆向溢出成果基础上的二次创新也能在较大程度上促进国内技术开发能力的提升，进而会导致OFDI对国内技术开发能力的逆向驱动效果进一步增强。

另外，由于诸多因素的制约，中国不同地区在对外直接投资强度、技术开发能力等方面均存在一定差异，可能会致使技术开发阶段的OFDI逆向溢出效应存在一定的区域差异。为了深入地揭示可能存在的异质门槛效应，得到更有针对性的研究结论和政策依据，这里分别从东、中、西部三大地区，“一带一路”地区和非“一带一路”地区两个维度进一步考察OFDI对技术开发能力影响的非线性差异。经检验发现，东部地区、西部地区、“一带一路”地区和非“一带一路”地区均在不同显著性水平下依次通过了单一门槛、双重门槛和三重门槛检验，而中部地区未通过单一门槛检验[①]。因此，东、西部地区、“一带一路”地区和非“一带一路”地区均应该采用三重门槛模型进行估计，中部地区则应采用线性模型来估计是较为科学的。

表6-5　　技术开发阶段区域层面的面板模型估计结果

变量	东部地区	中部地区	西部地区	“一带一路”地区	非“一带一路”地区
HC	1.012***	0.578***	0.707***	0.712***	0.654***
	(7.654)	(5.027)	(5.667)	(6.731)	(7.008)
TRA	0.039***	2.546*	2.049***	0.014**	-0.120
	(3.151)	(1.945)	(3.454)	(2.018)	(-0.312)
RD	0.015*	0.047***	0.044***	0.015***	0.033***
	(1.825)	(4.607)	(4.949)	(2.091)	(4.609)
GOV	-0.487	1.450	0.457	0.440	-2.688***
	(-0.416)	(1.341)	(0.562)	(0.788)	(-3.480)
YJ	-10.216	18.335	-13.614**	-5.519*	-2.600**
	(-1.421)	(0.414)	(-2.051)	(-1.773)	(-0.265)

① 由于篇幅所限，这里并未列出技术开发阶段不同地区的门槛检验结果。

续表

变量	东部地区	中部地区	西部地区	"一带一路"地区	非"一带一路"地区
MAR	0.098 (0.114)	-2.487** (-2.348)	1.042** (1.037)	1.499** (2.554)	-1.782*** (-2.672)
OFDI_1	0.494*** (5.046)	0.404*** (6.990)	0.152*** (2.669)	0.147** (2.492)	0.217*** (5.470)
OFDI_2	0.411*** (5.856)		0.108* (1.889)	0.190*** (4.018)	0.244*** (6.400)
OFDI_3	0.390*** (5.639)		0.167*** (3.206)	0.205*** (4.531)	0.262*** (6.902)
OFDI_4	0.365*** (5.259)		0.136** (2.605)	0.217*** (4.898)	0.249*** (6.744)

表6-5为技术开发阶段基于两个不同空间维度下的面板门槛数据模型估计结果，可知在不同空间上，OFDI对国内技术开发能力的影响存在明显差异。具体表现如下：

基于传统地理区域分组检验发现：第一，东部地区的三个门槛值分别是11.762、15.293和16.309，OFDI对该地区技术开发能力的影响呈现出显著的正向边际效率递减的非线性特征，这与全国情况恰恰相反，说明新时代东部地区不应该一味追求对外投资规模的提升，可能要更加注重对外直接投资质量和结构，以更加理性的态度去看待"走出去"问题，除了促使投资方式由"数量型OFDI"向"质量型OFDI"转变外，应更加关注技术开发阶段的自主研发能力提升。同时一个值得注意的现象是，四个门槛区间内东部地区的OFDI系数均明显大于全国水平，说明未来较长一段时间内东部地区总体上还应该继续坚定"走出去"步伐，持续发挥OFDI逆向溢出的持续动态比价优势；第二，OFDI对中部地区技术开发能力的影响显著为正且大于全国水平，说明考察期内中部地区"走出去"战略的实施是富有成效的，且相比全国情况也存在一定的比较优势，但并不存在东部地区逆向溢出表现出的边际效率递减困境。因此，新时代中部地区应加快"走出去"步伐，加大对外直接投资力度，进一步发挥对外直接投资逆向溢出的比较优势；第三，西部地区 OFDI 对技术开发能力的影响表现出较为复杂的正向倒“N”形非线性规律，存在对外直接投资的最优门槛区间（11.659 12.225），在该门槛区间内 OFDI 对西部地区技术开发能力的积极影响最为明显，但超过 12.225 门槛水平时，OFDI 的逆向溢出将会有所降低，其促进效应也明显强于第二门槛区间，说明较高且适度的 OFDI 水平最有利于西部地区的技术开发能力提升。另外，西部地区几个门槛区间内 OFDI 的系数均小于全国水平，说明西部地区 OFDI 的逆向创新溢出效果还不够理想，在坚定实施“走出去”战略的同时，还应在持续加强吸收能力体系建设和优化 OFDI 结构上下功夫。

基于“一带一路”的地区分组检验发现：第一，“一带一路”地区的三个门槛值分别是 10.370、13.211 和 14.704。当 OFDI 水平低于 10.370 时，OFDI 对技术开发能力的影响系数为0.147，且通过了1%的显著性水平检验，表明该地区的 OFDI 产生了一定的逆向创新溢出。当 OFDI 水平位于 10.370 和 13.211 时，OFDI 的逆向创新溢出效应有所增强。当 OFDI 水平位于 13.211 和 14.704 时，OFDI 对该地区技术开发能力的积极影响持续增强。当 OFDI 水平大于 14.704 时，OFDI 对该地区技术开发能力的影响系数增大至 0.217，此时的积极影响最为明显。不难发现，OFDI 对“一带一路”地区技术开发能力的影响呈现出显著的正向边际效率递增的非线性特征，这和全国情况基本一致；第二，非“一带一路”地区的三个门槛值分别是 10.370、13.107、14.282。当 OFDI 水平低于 10.370 时，对外直接投资的影响系数为 0.217，且通过了1%的显著性水平检验，表明在该门槛区间内 OFDI 对技术开发能力具有积极影响。当 OFDI 水平位于 10.370 和 13.107 时，OFDI 对该地区技术开发能力的促进影响有所增强。当 OFDI 水平位于 13.107 和 14.282 时，OFDI 对该地区技术开发能力的促进影响进一步增强，且该门槛区间内促进效应最为明显，即此时存在 OFDI 的最优门槛区间（13.107 14.282）。当 OFDI 水平跨越门槛值 14.282 时，OFDI 对技术开发能力仍有显著的正向影响，但这种“U”形非线性规律，说明只有较高且适度的对外直接投资水平才会更有利于 OFDI 的逆向溢出效应，这同西部地区的动态规律较为一致。

6.3.2 技术转化阶段OFDI逆向创新溢出的门槛效应及比较分析

与上文所述相同，采用“自举法”重叠模拟似然比检验统计量300次，结果发现，与对外直接投资对技术开发能力影响的门槛条件类似，不论是否考虑控制变量，技术转化阶段的OFDI门槛变量在1%或5%的显著性水平下依次了通过单一门槛、双重门槛和三重门槛检验，表明应该采用三重门槛回归模型进行分析，线性模型估计方式与上文一致，不再赘述。

表6-6中线性模型1b和模型2b的对外直接投资系数均显著为正，表明对外直接投资显著推动了中国技术转化能力提升，这从创新价值链的另一个角度证实了当前中国的“走出去”战略是富有成效的。技术转化阶段对外直接投资的影响系数明显小于技术开发阶段，说明OFDI对中国创新活动存在价值链外溢的异质性特征，即OFDI对技术开发阶段的积极影响大于技术转化阶段，这也同当前中国创新活动中“重成果、轻转化”的事实是相吻合的。由模型4b对控制变量估计结果可知，人力资本和贸易开放均显著推动了中国技术转化能力提升，政府资助对技术转化能力具有消极影响，自主研发、技术引进和市场化水平对技术转化能力的影响并不明显。基于表6-4和表6-6的估计结果比较发现，控制变量对两阶段创新能力存在一定的差异，表现在：人力资本和自主研发对技术开发能力的积极影响大于技术转化能力，贸易开放度对技术开发能力的促进效应则小于技术转化能力，政府资助对技术开发能力的负面影响弱于技术转化能力。

表6-6　　全国层面的面板模型估计结果

变量	模型1b	模型2b	模型3b	模型4b
HC	0.196**	0.241***		0.228***
	(2.212)	(3.115)		(2.634)
TRA	0.029	0.026***		0.023**
	(0.780)	(3.443)		(2.284)
RD	0.014**	0.012*		0.001
	(2.330)	(1.806)		(0.198)

续表

变量	模型 1b	模型 2b	模型 3b	模型 4b
GOV	-2.634 **	-2.202 ***		-1.883 **
	(-5.047)	(-4.087)		(-2.424)
YJ	1.213	-0.581		0.436
	(0.248)	(-0.187)		(0.134)
MAR	1.788 ***	-0.001		0.658
	(2.944)	(-0.002)		(1.146)
OFDI_1	0.209 ***	0.230 ***	0.376 ***	0.254 ***
	(5.755)	(5.851)	(8.797)	(4.182)
OFDI_2			0.285 ***	0.181 ***
			(9.203)	(3.788)
OFDI_3			0.307 ***	0.206 ***
			(12.148)	(4.730)
OFDI_4			0.323 ***	0.221 ***
			(13.861)	(5.130)

对于技术转化阶段的面板门槛数据模型估计，为了消除异方差的影响，这里同样采取了稳健标准差检验，具体估计结果见表 6-6。模型 3b 和 4b 中 OFDI 的系数估计结果具有较好的一致性，说明技术转化阶段得出的非线性结论是可靠的。由模型 4b 可得到以下结论：

对外直接投资对技术转化能力的影响具有明显的正向“U”形的动态非线性特征，这不同于技术开发阶段的影响规律。对外直接投资的三个门槛值分别为 9.700、11.228 和 14.686。当 OFDI 水平低于 9.700 时，影响系数显著为正，表明在该门槛区间内 OFDI 对技术转化能力产生了明显的积极影响。当 OFDI 水平介于 9.700 和 11.228 时，影响强度减弱至 0.181，且通过了 1% 的显著性水平检验，表明在第二门槛区间 OFDI 对技术转化能力的积极影响有所弱化。当 OFDI 水平位于 11.228 和 14.686 时，OFDI 的影响系数又开始增大且显著，表明此门槛区间内 OFDI 对技术转化能力的促进效应有所回升。当 OFDI 水平超过 14.686 时，其估计系数持续变大，且通过了 1% 的显著性水平检验，表明跨越该门槛后 OFDI 对技术转化能力的积极影响相对第三门槛区间明显增强。进一步计算发现，考察期内中国的OFDI平均水平总体处于第三门槛区间内，距离跨越14.686门槛水平还有较大距离。因此，基于技术转化阶段角度总体看来，未来较长一段时间内政府应持续加快“走出去”步伐，提升对外直接投资强度，最大限度地促进OFDI对国内技术转化能力的积极影响。

还需要值得注意的是，对外直接投资对技术转化能力为什么具有不同于技术开发阶段的正向“U”形动态非线性影响呢？我们认为，这可能与OFDI在两阶段创新活动中的逆向溢出特点有关，即OFDI对技术开发能力和技术转化能力的作用机理不同。在技术开发阶段，OFDI逆向溢出的创新要素溢出主要以新信息、新知识等为主，短期内并不能快速转换为技术成果，随着OFDI强度的持续提升，创新溢出红利会逐步被累积释放。而在技术转化阶段，在OFDI逆向溢出的初期，大量的新产品和新技术被反馈至国内，这些成熟的新技术和新产品能迅速地实现产业化和商业化，也可以快速复制、扩散，相较于国内较低的技术转化能力，短期内逆向溢出对国内技术转化能力提高起到了明显作用，但随着国内技术转化能力的持续提升，国内的技术转化能力与东道国的差距会逐步缩小，此时的OFDI逆向溢出效果变得相对有效，会面临对外直接投资逆向溢出的瓶颈。而随着OFDI强度的进一步增强，除了逆向溢出的直接驱动和扩散外，国内企业会在逆向溢出的新产品和新技术基础上进行更具深度和广度的二次创新，生产转化出更多的新产品和新技术，这在一定程度上大大提升了国内技术转化能力。

为了进一步揭示技术转化阶段OFDI逆向溢出效应可能存在的空间异质性现象，这里分别从传统地理区域划分和“一带一路”地区划分两个维度进一步考察OFDI对技术转化能力影响的异质门槛效应，以期得到更有针对性的研究结论和政策依据。经检验可知，东部地区通过了单一门槛和双重门槛检验，未通过三重门槛检验，其余地区均在不同显著水平下依次通过了单一门槛、双重门槛和三重门槛检验①。因此，东部地区应采用双重门槛数据模型进行估计，而其余地区则均应基于三重门槛数据模型进行研究。

① 由于篇幅所限，这里同样未列出技术转化阶段不同地区的门槛检验结果。

表 6-7　　　　技术转化阶段区域层面的面板模型估计结果

变量	东部地区	中部地区	西部地区	"一带一路"地区	非"一带一路"地区
HC	0.220	0.235**	0.188	0.171	0.237**
	(1.387)	(2.085)	(1.248)	(1.292)	(2.596)
TRA	0.013*	2.506**	1.815***	0.021**	0.235
	(1.745)	(2.005)	(4.244)	(2.068)	(1.272)
RD	0.012	0.019**	0.014	0.005	0.008
	(0.941)	(2.274)	(1.157)	(0.551)	(1.462)
GOV	-5.083**	-2.137**	-0.134	-1.979*	-2.432***
	(-2.426)	(-2.402)	(-0.173)	(-1.895)	(-3.502)
YJ	1.046	-21.158	-9.952**	-0.617	16.588**
	(0.239)	(-0.571)	(-2.440)	(-0.185)	(2.344)
MAR	1.174	-1.528	0.445	0.712	0.201
	(1.536)	(-1.442)	(0.368)	(0.789)	(0.349)
OFDI_1	0.385***	0.306***	0.238**	0.152*	0.157***
	(2.886)	(6.228)	(2.428)	(1.789)	(4.382)
OFDI_2	0.307***	0.262***	0.123	0.072	0.177***
	(2.925)	(4.595)	(1.515)	(1.090)	(5.108)
OFDI_3	0.285***	0.295***	0.093	0.120*	0.194***
	(2.769)	(6.358)	(1.216)	(1.974)	(5.593)
OFDI_4		0.316***	0.131*	0.144**	0.204***
		(6.563)	(1.793)	(2.401)	(5.759)

表 6-7 为技术转化阶段基于两个不同维度下的面板门槛数据模型估计结果，可知在不同区域，OFDI 对技术转化能力的影响与技术开发能力相比具有以下一些特征：

基于传统地理区域分组检验发现：第一，东部地区的两个门槛值分别是 11.762 和 13.071，三个门槛区间的 OFDI 系数均为正，但强度依次降低，表明 OFDI 对该地区技术转化能力的影响呈现出显著的正向边际效率递减的非线性特征，这与 OFDI 对东部地区技术开发能力影响的动态特征是基本一致的，这从创新活动的技术转化阶段再次印证了东部地区应更加理性地看待对外直接投资问题。另外，东部地区各区间的OFDI系数明显大于全国情况，说明新时代东部地区相较全国在技术转化阶段仍具有比较优势，未来应继续坚定“走出去”步伐的基调不变，但也不能忽视OFDI逆向溢出边际效率递减的事实；第二，OFDI对中部地区技术转化能力影响的三个门槛值分别是13.727、13.902和14.217，与技术开发阶段的线性关系相比，OFDI对技术转化能力的影响呈现显著的正向“U”形非线性特征，且从影响强度来看，技术转化阶段四个门槛区间OFDI的逆向溢出强度均小于其对技术开发能力的影响。值得注意的是，在技术转化阶段，中部地区OFDI逆向创新的溢出规律同全国情况基本一致，但各门槛区间的逆向效应大于全国水平。因此，中部地区应继续加快“走出去”步伐，进一步发挥对外直接投资逆向溢出的比较优势；第三，西部地区的三个门槛值分别是8.544、10.953和11.331，与技术开发能力不同的是，OFDI对技术转化能力的影响呈现有条件的正向“U”形非线性特征，OFDI逆向创新溢出的发挥具有相对较低的门槛要求。在技术转化阶段，当OFDI水平位于8.544和11.331时，会面临OFDI逆向创新溢出的瓶颈，这可能与西部地区OFDI主要集中于技术密集度较低的产业以及其较低的吸收能力有关，在“走出去”战略下，只有使得OFDI强度超越11.331水平时，才能明显地驱动技术转化能力提升。

基于“一带一路”的地区分组检验发现：第一，“一带一路”地区的三个门槛值分别是9.895、11.228和15.199，OFDI对该地区技术转化能力的影响具有一定的正向“U”形非线性关系，这和全国的情况基本一致，也不同于技术开发阶段表现出的正向边际效率递增的非线性特征，造成OFDI对两阶段创新能力影响存在差异的原因正如上文分析的，源于OFDI对两阶段创新能力的作用机理不同。共同之处在于，随着OFDI水平的提升，较高的OFDI强度更有利于技术开发能力和技术转化能力的提升；第二，非“一带一路”地区的三个门槛值分别是12.578、14.217、14.686。随着OFDI强度的提升，四个门槛区间内的OFDI系数从0.157逐步增加至0.204，且均通过了1%的显著性水平检验，说明OFDI对技术转化能力的影响表现出明显的正向边际效率递增的影响规律，这不同于全国层面的正向“U”形特征，也不同于技术开发阶段的正向倒“U”形非线性规律。因此，无论是“一带一路”地区抑或是非“一带一路”地区，均应针对两阶段创新活动的阶段异质性和空间异质性特征，实施动态化和差异化的 OFDI 策略。

6.4 小结

如何实现“走出去”战略和创新驱动发展战略的“双赢”是新时代背景下学术界关注的焦点问题。本章从价值链视角探究 OFDI 对两阶段创新能力的门槛效应，对于进一步理解 OFDI 逆向创新溢出效应的内在作用规律具有启迪意义，为实现二者的协调发展提供了新的经验证据。运用中国 30 省份 2006—2016 年的面板数据，采用门槛回归技术，实证研究了对外直接投资影响两阶段创新能力的门槛效应，主要以下结论：第一，OFDI 显著地促进了两阶段创新能力，且其对技术开发阶段的积极影响大于技术转化阶段，即中国的 OFDI 具有显著逆向创新的价值链外溢效应；第二，OFDI 逆向创新溢出的动态特征存在阶段异质性，在技术开发阶段表现出正向边际效率递增的非线性关系，在技术转化阶段呈现明显的正向“U”形非线性特征；第三，OFDI 对两阶段创新能力的非线性影响存在空间异质性，在东部地区均具有正向边际效率递减的非线性影响，在中部地区分别存在正向线性和正向“U”形非线性关系，在西部地区分别表现出正向倒“N”形和正向“U”形非线性特征，在“一带一路”地区分别存在正向边际效率递增和正向“U”形非线性特征，在非“一带一路”地区分别具有正向倒“U”形和正向边际效率递增的非线性规律；第四，东、中部地区 OFDI 逆向创新的价值链溢出具有显著的比较优势，西部地区 OFDI 逆向创新的价值链外溢效果则相对有限。

第7章 双向跨境投资创新溢出的共轨交互影响

改革开放40多年来，中国“引进来”和“走出去”战略取得了瞩目成就，吸引了全球资本对中国的投资热情；与此同时，中国企业明显加快对外直接投资（OFDI），增幅显著。中央经济工作会议提出，要以“一带一路”建设为重点，坚持“引进来”和“走出去”并重，借助投资合作促进创新提升。那么，新时代中国“引进来”与“走出去”具有什么样的创新溢出影响，两者共存发展过程中，是否存在竞争抑制，还是融合促进，如何借助资本流动的创新溢出加快新时代中国创新型国家建设，具有重要的研究价值和现实意义。

7.1 研究出发点

全球资本流动过程中，IFDI与OFDI在不同阶段，对资本输出国和资本吸收国会产生差异性的创新溢出影响。中国改革开放初期更多吸收了IFDI的创新溢出红利，但在国内产业升级和国外技术封锁的双重影响下，“招商引资”的创新驱动效应有所弱化。与此同时，中国对外投资快速发展过程中，跨国企业通过在发达国家投资并购，吸收国外先进技术经验，实现了OFDI的创新溢出。但现有文献对IFDI或OFDI的相关研究多为单向层面，割裂了双向跨境投资创新溢出的内在联系，忽视了两者的共生驱动特征，未能深入揭示 IFDI 与 OFDI 双向创新溢出的动态演进关系，缺乏相应的经验证据。本章的研究贡献在于，突破单一 IFDI 或单一 OFDI 的研究局限，双向对比 IFDI 与 OFDI 创新溢出的动态演进关系，界定两者的共轨驱动特征，从而为研究跨境投资创新溢出提供了一个全局视角。同时，推演双向跨境投资创新溢出的互动关系，剖析 IFDI 对 OFDI 创新溢出的影响机制和 OFDI 对 IFDI 创新溢出的影响机制，并借助实证检验刻画两者之间的动态影响规律，从而为新时代全面开放和创新转型提供系统优化、动态调节的策略选择。

7.2 研究设计

7.2.1 计量模型

假设 IFDI 与 OFDI 的创新溢出存在交互影响，首先，构建 OFDI 约束下，IFDI 创新溢出影响门槛估计模型（7－1），其中，*ofdi* 是门槛变量，*ifdi* 是核心变量，进一步引入控制变量，得到模型（7－2）：

$$te_{it} = \alpha_1 ifdi_{it} \cdot I(ofdi_{it} \leqslant \gamma_1) + \alpha_2 ifdi_{it} \cdot I(ofdi_{it} > \gamma_1) + \cdots + \alpha_{2n-1} ifdi_{it} \cdot I(ofdi_{it} \leqslant \gamma_n) + \alpha_{2n} ifdi_{it} \cdot I(ofdi_{it} > \gamma_n) + \mu_i + \varepsilon_{it} \quad (7-1)$$

$$te_{it} = \alpha_1 ifdi_{it} \cdot I(ofdi_{it} \leqslant \gamma_1) + \alpha_2 ifdi_{it} \cdot I(ofdi_{it} > \gamma_1) + \cdots + \alpha_{2n-1} ifdi_{it} \cdot I(ofdi_{it} \leqslant \gamma_n) + \alpha_{2n} ifdi_{it} \cdot I(ofdi_{it} > \gamma_n) + \theta_1 urb_{it} + \theta_2 hc_{it} + \theta_3 yj_{it} + \theta_4 tra_{it} + \mu_i + \varepsilon_{it} \quad (7-2)$$

其次，构建 FDI 约束下，OFDI 创新溢出影响门槛估计模型（7－3），这时，*fdi* 是门槛变量，*ofdi* 是核心变量，引入控制变量，得到模型（7－4）：

$$te_{it} = \beta_1 ofdi_{it} \cdot I(ifdi_{it} \leqslant \gamma_1) + \beta_2 ofdi_{it} \cdot I(ifdi_{it} > \gamma_1) + \cdots + \beta_{2n-1} ofdi_{it} \cdot I(ifdi_{it} \leqslant \gamma_n) + \beta_{2n} ofdi_{it} \cdot I(ifdi_{it} > \gamma_n) + \mu_i + \varepsilon_{it} \quad (7-3)$$

$$te_{it}=\beta_1 ofdi_{it}\cdot I(ifdi_{it}\leqslant\gamma_1)+\beta_2 ofdi_{it}\cdot I(ifdi_{it}>\gamma_1)+\cdots+\beta_{2n-1}ofdi_{it}\cdot I(ifdi_{it}\leqslant\gamma_n)+\beta_{2n}ofdi_{it}\cdot I(ifdi_{it}>\gamma_n)+\theta_1 urb_{it}+\theta_2 hc_{it}+\theta_3 yj_{it}+\theta_4 tra_{it}+\mu_i+\varepsilon_{it} \quad (7-4)$$

上式中，i 表示各个省域，t 表示不同年度；inn_{it}表示 i 省区在 t 年的创新水平；fdi_{it}表示 i 省区在 t 年的跨境投资变量，分为 IFDI 与 OFDI；而 γ 表示 fdi_{it}的不同门槛值；$I(fdi_{it})$表示检验门槛 γ 是否存在的假设函数，当门槛条件满足时，符合假设取值为 1，反之则取值为 0；误差项 $\varepsilon_{it}\sim iid(0,\sigma^2)$，$\mu_i$ 表示不随时间变化的截面个体效应。

Hansen 的门槛检验方法是通过比较调节变量和与门槛阈值 γ 的大小，从而将门槛调节变量划分成两个不同区域，各区域核心变量的回归系数取值有所差异，以此反映 IFDI 对创新水平影响的非线性特征。

在门槛估计时，采用递进最小化 $S_1(\gamma)$ 求取门槛阈值，利用 $LM=n\frac{S_0-S_n(\hat{\gamma})}{S_n(\hat{\gamma})}$统计量来检验 γ。进而借助估计值与真实值的似然比 $LR_n(\gamma)=n\frac{S_n(\gamma)-S_n(\hat{\gamma})}{S_n(\hat{\gamma})}$检验门槛阈值 γ 的合理性，当 $LR_n(\gamma)\leqslant c(\kappa)=-2\ln(1-\sqrt{\kappa})$时，以渐进分布检验判断门槛阈值是否有效，其中 κ 表示检验的显著性水平。这一模型的优点在于能够有效检验门槛值的合理性和显著性，由此分析解释变量在不同区间的影响差异。

7.2.2 变量说明

（1）被解释变量。区域创新水平（*inn*），区域创新水平的评定方法较多，以授权专利作为量化依据具有一定的普遍性（衣长军等，2015），能够合理反映技术创新成果的价值含量，同时在数据统计层面具有较好的一致性，由此本章选择区域专利授权数量作为区域技术创新水平的评价指标，为了合理控制方差影响，对各地区专利授权数做对数处理。

为了更为深入测度地区创新能力，我们进一步用广义似然率统计量方法

（SFA），设计超越对数生产函数模型（Trans－Log Production Function）[①]，测定区域创新效率，以反映区域创新水平的纵深差异：

$$\ln Y_{it}=\beta_0+\beta_1\ln K_{it}+\beta_2\ln L_{it}+\frac{1}{2}\beta_3(\ln K_{it})^2+\frac{1}{2}\beta_4(\ln L_{it})^2+\beta_5\ln K_{it}\ln L_{it}+v_{it}-u_{it} \quad (7-5)$$

其中，以R&D人员全时当量体现创新活动中人力资本投入水平 L_{it}，以R&D经费支出衡量创新活动中的资本投入水平 K_{it}，以专利授权数量作为创新产出指标 Y_{it}，$u_{it}\sim N^{+}(m_{it},\sigma_u^2)$，$v_{it}\sim N(o,\sigma_v^2)$，以待估参数测定得到区域创新效率。通过变换被解释变量，进一步检验实证研究结果的稳健性。

（2）解释变量。跨境投资强度（*fdi*），包括外商直接投资（*ifdi*）和对外直接投资（*ofdi*）。选择各地区外商直接投资额与同期该地区GDP的比值[②]，测算得到各地区外商直接投资强度，单位GDP的外商直接投资贡献越大，说明吸收外资强度越高。测定对外直接投资强度（*ofdi*）时，根据《中国对外直接投资统计公报》中各省区数据，计算该地区对外直接投资流量与GDP的比值，反映该地区对外投资强度。

（3）门槛调节变量。研究设计中，在测定单向跨境投资 *ifdi* 创新溢出的动态影响模型中，同时以 *ifdi* 作为自身门槛调节变量，在测定 *ofdi* 创新溢出的动态影响模型时，以 *ofdi* 作为自身门槛调节变量。在测定双向跨境投资创新溢出的动态影响模型时，以 *ifdi* 和 *ofdi* 互为门槛调节变量。

（4）相关控制变量。为了尽可能降低内生性影响，得到无偏的估计结果，本章选取的相关控制变量包括：

城市化发展水平（*urb*），经济基础和城市化进程对区域创新发展具有重要支撑作用，本章以区域城镇人口在总人口中所占的比例计算区域城市化水平。

---

① 测算区域创新效率前，需要考虑柯布—道格拉斯生产函数（Cobb－Douglas Production Function）模型和超越对数生产函数模型选择哪一个更适合，以广义似然率统计量方法进一步检验测试发现，超越对数生产函数模型的拟合结果更优，对非平衡数据和异质类数据的处理更为有效。

② 在数据量化处理时，考虑到货币差异，首先采用当年平均汇率，将美元计价的非金融类IFDI统计量换算成以人民币为单位，统一计价单位，OFDI指标处理方法下同。

人力资本条件（*hum*），在研发创新过程中，人力资本投入是创新产出的核心影响因素，以区域平均受教育年限为依据，测算得到该地区人力资本条件。

市场化经济程度（*mar*），市场化经济发展是资本流通、创新竞争的重要环境因素，市场化程度越高，经济结构越丰富，能够有效激励良性创新竞争，从而提高区域技术创新积极性，以非国有经济固定资产投资占全社会固定资产投资比重衡量该地区市场化经济程度。

技术引进依赖性（*tei*），国外技术引进是区域创新发展的另一影响因素，选取各省区国外技术引进合同金额与 GDP 的比值测算，以考察区域研发创新过程中对技术引进的依赖程度。

创新政策支持力度（*gov*），创新发展离不开政府引导和政策支持，但由于各地区财力不一，创新发展水平差异较大，地方政府的创新政策支持效力有所不同，本章以政府研发支出占该地区整体研发支出的比例衡量区域创新政策支持力度。

7.2.3 数据来源与检验

在数据的空间截面选取时，我们主要根据 Wind 资讯数据库、《中国对外直接投资统计公告》中 IFDI 和 OFDI 的相关统计，选择中国省际层面数据，考虑到相关统计的一致性和可获得性，剔除了港、澳、台、西藏等省区，最终实际选取的数据来自 30 个省区。在数据的时间纵向截取时，中国 IFDI 发展的相关统计起点较早，数据覆盖时间跨度较长，而 OFDI 规模化增长相对较晚，《中国对外直接投资统计公告》中各省区的面板数据统计始于 2003 年，由此我们以 2003—2016 年阶段 IFDI 和 OFDI 共生期截取数据时间跨度，以期寻找双向跨境投资的创新驱动规律。其他相关数据来源还包括：《中国统计年鉴》《中国科技统计年鉴》、各省区统计年鉴等，表 7－1 是各变量的描述性统计。

表 7-1　　主要变量描述性统计

变量	个数	极小值	极大值	均值	标准差
inn	420	4.2485	12.5060	8.8969	1.6339
ifdi	420	0.0004	0.1051	0.0253	0.0201
ofdi	420	0.0000	0.0666	0.0031	0.0065
urb	420	0.2264	0.9418	0.5116	0.1442
hum	420	6.2300	12.3222	8.6196	0.9775
mar	420	0.3914	0.8857	0.6806	0.1097
tei	420	0.0000	0.0519	0.0039	0.0075
gov	420	0.0687	0.6081	0.2402	0.1245

为了控制内生性影响，研究设计中引入多项控制变量，需要进一步检验模型设计是否合理性，测算得到 Mean VIF 为 2.87，合理控制了解释变量的多重共线性影响。研究选取的变量面板数据一阶平稳，进一步采用 Pedroni (1999) 的残差协整检验结果显示（见表 7-2），七个关键统计量中五个统计量通过了 1% 的显著性水平检验，由此判断各变量之间存在长期稳定的均衡关系。

表 7-2　　Pedroni 面板协整检验

检验方法	检验假设		检验结果	
Pedroni 基于残差的协整检验	组内统计量	$H_0: \rho = 1$ $H_1: (\rho_i = \rho) < 1$	Panel v - stat	10.8698*** (0.0000)
			Panel ρ - stat	1.5559 (0.9401)
			Panel PP - stat	-4.5646*** (0.0000)
			Panel ADF - stat	5.8222*** (0.0000)
	组间统计量	$H_0: \rho = 1$ $H_1: (\rho_i = \rho) < 1$	Group ρ - stat	2.8485 (0.9978)
			Group PP - stat	-5.9053*** (0.0000)
			Group ADF stat	-6.5187*** (0.0000)

注：() 中检验结果表示该统计量的伴随概率值；*、**、*** 分别表示在 10%、5%、1% 的显著水平拒绝不存在协整关系的原假设。

7.3 实证研究结果分析

7.3.1 IFDI 对 OFDI 创新溢出的调节影响

IFDI 对 OFDI 创新溢出的调节效应（表 7－3 中模型 D3－1）具有显著三重门槛特征（0.0053，0.0156，0.0375）。IFDI 强度低于 0.0053 时，OFDI 对区域技术创新的影响不显著；当 IFDI 强度提高至（0.0053 0.0156）时，OFDI 抑制了区域创新发展；当 IFDI 强度进一步提升至（0.0156 0.375）时，OFDI 的创新溢出转负为正，释放了积极的创新驱动效应；IFDI 强度高过 0.0375 时，OFDI 的创新溢出又变得不显著。上述趋势验证了理论假设 H4 的合理性，反映了双向跨境投资演进过程中，“引进来”与“走出去”的创新溢出并非隔离互质，两者之间存在显著的互动影响，招商引资在较低强度时挤压了 OFDI 的创新溢出空间，但在适度水平时有助于促进 OFDI 虹吸国外先进技术势差，协调驱动国内创新发展。

表 7－3　　双向跨境投资的互动创新溢出影响门槛检验结果

检验模型	门槛存在性	门槛估计值	F 值	P 值	BS 次数
IFDI 对 OFDI 创新溢出的动态影响 模型 D3－1	1st 门槛	0.0053	3.5348*	0.0580	1000
	2nd 门槛	0.0156	4.1368**	0.0360	1000
	3rd 门槛	0.0375	4.4956**	0.0340	1000
内生检验 模型 D3－2	1st 门槛	0.0439	2.6857*	0.0960	1000
	2nd 门槛	0.0588	6.8735**	0.0110	1000
	3rd 门槛	0.0693	3.2696*	0.0650	1000
稳健检验 模型 D3－3	1st 门槛	0.0027	17.5466***	0.0000	1000
	2nd 门槛	0.0040	11.2031***	0.0050	1000
	3rd 门槛	0.0222	8.4151***	0.0100	1000

续表

检验模型	门槛存在性	门槛估计值	F 值	P 值	BS 次数
OFDI 对 IFDI 创新溢出的动态影响模型 D4-1	1st门槛	0.0004	27.6586***	0.0000	1000
	2nd门槛	0.0005	9.4984***	0.0050	1000
	3rd门槛	0.0021	4.1347**	0.0420	1000
内生检验模型 D4-2	1st门槛	0.0005	14.5617***	0.0000	1000
	2nd门槛	0.0006	3.7258**	0.0490	1000
	3rd门槛	0.0009	4.9878**	0.0170	1000
稳健检验模型 D4-3	1st门槛	0.0001	11.4707***	0.0000	1000
	2nd门槛	0.0004	6.9285**	0.0130	1000
	3rd门槛	0.0024	3.5326*	0.0560	1000

注：*、**、*** 分别表示在 10%、5%、1% 的显著水平拒绝原假设。

各个控制变量的估计结果显示，城市化依然是区域创新发展的基础动力，为技术研发提供环境支撑和物质条件；优化人力资本条件能够有效提升区域创新发展水平；进一步提高市场化程度，鼓励民营经济发展，有利于技术竞争和创新进步；值得警惕的是，区域创新发展过程中，扩大国外技术引进容易滋生依赖惰性，抑制区域自主创新；政府 R&D 资助是激励区域创新发展的重要工具，要发挥财税政策的积极作用，引导企业通过对外投资获取技术进步与创新升级。

7.3.2 OFDI 对 IFDI 创新溢出的调节影响

反观 OFDI 对 IFDI 创新溢出的影响估计结果（表 7-4 中模型 D4-1）发现，OFDI 的调节效应同样存在显著的三重门槛特征（0.0004，0.0005，0.0021）。当 OFDI 强度低于 0.0021 时，IFDI 对区域技术创新的影响显著为负，仅在三个不同门槛区间的影响系数有所差异；当 OFDI 强度高于 0.0021 时，IFDI 对区域技术创新的影响变得不显著。这一趋势说明，OFDI 虽然未能改变 IFDI 的创新抑制性影响，但中国企业不断“走出去”虹吸国外先进技术经验，有效提升自身创新能力，通过市场竞争打破“引进来”的技术壁垒，OFDI 在较高强度时能够弱化 IFDI 的负向溢出效应。

表 7-4　　双向跨境投资的互动创新溢出影响估计结果

变量	IFDI 对 OFDI 创新溢出影响模型 D3-1	内生性检验模型 D3-2	稳健性检验模型 D3-3	OFDI 对 IFDI 创新溢出影响模型 D4-1	内生性检验模型 D4-2	稳健性检验模型 D4-3
ifdi-1	—	—	—	-5.5831***	-5.1639***	-0.4668***
				(-3.0644)	(-3.0030)	(-3.2248)
ifdi-2	—	—	—	-10.4000***	-0.1035	-0.0137
				(-4.0716)	(-0.0512)	(-0.1039)
ifdi-3	—	—	—	-2.6511*	-3.0297*	-0.2215**
				(-1.6179)	(-1.7240)	(-2.0967)
ifdi-4	—	—	—	2.4615	0.8783	0.0341
				(1.2861)	(0.4709)	(0.2718)
ofdi-1	2.9215	12.2180	-0.2389**	—	—	—
	(0.2684)	(1.3110)	(-2.2121)			
ofdi-2	-31.3134*	-0.5559	6.7088***	—	—	—
	(-1.9335)	(-0.0995)	(4.8899)			
ofdi-3	13.5832**	-72.9212**	1.8470***	—	—	—
	(2.4335)	(-2.4745)	(3.4918)			
ofdi-4	-0.3976	28.9728*	0.4171	—	—	—
	(-0.1134)	(1.7733)	(1.1314)			
urb	8.8104***	10.3389***	0.4530***	8.1541***	9.7387***	0.4506***
	(15.6518)	(18.4230)	(13.4096)	(15.0999)	(17.2325)	(12.8360)
hum	0.6423***	0.5630***	0.0373***	0.6116***	0.5609***	0.0389***
	(9.8313)	(9.0422)	(9.4635)	(10.0776)	(9.3768)	(9.7633)
mar	2.1068***	1.2997***	0.2529***	1.8888***	1.3126***	0.2440***
	(6.0203)	(3.6351)	(11.8491)	(5.6166)	(3.8003)	(11.6307)
tei	-9.4347**	-8.6685**	-0.7567***	-9.2912**	-12.2954***	-0.8034***
	(-2.5817)	(-2.4939)	(-3.3577)	(-2.7252)	(-3.7157)	(-3.6270)
gov	2.1540***	2.0835***	0.1377***	2.0109***	2.0035***	0.1336***
	(5.2608)	(5.3217)	(5.4786)	(5.1442)	(5.1996)	(5.2550)

注：() 内数字是经过异方差修正得到的 t 统计量检验值；*、**、*** 分别表示所对应变量的估计系数通过 10%、5%、1% 的显著水平检验；*fdi*-1 ~ *fdi*-4 为跨境投资强度在四个不同门槛区间内对技术创新影响的估计系数有所差异。

7.3.3 内生性检验与稳健性检验

（1）内生性检验。在模型设计时，为了尽可能降低不可观测因素的影响，我们引入了多项控制变量，并预先做了数据检验，降低内生性影响。在模型输出后，为了获取更为严谨的研究结果，我们进一步采用 Lucchetti 和 Palomba（2009）的研究方法，对解释变量滞后一阶（模型 D3－2、模型 D4－2），检验模型输出的内生性①。结果发现，IFDI 的创新溢出效应、OFDI 的创新溢出效应以及双向跨境投资之间的互动创新溢出影响依然存在显著的三重门槛特征，模型输出的动态轨迹保持一致，较好地控制了内生性影响。

（2）稳健性检验。为了进一步检验模型输出的稳健性，我们将被解释变量由授权专利数量换为区域创新效率（模型 D3－3、模型 D4－3），旨在反映区域技术创新的投入产出能力。结果发现，IFDI 的创新溢出规律、OFDI 的创新溢出规律以及双向跨境投资之间的互动创新溢出影响并未改变，仅是个别估计系数和显著性水平出现了些许差异，这在检验中是可以接受的，并且各个控制变量的估计系数高度相似，从而验证了实证研究结果的稳健性。

7.3.4 双向跨境投资交互创新溢出影响的空间异质性

传统经济地理影响下，中国东、中、西部三大地区创新基础、吸引外资规模、对外投资能力等参差不齐，资本流动创新溢出效应可能存在相应差异，为了获取更有针对性的研究结论和政策依据，分别以东、中、西部分区划界，深入揭示 IFDI 和 OFDI 交互创新溢出影响的空间异质性。分区域门槛效应存在性检验及门槛估计值见表 7－5，所对应的各个模型估计结果见表 7－6。

---

① 较为常见的线性面板回归通常借助工具变量或 GMM 方法检验内生性，但在非线性门槛模型估计时，这两种方法均难以匹配。

表 7-5　　分区域门槛效应存在性检验及门槛估计值

地区	检验模型	模型	估计值	F 值	P 值	BS 次数
东部地区	IFDI 交互影响门槛模型 E1	单一门槛	0.0010	30.7262***	0.0000	300
		双重门槛	0.0073	11.9073***	0.0000	300
		三重门槛	0.0447	10.4668***	0.0000	300
	OFDI 交互影响门槛模型 E2	单一门槛	0.0161	5.7578**	0.0167	300
		双重门槛	0.0473	4.2183**	0.0400	300
中部地区	IFDI 交互影响门槛模型 M1	单一门槛	0.0002	7.9702***	0.0100	300
		双重门槛	0.0012	7.2291***	0.0100	300
		三重门槛	0.0033	3.3297*	0.0633	300
	OFDI 交互影响门槛模型 M2	单一门槛	0.0087	12.6275***	0.0000	300
		双重门槛	0.0107	6.5519***	0.0166	300
		三重门槛	0.0232	5.8497**	0.0533	300
西部地区	IFDI 交互影响门槛模型 W1	单一门槛	0.0000	2.3340*	0.1000	300
		双重门槛	0.0001	2.9136*	0.0900	300
	OFDI 交互影响门槛模型 W2	单一门槛	0.0034	15.2485***	0.0000	300
		双重门槛	0.0040	2.4308**	0.0033	300
		三重门槛	0.0140	8.1769***	0.0100	300

注：***、**、* 分别表示在 1%、5% 和 10% 的显著水平上拒绝原假设。

表 7-6　　分区域面板模型估计结果

变量	东部地区		中部地区		西部地区	
	模型 E1	模型 E2	模型 M1	模型 M2	模型 W1	模型 W2
fdi-1	-0.5091** (-2.0167)		-1.0612* (-1.8842)		0.5895 (1.2434)	
fdi-2	-0.1274 (-0.5861)		-1.8124** (-2.8620)		-1.7369** (-2.6095)	
fdi-3	0.4826* (1.9792)		-2.7605*** (-3.7364)		-0.3937** (-2.2097)	
fdi-4	1.3789*** (4.2944)		-1.8569** (-2.5347)			

续表

变量	东部地区		中部地区		西部地区	
	模型 E1	模型 E2	模型 M1	模型 M2	模型 W1	模型 W2
ofdi - 1		1.8683**		15.7030***		0.9764***
		(2.8582)		(4.1057)		(3.6629)
ofdi - 2		0.5335***		6.9024***		5.0341***
		(4.8723)		(5.4547)		(3.5777)
ofdi - 3		1.2128***		3.3376***		0.5777**
		(4.5421)		(3.8193)		(2.4329)
ofdi - 4				0.5594		-1.2250**
				(0.7881)		(-2.2414)
urb	0.8640***	0.9535***	1.1347***	1.1015***	1.1995***	1.2182***
	(7.3991)	(8.3623)	(9.1869)	(10.8106)	(23.0269)	(23.6936)
hc	0.0304***	0.0324***	0.0433***	0.0228**	0.0086**	0.0035
	(3.4347)	(3.3769)	(4.2059)	(2.4538)	(2.1355)	(0.7744)
yi	-1.6347***	-1.6274***	-8.7729***	-3.9640	-0.3249	-0.4078*
	(-4.7223)	(-4.3058)	(-2.9279)	(-1.3336)	(-1.4014)	(-1.7942)
tra	0.0031	0.0025	-0.1696*	-0.0197	-0.0198	-0.0102
	(1.5872)	(1.1609)	(-1.7343)	(-0.2009)	(-1.3505)	(-0.9510)

注：***、**、*分别表示各变量的系数通过1%、5%、10%的显著水平检验。

（1）东部地区。OFDI 影响下，东部地区 IFDI 创新溢出效应存在显著的三重门槛效应，呈现出先负后正的“U”形非线性特征，OFDI 强度较低时，IFDI 抑制了创新活动，随着 OFDI 强度不断提高，IFDI 对创新活动逐渐释放出积极的促进影响。这一变化规律与全国层面类似，区别在于东部地区实现 IFDI 创新溢出正向影响的 OFDI 门槛阈值有所提升，最优区间的影响系数更高，说明东部地区具备更好创新基础和贸易环境，更高强度“走出去”有利于激发“引进来”的创新溢出效应。在 IFDI 的影响下，东部地区 OFDI 创新溢出影响通过了双重门槛检验，呈现出正向非线性特征。东部地区的 IFDI 能够积极促进 OFDI 创新溢出效应，定位两端 IFDI 强度门槛区域将更有利于寻求 OFDI 创新溢出最大化。

（2）中部地区。中部地区 OFDI 影响下，IFDI 创新溢出效应存在显著的负向三重门槛效应，这一结果说明，中部地区本身创新基础和技术水平不高，外部 IFDI 进入后，凭借技术优势，抑制了区域自主创新活动。在 IFDI 的影响下，中部地区 OFDI 创新溢出具有显著的正向边际递减的非线性特征，IFDI 在较低强度时，OFDI 的创新溢出效应最大，过高强度的 IFDI 则会弱化 OFDI 创新溢出。

（3）西部地区。西部地区估计结果显示，在 OFDI 影响下，IFDI 创新溢出存在双重门槛效应，OFDI 强度较低时，IFDI 对区域创新活动影响检验不显著，当 OFDI 强度提升时，IFDI 对创新活动具有显著抑制性影响。在 IFDI 的影响下，西部地区 OFDI 创新溢出具有显著的三重门槛效应，呈现出倒“U”形非线性特征，IFDI 增长初期阶段有助于培育区域产业基础创新能力，促进 OFDI 的创新溢出效应，到达一定强度后，IFDI 引发的惰性依赖开始抑制 OFDI 的创新溢出效应，阻碍了区域创新能力提升。

7.3.5 “一带一路”建设对双向跨境投资创新溢出的驱动效应

新时代“一带一路”建设对跨境投资和创新发展具有双重驱动作用（吴哲等，2015），一方面深化对外开放有利于吸引“一带一路”沿线国家参与中国创新发展，另一方面加快了中国企业“走出去”步伐，通过对外投资加强创新合作，双向撬动跨境投资的创新溢出红利。由此我们划分“一带一路”和非“一带一路”两大地区①，检验“一带一路”建设对双向跨境投资创新溢出的驱动效应。

（1）“一带一路”地区。“一带一路”地区单向跨境投资创新溢出的估计结果显示，IFDI 创新溢出（见表 7－7、表 7－8 中模型 Y－1）存在显著的三重门槛特征（0.0027，0.0036，0.0611），当 IFDI 强度低于 0.0027 时，招商引资抑制了区域技术创新；当 IFDI 强度提高至（0.0027 0.0036）时，释

① 根据国家发改委、外交部、商务部联合发布的《推动共建丝绸之路经济带和 21 世纪海上丝绸之路的愿景与行动》正式确定“一带一路”沿线省份有 18 个，分别是新疆、陕西、甘肃、宁夏、青海、内蒙古、黑龙江、吉林、辽宁、广西、云南、西藏、上海、福建、广东、浙江、海南和重庆。

放了积极的创新溢出效应；当 IFDI 强度进一步提升至（0.0036 0.0611）和（0.0611 +∞）区间后，对区域的创新发展造成了不利影响，但影响系数有所差异。“一带一路”地区 OFDI 的创新溢出（见表 7－7、表 7－8 中模型 Y－2）同样具有三重门槛特征（0.0002，0.0043，0.0105），呈现出先负后正的“U”形规律，当 OFDI 强度低于 0.0002 时，显著抑制了区域技术创新；当 OFDI 强度超过 0.0002 时，释放了积极的创新溢出效应；但随着强度逐步提升，OFDI 的创新溢出效应出现了边际递减。横向对比来看，“一带一路”地区 OFDI 的创新溢出规律和全国层面较为类似，“走出去”在初级资源获取和中低端市场开拓过程中可能难以驱动创新发展，但在“一带一路”建设驱动下，通过 OFDI 加快外部技术学习，能够有效撬动对外投资的创新溢出红利。同时，“一带一路”政策扭转了 IFDI 的创新抑制影响，在适度 IFDI 区间释放了积极的创新溢出效应，这一点与全国层面明显不同，呈现出双向跨境投资共轨溢出的良性机制。

表 7－7 “一带一路”建设下的双向跨境投资创新溢出影响门槛检验结果

地区	检验模型	门槛存在性	门槛估计值	F 值	P 值	BS 次数
“一带一路”地区	IFDI 创新溢出影响模型 Y－1	1^{st}门槛	0.0027	14.2580***	0.0000	1000
		2^{nd}门槛	0.0036	7.7360***	0.0100	1000
		3^{rd}门槛	0.0611	3.7489**	0.0440	1000
	OFDI 创新溢出影响模型 Y－2	1^{st}门槛	0.0002	6.6425**	0.0110	1000
		2^{nd}门槛	0.0043	6.3873**	0.0120	1000
		3^{rd}门槛	0.0105	3.7269**	0.0330	1000
	IFDI 对 OFDI 创新溢出影响模型 Y－3	1^{st}门槛	0.0160	5.4923**	0.0270	1000
		2^{nd}门槛	0.0188	6.1555**	0.0140	1000
		3^{rd}门槛	0.0376	4.3646*	0.0510	1000
	OFDI 对 IFDI 创新溢出影响模型 Y－4	1^{st}门槛	0.0005	8.9773***	0.0050	1000
		2^{nd}门槛	0.0006	2.9562*	0.0870	1000
		3^{rd}门槛	0.0033	9.5657***	0.0060	1000

续表

地区	检验模型	门槛存在性	门槛估计值	F 值	P 值	BS 次数
非“一带一路”地区	IFDI 创新溢出影响模型 N-1	1st门槛	0.0055	19.9181***	0.0000	1000
		2nd门槛	0.0119	10.2483***	0.0020	1000
		3rd门槛	0.0475	3.7645*	0.0590	1000
	OFDI 创新溢出影响模型 N-2	1st门槛	0.0005	24.7671***	0.0000	1000
		2nd门槛	0.0038	7.6064***	0.0030	1000
		3rd门槛	0.0068	3.8493**	0.0480	1000
	IFDI 对 OFDI 创新溢出影响模型 N-3	1st门槛	0.0055	2.3343*	0.0900	1000
		2nd门槛	0.0353	5.6821**	0.0200	1000
		3rd门槛	0.0375	10.5642***	0.0000	1000
	OFDI 对 IFDI 创新溢出影响模型 N-4	1st门槛	0.0001	31.0915***	0.0000	1000
		2nd门槛	0.0020	4.2738***	0.0090	1000
		—	—	—	—	—

注：*、**、*** 分别表示在 10%、5%、1% 的显著水平拒绝原假设。

“一带一路”地区 IFDI 对 OFDI 创新溢出的调节影响估计结果（见表 7-7、表 7-8 中模型 Y-3）显示，IFDI 强度低于 0.0160 时，OFDI 的创新溢出并不显著；当 IFDI 强度提升至（0.0160 0.0188）和（0.0188 0.0376）区间时，OFDI 释放了积极的创新溢出效应；但在 IFDI 强度超过 0.0376 后，OFDI 的创新溢出变得不显著。上述规律反映出“一带一路”建设驱动下，“引进来”在初级阶段有助于弱化“走出去”的创新抑制影响，但后期由于技术竞争和创新替代，同样会弱化 OFDI 的创新驱动效应。反过来，OFDI 对 IFDI 创新溢出的影响（表 7-7、表 7-8 中模型 Y-4）同样存在三重门槛特征（0.0005，0.0006，0.0033），OFDI 在（0 0.0005）、（0.0005 0.0006）和（0.0006 0.0033）三个门槛区间时，IFDI 未能有效促进区域技术创新；当 OFDI 强度高于 0.0033 时，能撬动 IFDI 的正向创新溢出效应。这一现象说明，“一带一路”建设下，加快对外开放“走出去”不仅有助于扩大外部创新虹吸，提升中国企业技术水平，还能优化国内竞争环境，提高外资引入的技术门槛，从而释放 IFDI 的创新驱动效应。

表 7-8　“一带一路”建设下的双向跨境投资创新溢出的估计结果

变量	“一带一路”地区				非“一带一路”地区			
	IFDI 创新溢出影响模型 Y-1	OFDI 创新溢出影响 Y-2	IFDI 对 OFDI 创新溢出影响模型 Y-3	OFDI 对 IFDI 创新溢出影响模型 Y-4	IFDI 创新溢出影响模型 N-1	OFDI 创新溢出影响 N-2	IFDI 对 OFDI 创新溢出影响模型 N-3	OFDI 对 IFDI 创新溢出影响模型 N-4
ifdi-1	-154.5486 **	—	—	-5.1841 **	24.5060	—	—	-12.4877 ***
	(-2.0593)			(-2.3451)	(0.6703)			(-2.6620)
ifdi-2	89.0170 **	—	—	1.7920	-36.5692 ***	—	—	-4.1842
	(2.3189)			(0.7397)	(-2.6114)			(-1.5190)
ifdi-3	-7.7213 ***	—	—	-5.1991 **	2.3223	—	—	6.3363
	(2.7859)			(-2.4689)	(0.5280)			(1.5454)
ifdi-4	-4.4014 **	—	—	0.5058 **	-7.5134 **	—	—	—
	(-2.3121)			(2.2012)	(2.5023)			
ofdi-1	—	-1280.0000 **	4.5378	—	—	-239.2730	-74.0677	—
		(-2.0135)	(0.4748)			(-1.1140)	(-0.9885)	
ofdi-2	—	66.4984 ***	96.2204 ***	—	—	155.4627 ***	9.9252	—
		(2.9379)	(2.9136)			(4.5710)	(1.2064)	
ofdi-3	—	34.3044 ***	28.6961 ***	—	—	75.4690 ***	199.8124 ***	—
		(3.0381)	(3.4918)			(3.3451)	(3.9830)	

续表

变量	“一带一路”地区				非“一带一路”地区			
	IFDI 创新溢出影响 模型 Y-1	OFDI 创新溢出影响 Y-2	IFDI 对 OFDI 创新溢出影响 模型 Y-3	OFDI 对 IFDI 创新溢出影响 模型 Y-4	IFDI 创新溢出影响 模型 N-1	OFDI 创新溢出影响 N-2	IFDI 对 OFDI 创新溢出影响 模型 N-3	OFDI 对 IFDI 创新溢出影响 模型 N-4
ofdi-4	—	7.1764*	0.2738	—	—	7.9767	-2.2317	—
		(1.8829)	(0.0667)			(1.5653)	(-0.4011)	
urb	8.2663***	7.7243***	8.5057***	8.8887***	7.8914***	6.8905***	8.0973***	7.5773***
	(12.1455)	(10.5369)	(12.2833)	(12.4065)	(9.0225)	(8.1689)	(9.5076)	(8.6199)
mar	0.7155***	0.6840***	0.6576***	0.6428***	0.6572***	0.6055***	0.6895***	0.6297***
	(9.5870)	(8.7031)	(8.3365)	(8.4551)	(6.6031)	(6.2352)	(6.7702)	(6.4991)
hum	0.5086*	0.4622	0.5432	0.4931	2.4991***	3.1232***	3.3802***	2.7484***
	(1.8049)	(1.0609)	(1.2505)	(1.1574)	(4.6230)	(5.7592)	(5.9414)	(4.8521)
tei	-8.1547**	-8.5286**	-10.3495***	-7.2096*	-13.3314*	-11.0956	-3.3076	-0.8645
	(-2.2411)	(-2.2349)	(-2.7049)	(-1.9492)	(-1.8404)	(-1.4460)	(-0.3917)	(-0.1190)
gov	2.8024***	2.4545***	3.0317***	2.6837***	1.2767*	1.8312**	2.6416***	2.2345***
	(6.6401)	(5.6376)	(6.9211)	(6.3305)	(1.7152)	(2.2008)	(2.9459)	(2.6914)

注：() 内为修正异方差后的 t 统计量值，***、**、* 分别表示各变量的系数通过 1%、5%、10% 的显著水平；*fdi*-1 ~ *fdi*-4 为跨境投资强度在四个不同门槛区间内对技术创新影响的估计系数有所差异。

（2）非“一带一路”地区。非“一带一路”地区的IFDI创新溢出估计结果（表7－7、表7－8中模型N－1）显示，“引进来”对区域技术创新的影响具有三重门槛特征（0.0055，0.0119，0.0475），IFDI强度处于（0.0055）和（0.0119 0.0475）时，对区域技术创新的影响不显著；当IFDI强度处于（0.0055 0.0119）和（0.0475 +∞）时，显著抑制了区域技术创新。这一结果与全国层面类似，虽然在不同强度区间的估计结果有所差异，但整体来看，“引进来”未能有效释放非“一带一路”地区的创新溢出效应。非“一带一路”地区OFDI的创新溢出效应（表7－7、表7－8中模型N－2）同样呈现出三重门槛规律（0.0005，0.0038，0.0068），在“走出去”的初级阶段（0 0.0005）不利于区域技术创新，在逐渐扩大对外投资通道过程中，OFDI在不同强度区间（0.0005 0.0038）、（0.0038 0.0068）、（0.0068 +∞）释放了积极的创新溢出效应，但呈现出边际递减规律。双向对比来看，非“一带一路”地区招商引资的技术红利逐渐褪去，跨境投资的创新驱动已经转向“走出去”，通过对外投资加快创新虹吸是提升区域创新水平的最佳策略。

非“一带一路”地区双向跨境投资互动创新溢出的检验结果显示，IFDI对OFDI创新溢出的调节影响（表7－7、表7－8中模型N－3）存在显著三重门槛特征（0.0055，0.0353，0.0375），当IFDI强度低于0.0353时，OFDI对区域技术创新的影响不显著，但在（0 0.0055）和（0.0055 0.0353）两个区间的估计系数不同；当IFDI强度处于（0.0353 0.0375）时，有效撬动了OFDI的创新溢出效应；当IFDI强度进一步提升超过0.0357时，OFDI的创新溢出又变为不显著。这一规律说明双向跨境投资共轨驱动过程中，非“一带一路”地区“引进来”与“走出去”之间存在一定的竞争替代关系，招商引资在初级阶段和较高水平时，弱化或抑制了对外投资的创新虹吸积极性，而适度的外资引入与对外投资的创新驱动相融合，释放了积极的溢出效应。非“一带一路”地区OFDI对IFDI的创新溢出影响（表7－7、表7－8中模型N－4）存在双重门槛特征（0.0001，0.0020），当OFDI强度低于0.0001时，IFDI显著抑制了区域技术创新；当OFDI强度高于0.0001时，IFDI的创新溢出并不显著，但在（0.0001 0.0020）和（0.0020 +∞）区间的估计系数有所差异。结合 IFDI 与 OFDI 的创新溢出轨迹发现，非“一带一路”地区双向跨境投资共轨驱动过程中，虽然“走出去”在一定程度能够释放积极的创新溢出，但未能扭转 IFDI 的负向抑制影响，呈现出双轨失衡的驱动特征。

7.4 小结

本章基于中国双向跨境投资创新驱动的演化机制，以内外技术势差为动因，分析从“引进来”到“走出去”的转变逻辑，进一步揭示 IFDI 与 OFDI 的互动创新溢出关系，并采用面板数据和门槛模型加以检验，研究发现如下。

（1）共轨驱动下，IFDI 与 OFDI 的创新溢出并非隔离互质，两者之间存在复杂的互动影响。IFDI 在较低强度时挤压了 OFDI 的创新溢出空间，但适度水平的 IFDI 有利于引入外部竞争，激励对外开放“走出去”，释放 OFDI 的溢出效应。而 OFDI 虽然未能扭转 IFDI 的创新抑制性影响，但“走出去”有助于提升自身创新竞争力，打破外资引入的技术壁垒，弱化 IFDI 的负向溢出效应。

（2）中国资本双向流动的交互创新溢出影响存在显著的空间异质性，高强度的 OFDI 有利于扭转东部地区 FDI 创新溢出瓶颈，但并未改变其他地区的创新抑制影响；东部和中部地区 FDI 能够正向调节 OFDI 创新溢出效应，而西部地区过高强度的 FDI 会抑制区域 OFDI 创新溢出。

（3）新时代“一带一路”建设对双向跨境投资及其创新溢出具有重要影响，政策红利下，“一带一路”地区 IFDI 在适度区间释放了积极的创新溢出效应，而 OFDI 在较高水平时同样有利于驱动技术创新，并且两者的互动创新溢出存在双向调节影响，IFDI 弱化了 OFDI 初步阶段的负向创新溢出，而对外投资“走出去”能够提高自身研发水平，通过技术竞争撬动招商引资的创新驱动效应。相较而言，非“一带一路”地区的 IFDI 未能有效驱动技术创新，而 OFDI 在适度区间能够释放积极的创新溢出效应，但难以撬动“引进来”的创新溢出。

第8章 政府研发资助对双向跨境投资创新溢出的调节影响

为了打破政府研发资助与跨境投资创新溢出的研究隔阂，揭示政府研发资助对跨境投资创新溢出的介质影响关系，需要构建一个新的分析框架。有别于已有文献关于财政研发资助的直接创新溢出视角，我们另辟蹊径，以政府研发资助作为双向跨境投资创新溢出的影响介质，结合 IFDI 与 OFDI 双轨创新驱动的演化逻辑，探讨政府研发资助对“引进来”和“走出去”创新驱动的中介影响机制，分别刻画政府研发资助对 IFDI 和 OFDI 创新溢出的动态影响轨迹，对比识别政府研发资助对两者创新驱动的撬动关系。以期为科学制定动态优化的政府创新投入策略，提高财政资金使用效率，放大双向跨境投资的共轨创新溢出红利，提供参考和启示。

8.1 相关文献梳理

目前，政府研发资助和跨境投资创新溢出分属两个不同研究范畴。跨境投资对创新发展的影响研究源自西方学界，科技革命蔓延和经济全球化过程中，发达国家通过向发展中国家的投资扩张带来先进制造装备、成熟生产技术，帮助发展中国家快速提高产业技术水平，衍生跨境资本流入（IFDI）的创新溢出效应。20 世纪中后期，日本、韩国等亚洲新兴国家的跨境投资特征变化较快，在经济高速增长过程中，跨境投资从 IFDI 向 OFDI 转变。Hayakawa 等（2013）发现日本 IFDI 萎缩趋势下，而 OFDI 却提升了本国产业技术水平。Lee 等（2014）进一步揭示韩国企业通过向美国等发达国家的 OFDI，吸收外部创新经验，转化实现了技术突破。从国外研究来看，跨境投资的方向不同，所衍生的创新溢出也会有所差异（李景睿和赵婉婉，2020），对资本输出国和资本吸收国造成了较为复杂的影响。

双向跨境投资结构中，IFDI 续存时间更长，对中国的产业发展和技术创新起到了重要推动作用，在招商引资和“市场换技术”政策驱动下，大量外资企业通过 IFDI 将产业技术引入中国（李钢和李俊，2006），为了促进国内企业对外资企业技术学习和创新模仿，政府一方面为“筑巢引凤”投入大量资金，另一方面为国内企业提供大量研发资助，旨在提高国内企业的技术水平和创新能力。虽然逻辑上得以解释，通过政府研发资助在一定程度能够激励 IFDI 创新溢出，但经验证实不多。大量文献更多关注的是政府研发资助对技术创新的直接影响（尚洪涛和黄晓硕，2018；叶祥松和刘敬，2018），普遍认为政府加大研发资助，能够有效激励企业技术研发，从而提升创新水平和经济增长质量。也有一些不同观点认为（李勃昕和韩先锋，2018），政府研发资助会降低企业自主创新投入积极性，反而可能抑制中国创新发展。但需要反思的是，社会主义市场经济发展过程中，政府创新投入的初衷并非越俎代庖，亦难以替代企业和机构成为技术创新主导，政府研发资助更为重要的作用在于激励市场主体的研发积极性，通过投资行为和研发活动撬动更大的创新溢出效应（Lichtenberg，2001）。党的十九大报告中强调创新要以企业为主体，市场为导向，财政研发资助应转向聚焦对技术创新的撬动引领作用，而非创新投入的免费补给或简单替代。因此，深入揭示财政研发资助对跨境投资创新溢出的介质影响关系尤为重要。

此外，中国跨境投资已经从早期的 IFDI 单向溢出演进到当前 IFDI 与 OFDI 双轨驱动，但短期内难以改变政策惯性，政府补贴和研发资助长期惠及 IFDI 外资企业的技术引进和国内企业的技术学习和创新模仿，但如果 IFDI 的创新溢出逐渐弱化，那么政府研发资助是否依然能够起到有效的撬动作用？另一方面，由于中国OFDI跨国企业本身具有一定的国际竞争力，研发投入和创新水平普遍较高，出于资金外流风险规避和扶弱济贫考虑，政府研发资助更多选择的是国内中小企业，对大型OFDI跨国企业外部技术创新的资助支持往往较少，选择性忽视了政府研发资助对OFDI创新溢出的撬动效应，这一点鲜有研究关注。

8.2 理论机制

8.2.1 政府研发资助对双向跨境投资创新溢出的调节影响机制

以新古典经济理论解释来看，政府干预下的研发资助有利于技术创新，放大经济增长的内生影响系数，从而释放跨境投资的创新溢出效应（Almus和Czarnitzki，2003）。但市场自由主义学者往往更愿意将政府研发资助视为干预市场交易的外部杂音，可能弊大于利。虽然观点不一，但均基于政府干预的外生视角。如果跨过外生和内生的对立面，以外生到内生的视角探讨政府研发资助对跨境投资创新驱动产生的介质影响，则会呈现出更为有序的逻辑关系。

首先，在跨境资本流入维度，初始阶段的IFDI虽然带来了外部先进技术和生产经验，但由于产业基础和技术水平相对较低，国内企业与外资企业从规模和结构上差距过大，更多关注的是生产学习和经验吸收等初级过程，还未达到技术学习和创新模仿层次，这一阶段的政府资助难以有效激励技术创新。当国内企业具备自主产业化能力后，开始吸收学习外资企业的先进技术和研发经验，提高生产效率和技术水平，IFDI的创新溢出逐渐释放，这时国内企业和外资企业依然存在明显技术差距，政府资助能够有效补充企业研发投入，激励技术创新（马嘉楠等，2018）。更为重要的是，政府研发资助能够引导寻求高新技术突破，带动创新主体加大研发投入，提升国内企业与外资企业的创新竞争积极性（廖信林等，2013），从而有效撬动IFDI创新溢出效应。但随着国内企业技术水平与外资企业逐渐接近，引致 IFDI 创新溢出效应出现边际递减，创新主体的研发投入积极性会有所降低，即便增加政府研发资助也难以有效撬动 IFDI 创新溢出，甚至可能导致企业对政府研发资助的惰性依赖，反而不利于创新发展。上述变化过程反映出 IFDI 创新溢出受政府研发资助的迭代影响是一个动态变化过程，随着 IFDI 创新溢出的变化，政府研发资助所产生的介质影响也会发生改变，而且不仅仅停留在简单的同向量化层面，甚至可能存在复杂的异向变动。

其次，在对外投资维度，中国跨国企业初期“走出去”更多出于对亚非拉国家的市场扩张和资源获取，并非技术创新驱动（Cozza 等，2015），因此这一阶段跨国企业并不重视创新投入，政府的研发资助往往成为企业的免费午餐，难以释放 OFDI 创新溢出。当中国企业开始注重提升自身技术竞争力时，逐渐走向发达国家，虹吸国外先进技术和创新经验，在与国外高新技术企业竞争过程中，研发投入快速增长，政府研发资助能够提供必要的经费支持，激励企业通过“走出去”加快逆向创新转化积极性，提高 OFDI 的创新溢出效应。当跨国企业实现技术创新提升后，成为国内技术模范，引发国内企业对其的技术学习和创新模仿。在这个阶段，政府研发资助的创新投入撬动作用会有所减弱，跨国公司的技术创新效率逐渐降低，但政府研发资助如果给予国内技术跟进企业，会提高技术学习和创新模仿积极性（陈庆江，2017），从而释放 OFDI 创新溢出的扩散效应。由此来看，中国 OFDI 创新溢出在时间和空间上呈现出不同的演化规律，导致政府研发资助对 OFDI 创新溢出的介质影响呈现出某种时空分异趋势，资助跨国企业和技术跟进企业在不同阶段所撬动的创新溢出效应也会有所差异。

如果说“引进来”和“走出去”的创新驱动是彼此隔离的平行通道，那么政府研发资助的趋利选择则会较为简单，但从“引进来”到“走出去”更像是一个交叉维度下共轨效应，政府研发资助既有可能同时惠及 IFDI 相关企业和 OFDI 相关企业，也有可能对双向跨境投资创新溢出产生反向异化的介质影响，从而增加了中介效应的迭代复杂性。IFDI 与 OFDI 双向并存趋势下，最佳驱动模式为政府研发资助同时撬动 IFDI 与 OFDI 的正向创新溢出，但如果政府研发资助只会撬动其中一项的正向创新溢出，而对另外一项产生了负向效应，则需要检验判断取舍其一，当然，也有可能出现政府研发资助的黑洞现象，抑制 IFDI 和 OFDI 的创新溢出。为了深入揭示政府研发资助如何能够有效撬动双向跨境投资的创新溢出，首先要分析 IFDI 与 OFDI 双向驱动下，两者的共轨创新溢出具有什么样的状态和规律，进而判断政府研发资助对双向跨境投资创新溢出的介质影响轨迹，才能选择合理有效的政府研发资助策略，撬动双向跨境投资创新溢出最大化。

8.2.2 政府研发资助对跨境投资创新溢出的双向撬动关系

再进一步讨论，如果政府研发资助对 IFDI 和 OFDI 的双向创新溢出均为有效，那么会衍生出一个问题：政府研发资助作为政府的创新投入引导工具，受财力约束，往往规模是有限的，那么在 IFDI 与 OFDI 双轨驱动过程中，借助政府研发资助撬动“引进来”的创新溢出更为有效，还是选择资助“走出去”获得的创新虹吸效果更佳，两者并重推进过程中，如何通过政府研发资助撬动双向跨境投资创新溢出最大化？

为了解答这一问题，首先构建一个创新产出的基础模型：

$$I = AL^{\alpha}K^{\beta}\mu \qquad (8-1)$$

其中，I 表示创新产出，A 表示技术研发能力，反映创新投出产出水平；L 表示创新投入的智力水平，主要是科研人员的劳动投入；K 表示研发过程中的资本投入水平，包括不同主体的各项研发资金投入；μ 为随机扰动项，$\mu \leqslant 1$。将式（8－1）取对数进一步变换为：

$$\ln I = \alpha L + \beta K + \varepsilon \qquad (8-2)$$

假设跨境投资的创新总产出包括 IFDI 关联企业与 OFDI 关联企业的双向溢出，即 $K = K_{ifdi} + K_{ofdi}$，虽然两者的创新溢出有所不同，但叠加形成双向跨境投资的共轨创新溢出效应，则有：

$$\begin{cases} \ln I_{ifdi} = \alpha_{ifdi} L_{ifdi} + \beta_{ifdi} K_{ifdi} + \varepsilon_{ifdi} \\ \ln I_{ofdi} = \alpha_{ofdi} L_{ofdi} + \beta_{ofdi} K_{ofdi} + \varepsilon_{ofdi} \end{cases} \qquad (8-3)$$

当引入政府研发资助 K_{gov} 后，增加了研发创新投入水平，当然，政府研发资助是有限的，假设政府研发资助分别给到IFDI关联企业和OFDI关联企业，即 $K_{gov}=K_{g-i}+K_{g-o}$，IFDI关联企业和OFDI关联企业所获取的政府研发资助存在相互竞争关系，所释放的创新溢出效应也相应分化，即有：

$$\begin{cases}\ln I_{ifdi}=\alpha_{ifdi}L_{ifdi}+\beta_{ifdi}(K_{ifdi}+K_{g-i})+\varepsilon_{ifdi}\\ \ln I_{ofdi}=\alpha_{ofdi}L_{ofdi}+\beta_{ofdi}(K_{ofdi}+K_{g-o})+\varepsilon_{ofdi}\end{cases}\tag{8-4}$$

由此得到逻辑假设H1：全面开放新格局下，“引进来”与“走出去”的创新溢出并非简单并重，两者存在一定的差异化特征，因而政府研发资助对跨境投资的创新溢出具有双向异化调节影响。

政府研发资助规模本身有限，但其最重要的影响是起到了引导撬动作用，即 K_{gov} 会引致研发主体增加研发创新投入，从而激励技术创新积极性，取研发资助的撬动系数为 $\lambda=\frac{K_{fdi}}{K_{gov}}$，则有：

$$\begin{cases}\ln I_{ifdi}=\alpha_{ifdi}L_{ifdi}+\beta_{ifdi}K_{g-i}(1+\lambda_{g-i})+\varepsilon_{ifdi}\\ \ln I_{ofdi}=\alpha_{ofdi}L_{ofdi}+\beta_{ofdi}K_{g-o}(1+\lambda_{g-o})+\varepsilon_{ofdi}\end{cases}\tag{8-5}$$

上式可知，$\lambda_{g-i}+\lambda_{g-o}=1$，即政府研发资助在IFDI与OFDI两者创新溢出之间存在此消彼长的博弈关系。即当政府研发资助向招商引资的创新溢出倾斜时，则势必降低对外投资的创新溢出，反过来，政府研发资助如果更多鼓励“走出去”的创新虹吸时，将会降低对“引进来”的创新模仿补贴。针对这一问题，需要解决的是对比判断IFDI与OFDI的创新溢出特征，以及政府研发资助所产生的撬动性影响差异，在双向跨境投资系统中合理调节政府研发资助结构，寻找创新溢出的最佳共轨关系。

提出逻辑假设H2：政府研发资助受财力约束额度有限，而外资引进关联企业和对外投资关联企业对政府研发资助的获取存在一定的竞争性，政府研发资助对双向跨境投资的创新驱动通道应做趋利选择。

政府研发资助的对创新投入的撬动系数 λ 并非静态不变，受到政府财力水平，政府创新支持力度，以及创新主体申请财政创新补贴的积极性等多方面影响，政府研发资助规模会动态调整，引致创新主体本身的研发投入增减，从而造成整个研发系统中资本投入产出关系发生改变：

$$\left.\begin{cases} K_{gov} \xrightarrow{K_{ofdi}} K_{ifdi} \longrightarrow \lambda_{ifdi} \longrightarrow \beta_{ifdi} \longrightarrow I_{ifdi} \\ K_{gov} \xrightarrow{K_{ifdi}} K_{ofdi} \longrightarrow \lambda_{ofdi} \longrightarrow \beta_{ofdi} \longrightarrow I_{ofdi} \end{cases}\right\} I_{sum} \tag{8-6}$$

上述推演发现，当政府研发资助处于不同水平时，IFDI 或 OFDI 的创新溢出具有一定的非线性特征，首先我们通过构建政府研发资助的分段创新溢出函数来反映 IFDI 创新溢出时空分异趋势：

$$I_{ifdi}\begin{cases} \ln I_{ifdi}^{1} = \alpha_{ifdi}^{1} L_{ifdi}^{1} + \beta_{ifdi}^{1} K_{g-i}^{1}(1+\lambda_{g-i}^{1}) + \varepsilon_{ifdi}^{1}(K_{g-i}^{1} < \gamma^{0}) \\ \ln I_{ifdi}^{2} = \alpha_{ifdi}^{2} L_{ifdi}^{2} + \beta_{ifdi}^{2} K_{g-i}^{2}(1+\lambda_{g-i}^{2}) + \varepsilon_{ifdi}^{2}(\gamma^{0} < K_{g-i}^{2} < \gamma^{1}) \\ \cdots \\ \ln I_{ifdi}^{n} = \alpha_{ifdi}^{n} L_{ifdi}^{n} + \beta_{ifdi}^{n} K_{g-i}^{n}(1+\lambda_{g-i}^{n}) + \varepsilon_{ifdi}^{n}(K_{g-i}^{n} > \gamma^{n-2}) \end{cases} \tag{8-7}$$

上式中，γ 为政府研发资助的动态门槛阈值，表示 K_{g-i} 在不同区间水平时，研发投出的创新产出系数 β_{ifdi} 会相应有所变化，当 $K_{g-i}^{1} < \gamma^{0}$ 时，IFDI 的资本投入创新产出影响系数为 β_{ifdi}^{1}；当 $\gamma^{0} < K_{g-i}^{2} < \gamma^{1}$ 时，取 β_{ifdi}^{2}；以此推演，当 $K_{g-i}^{n} > \gamma^{n-2}$ 时，取 β_{ifdi}^{n}。通过设定哑变量 $d(\gamma) = \{K_{g-i} < \gamma\}$，其中 $I\{\cdot\}$ 是检验假设的指示函数。当 $K_{g-i} < \gamma$ 时，$I = 1$，满足假设，当 $ifdi_{it} > \gamma$ 时，则 $I = 0$，驳回假设。以递进最小化 $S_1(\gamma)$ 求取门槛阈值：$\hat{\gamma} = \arg\min S_n(q_i), q_i \in \Gamma$。设定集合 $K_{g-i}(\gamma) = K_{g-i} d(\gamma)$，则可将上述分段函数式（8－7）整合为式（8－8），以此反映政府研发资助在不同强度的广域范围内，所撬动 IFDI 创新溢出的综合迭代效应：

$$I_{ifdi} = \alpha_{ifdi} L_{ifdi} + \beta_{ifdi}^{1} K_{g-i}^{1}(1+\lambda_{g-i}^{1}) \cdot I(K_{g-i}^{1} < \gamma^{0}) + \beta_{ifdi}^{2} K_{g-i}^{1}(1+\lambda_{g-i}^{1}) \cdot I(\gamma^{0} < K_{g-i}^{2} < \gamma^{1}) + \cdots + \beta_{ifdi}^{n} K_{g-i}^{n}(1+\lambda_{g-i}^{n}) \cdot I(K_{g-i}^{n} > \gamma^{n-2}) + \varepsilon \tag{8-8}$$

同理，政府研发资助对 OFDI 创新溢出的介质影响也会存在某种非线性特征：

$$I_{ofdi}\begin{cases} \ln I_{ofdi}^{1} = \alpha_{ofdi}^{1} L_{ofdi}^{1} + \beta_{ofdi}^{1} K_{g-o}^{1}(1+\lambda_{g-o}^{1}) + \varepsilon_{ofdi}^{1}(K_{g-o}^{1} < \gamma^{0}) \\ \ln I_{ofdi}^{2} = \alpha_{ofdi}^{2} L_{ofdi}^{2} + \beta_{ofdi}^{2} K_{g-o}^{2}(1+\lambda_{g-o}^{2}) + \varepsilon_{ofdi}^{2}(\gamma^{0} < K_{g-o}^{2} < \gamma^{1}) \\ \cdots \\ \ln I_{ofdi}^{n} = \alpha_{ofdi}^{n} L_{ofdi}^{n} + \beta_{ofdi}^{n} K_{g-o}^{n}(1+\lambda_{g-o}^{n}) + \varepsilon_{ofdi}^{n}(K_{g-o}^{n} > \gamma^{n-2}) \end{cases} \tag{8-9}$$

借助哑变量 $d(\gamma)=\{K_{g-o}<\gamma\}$，设定 $I\{\cdot\}$ 检验假设的指示函数，将式（8－9）整合为式（8－10），反映政府研发资助在不同强度的广域范围内，所撬动 OFDI 创新溢出的综合迭代效应：

$$I_{ofdi}=\alpha_{ofdi}L_{ofdi}+\beta_{ofdi}^{1}K_{g-o}^{1}(1+\lambda_{g-o}^{1})\cdot I(K_{g-o}^{1}<\gamma^{0})+\beta_{ofdi}^{2}K_{g-o}^{1}(1+\lambda_{g-o}^{1})\cdot I(\gamma^{0}<K_{g-o}^{2}<\gamma^{1})+\cdots+\beta_{ofdi}^{n}K_{g-o}^{n}(1+\lambda_{g-o}^{n})\cdot I(K_{g-o}^{n}>\gamma^{n-2})+\varepsilon \tag{8-10}$$

在政府研发资助变化下，$K_{gov}=K_{g-i}+K_{g-i}$，推导可知，IFDI 与 OFDI 的创新溢出影响具有动态关联影响，叠加形成 IFDI 与 OFDI 的共轨创新驱动效应，即：

$$\begin{cases} I_{ifdi}=\alpha_{ifdi}L_{ifdi}+\beta_{ifdi}^{1}K_{g-i}^{1}(1+\lambda_{g-i}^{1})\cdot I(K_{g-i}^{1}<\gamma^{0})+\beta_{ifdi}^{2}K_{g-i}^{1}(1+\lambda_{g-i}^{1})\cdot \\ \qquad I(\gamma^{0}<K_{g-i}^{2}<\gamma^{1})+\cdots+\beta_{ifdi}^{n}K_{g-i}^{n}(1+\lambda_{g-i}^{n})\cdot I(K_{g-i}^{n}>\gamma^{n-2})+\varepsilon \\ I_{ofdi}=\alpha_{ofdi}L_{ofdi}+\beta_{ofdi}^{1}K_{g-i}^{1}(1+\lambda_{g-o}^{1})\cdot I(K_{g-o}^{1}<\gamma^{0})+\beta_{ofdi}^{2}K_{g-o}^{1}(1+\lambda_{g-o}^{1})\cdot \\ \qquad I(\gamma^{0}<K_{g-o}^{2}<\gamma^{1})+\cdots+\beta_{ofdi}^{n}K_{g-o}^{n}(1+\lambda_{g-o}^{n})\cdot I(K_{g-o}^{n}>\gamma^{n-2})+\varepsilon \end{cases} \tag{8-11}$$

推导得到逻辑假设 H3：受到创新主体和创新环境的差异性影响，政府研发资助的介质调节作用存在某种非线性特征，在双向跨境投资创新溢出过程中，资助规模变化可能会衍生时空分异的创新驱动效应。

8.3 研究设计

8.3.1 计量模型

为了便于对比分析，首先考察政府研发资助对技术创新的直接影响，当然，这种影响同样存在某种非线性特征：

$$inn_{it} = \lambda_1 gov_{it} \cdot I(gov_{it} \leqslant \gamma_1) + \lambda_2 gov_{it} \cdot I(gov_{it} > \gamma_1) + \cdots + \beta_{2n-1} gov_{it} \cdot I(gov_{it} \leqslant \gamma_n) + \lambda_{2n} gov_{it} \cdot I(gov_{it} > \gamma_n) + \alpha ifdi_{it} + \beta ofdi_{it} + \theta_1 urb_{it} + \theta_2 hum_{it} + \theta_3 mar_{it} + \theta_4 tex_{it} + \mu_i + \varepsilon_{it} \quad (8-12)$$

将政府研发资助（*gov*）作为门槛变量引入跨境投资创新溢出的动态影响模型，检验政府研发资助分别对 IFDI 与 OFDI 创新溢出的介质影响：

$$inn_{it} = \alpha_1 ifdi_{it} \cdot I(gov_{it} \leqslant \gamma_1) + \alpha_2 ifdi_{it} \cdot I(gov_{it} > \gamma_1) + \cdots + \alpha_{2n-1} ifdi_{it} \cdot I(gov_{it} \leqslant \gamma_n) + \alpha_{2n} ifdi_{it} \cdot I(gov_{it} > \gamma_n) + \beta ofdi + \theta_1 urb_{it} + \theta_2 hum_{it} + \theta_3 mar_{it} + \theta_4 tex_{it} + \mu_i + \varepsilon_{it}$$

$$inn_{it} = \beta_1 ofdi_{it} \cdot I(gov_{it} \leqslant \gamma_1) + \beta_2 ofdi_{it} \cdot I(gov_{it} > \gamma_1) + \cdots + \beta_{2n-1} ofdi_{it} \cdot I(gov_{it} \leqslant \gamma_n) + \beta_{2n} ofdi_{it} \cdot I(gov_{it} > \gamma_n) + \alpha ifdi + \theta_1 urb_{it} + \theta_2 hum_{it} + \theta_3 mar_{it} + \theta_4 tex_{it} + \mu_i + \varepsilon_{it} \quad (8-13)$$

上述模型的优点在于：一是能够有效区分政府研发资助的介质效应和跨境投资的创新驱动影响之间的向量关系；二是在不同政府研发资助水平下考察跨境投资对创新驱动的差异化影响，从而有效判断政府研发资助对跨境投资创新溢出的动态撬动规律。

8.3.2 变量设定

被解释变量。区域技术创新水平（*inn*），已有文献对区域技术创新水平的解释不同（肖刚等，2016），一些研究关注技术创新产出成果，选择专利数量作为技术创新评价指标；还有一些研究注重技术创新的内生效应，以生产效率作为技术创新的评价指标。这里选择技术创新效率作为区域创新水平的测度指标。在区域创新效率测算时，借鉴宋文飞等（2014）的研究经验，采用广义似然率统计量方法（SFA），以区域 R&D 人员全时当量测定创新人力投入水平，以区域 R&D 经费支出衡量创新资本投入水平，以专利授权数量作为创新产出指标，采用超越对数生产函数测算得到区域创新效率①，以

① 测算区域创新效率前，需要考虑柯布—道格拉斯生产函数（Cobb - Douglas Production Function）模型和超越对数生产函数模型选择哪一个更适合研究，我们用广义似然率统计量方法进一步做模型的适宜性检验测试，发现超越对数生产函数模型的拟合结果更优，对非平衡数据和异质类数据的处理更为有效。

此反映区域技术创新情况。

解释变量。外商直接投资强度（*ifdi*），为了有效降低各地区经济发展水平对外商直接投资规模的差异性影响，选择各地区外商直接投资额与同期该地区 GDP 的比值测算①，表征各个地区的外资吸收水平，单位 GDP 的 IFDI 含量越高，说明外商直接投资强度越大。对外直接投资强度（*ofdi*），根据《中国对外直接投资统计公报》，选择各省区对外直接投资流量与同期该地区 GDP 的百分比量化测算，以关注 OFDI 的动态变化影响。

门槛变量。政府研发资助水平（*gov*），现有文献已证实政府研发资助对技术创新具有显著影响（彭红星和王国顺，2018），这一逻辑在区域层面有着较为丰富的解释。受经济发展水平影响，各个地区的政府财力大相径庭，对技术创新的补贴规模和资助强度也会有所差异。Feldman 和 Kelley（2006）采用政府财政支出中的研发资助比例衡量政府研发资助强度，以此研究政府研发资助对国家整体技术创新水平的影响。然而，并非在经济发达地区政府研发资助水平就必然更强，倘若市场化经济主体的自主研发创新积极性更高，会造成政府研发资助的影响较弱，这在指标选取中需要综合考虑。本章借鉴李平和刘利利（2017）的研究方法，选择以政府 R&D 支出占区域研发支出的比重衡量政府研发资助水平，这一指标能够合理反映区域创新投入的结构性差异，较好地说明政府研发资助对社会整体创新投入的撬动引导效应。

相关控制变量。由于区域创新溢出较为复杂，为了尽可能降低内生性影响，获取无偏的检验结果，引入其他一些重要相关控制变量：城市化水平（*urb*），以考察区域政府研发资助能力和技术创新的基本条件，选择区域城镇人口在总人口中所占的比例测度；人力资本水平（*hum*），反映区域创新活动中智力水平的影响，采用地区平均受教育年限量化测算；市场化经济水平（*mar*），体现了区域技术创新中市场经济的润滑作用，选取非国有经济固定资产投资占比表征；技术引进水平（*tex*），是区域技术引进与创新扩散的

---

① 在数据量化处理时，考虑到货币差异，首先采用当年平均汇率，将美元计价的非金融类 IFDI 统计量换算成以人民币为单位，统一计价单位，OFDI 指标处理方法下同。

重要来源渠道，选取国外技术引进合同额与区域同期 GDP 比值测算，反映单位 GDP 中外部技术引进的价值含量。

8.3.3 数据来源与有效性检验

（1）数据来源。在数据的空间截面选取时，我们主要根据《中国统计年鉴》《中国对外直接投资统计公告》中 IFDI 和 OFDI 的相关统计，选择中国省际层面数据，考虑到相关统计的一致性和可获得性，剔除了港、澳、台、西藏等省区，最终实际选取的数据来自 30 个省区。在数据的时间纵向截取时，我们选择以 2003—2016 年[①] IFDI 和 OFDI 共生期作为时间跨度，以期刻画政府研发资助对跨境投资创新溢出的双向介质影响这一特征事实。一些其他相关数据来源包括：《中国科技统计年鉴》、各省区统计年鉴、Wind 资讯数据库等，表 8－1 是各变量的描述性统计。

表 8－1　　主要变量描述性统计

变量	个数	极小值	极大值	均值	标准差
inn	420	0.0521	0.9010	0.3556	0.1609
ifdi	420	0.0004	0.1051	0.0253	0.0201
ofdi	420	0.0000	0.0666	0.0031	0.0065
gov	420	0.0687	0.6081	0.2402	0.1245
urb	420	0.2264	0.9418	0.5116	0.1442
hum	420	6.2267	12.3222	8.6196	0.9775
mar	420	0.3914	0.8857	0.6806	0.1097
tex	420	0.0000	0.0519	0.0039	0.0075

（2）单位根检验。尽管本章研究所选的面板数据时间跨度不算太长，但为了有效避免宏观经济数据可能存在时间趋势干扰，我们对变量做了数据平

① 考虑到中国 IFDI 规模化增长和相关统计较早，而 OFDI 的规模化增长相对较晚，《中国对外直接投资统计公告》中数据起始于 2003 年，因此本章选择 2003—2016 年截取数据时间跨度，便于双向跨境投资研究。

稳性检验。在具体检验技术上（Kim and Perron，2009），本章选用假设存在同质面板单位根的 LLC 方法，以及假设存在异质面板单位根的 IPS 方法、ADF－Fisher 方法和 PP－Fisher 方法。四种检验结果显示（见表 8－2），本章研究选取的变量面板数据一阶平稳，满足研究需要。

表 8－2　面板单位根检验结果

变量	LLC	IPS	ADF－Fisher	PP－Fisher
Δinn	－12.5200***	－4.7077***	198.423***	257.717***
	(0.0000)	(0.0000)	(0.0000)	(0.0000)
Δifdi	－27.1235***	－12.9920***	198.503***	212.233***
	(0.0000)	(0.0000)	(0.0000)	(0.0000)
Δofdi	－13.3450***	－11.7603***	256.921***	349.624***
	(0.0000)	(0.0000)	(0.0000)	(0.0000)
Δgov	－20.7289***	－15.4883***	296.049***	376.788***
	(0.0000)	(0.0000)	(0.0000)	(0.0000)
Δurb	－49.6751***	－29.0677***	346.751***	390.224***
	(0.0000)	(0.0000)	(0.0000)	(0.0000)
Δhum	－22.5952***	－16.5211***	315.616***	415.494***
	(0.0000)	(0.0000)	(0.0000)	(0.0000)
Δmar	－11.9034***	－2.1460***	193.198***	222.139***
	(0.0000)	(0.0000)	(0.0000)	(0.0000)
Δtex	－25.3418***	－20.5909***	373.728***	516.940***
	(0.0000)	(0.0000)	(0.0000)	(0.0000)

注：*、**、*** 分别表示在 10%、5%、1% 的显著水平拒绝原假设。

（3）协整检验。进一步采用残差协整检验方法考察变量之间的均衡性，结果显示（见表 8－3），Panel ADF－stat、Panel PP－stat、Group PP－stat 和 Group ADF－stat 四个统计量均通过了 1% 的显著性水平检验，根据 Pedroni 的研究经验，当面板数据样本时间跨度小于 20 年时，主要依据 Group ADF－stat 和 Panel ADF－stat 的检验结果判断可知，各变量之间存在长期稳定的均衡关系。

表 8－3　　　　Pedroni 面板协整检验

<table>
<tr><th>检验方法</th><th colspan="2">检验假设</th><th colspan="2">检验结果</th></tr>
<tr><td rowspan="7">Pedroni 基于残差的协整检验</td><td rowspan="4">组内统计量</td><td rowspan="4">$H_0: \rho = 1$
$H_1: (\rho_i = \rho) < 1$</td><td>Panel v－stat</td><td>－4.0203 (1.0000)</td></tr>
<tr><td>Panel ρ－stat</td><td>0.0054 (0.5022)</td></tr>
<tr><td>Panel PP－stat</td><td>－2.8381*** (0.0023)</td></tr>
<tr><td>Panel ADF－stat</td><td>－3.6778*** (0.0001)</td></tr>
<tr><td rowspan="3">组间统计量</td><td rowspan="3">$H_0: \rho = 1$
$H_1: (\rho_i = \rho) < 1$</td><td>Group ρ－stat</td><td>2.2165 (0.9867)</td></tr>
<tr><td>Group PP－stat</td><td>－3.9473*** (0.0000)</td></tr>
<tr><td>Group ADF stat</td><td>－5.0618*** (0.0000)</td></tr>
</table>

注：() 表示该统计量的伴随概率值；*、**、*** 分别表示在 10%、5%、1% 的显著水平拒绝不存在协整关系的原假设。

（4）关联性分析。通过散点分布（见图 8－1）来看，政府研发资助并不利于技术创新，这一点值得警惕，如果说政府研发资助的直接创新驱动有所弱化，那么是否可以通过政府研发资助的介质影响撬动跨境投资的创新溢出效应，这也是本章所要揭示的核心问题。

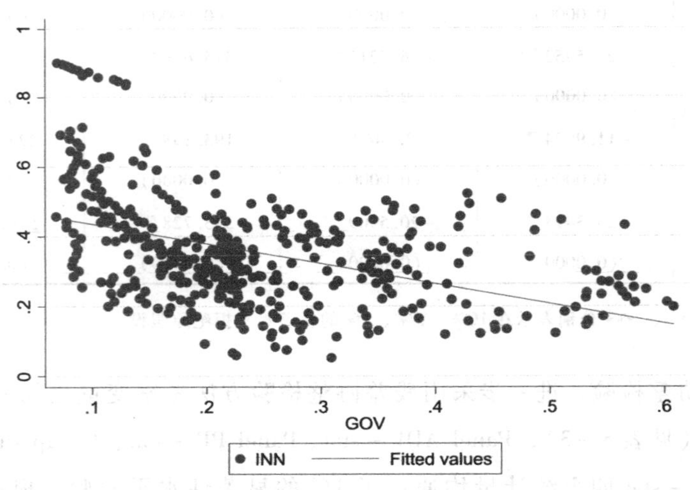

图 8－1　政府研发资助与技术创新

8.4 实证检验与结果分析

8.4.1 政府研发资助对区域创新产出的影响

首先我们通过门槛估计模型检验了政府研发资助对技术创新的直接动态影响（模型 G1－1），结果发现，政府研发资助的创新溢出具有显著的三重门槛特征（见表 8－4），在较低的政府研发资助水平时（$gov<0.0912$），技术创新溢出影响显著为负（－0.4632）；当政府研发资助水平逐步提升时，抑制性影响有所减弱；当政府研发资助水平超过 0.2501 时，技术创新溢出影响转负为正（0.0781）。这一趋势较线性负向判断更为合理，说明低水平的研发资助容易造成自主创新惰性，引发反向吞噬现象，只有高水平政府研发资助有利于激发技术创新溢出，这也反映出中国技术创新已经步入高阶攻坚期，核心技术的研发投入门槛较高，需要大规模的资金投入。

8.4.2 政府研发资助对 IFDI 创新溢出的调节影响

将政府研发资助作为门槛影响变量，研究其对双向跨境投资创新溢出的介质影响，从而发现，政府研发资助对 IFDI 创新溢出具有显著的非线性影响，低水平的政府研发资助（$gov<0.2491$）显著抑制了 IFDI 创新驱动效应，只有政府研发资助水平超过 0.2491 时，才能激发 IFDI 的正向创新溢出（0.3053）。与 IFDI 创新溢出轨的动态迹对应来看，早期“引进来”过程中技术学习与创新模仿的驱动更为有效，低水平的政府研发资助不但没有撬动放大 IFDI 的创新溢出，反而抑制了自主创新积极性，但在高强度政府研发资助下，IFDI 的技术创新溢出变得更为有效。

8.4.3 政府研发资助对 OFDI 创新溢出的调节影响

政府研发资助对 OFDI 的创新溢出影响同样存在显著的三重门槛特征，当政府研发资助水平低于 0.2501 时，OFDI 的创新溢出并不显著，只有当政府研发资助水平超过 0.2501 时，会撬动 OFDI 的正向创新溢出效应，但过高的政府研发资助对 OFDI 创新溢出的撬动作用会有所降低。这一趋势和 OFDI 动态创新溢出规律相吻合，说明政府研发资助对 OFDI 创新溢出的介质影响具有一定的共振效应，但只有在适度的区间，能够发挥撬动溢出最大化。

相应的内生性检验模型（G1 - 2、G2 - 2、G3 - 2）和稳健性检验模型（G1 - 3、G2 - 3、G3 - 3）的估计情况验证了上述结果的合理性和稳健性（见表 8 - 4、表 8 - 5）。

表 8 - 4　政府研发资助介质影响的门槛检验结果

检验模型	门槛存在性	门槛估计值	F 值	P 值	BS 次数
政府研发资助对创新驱动的动态影响模型 G1 - 1	1st门槛	0.0912	27.8186***	0.0000	500
	2nd门槛	0.1111	14.6460***	0.0000	500
	3rd门槛	0.2501	5.5142**	0.0220	500
内生检验模型 G1 - 2	1st门槛	0.0912	22.7555***	0.0000	500
	2nd门槛	0.1111	16.8759***	0.0000	500
	3rd门槛	0.2600	7.3072***	0.0100	500
稳健检验模型 G1 - 3	1st门槛	0.0853	30.9394***	0.0000	500
	2nd门槛	0.1111	17.5658***	0.0000	500
	3rd门槛	0.2501	5.3819**	0.0140	500
政府研发资助对 IFDI 创新溢出的介质影响模型 G2 - 1	1st门槛	0.0912	22.5013***	0.0000	500
	2nd门槛	0.2306	14.6803***	0.0000	500
	3rd门槛	0.2491	12.1794***	0.0060	500
内生性检验模型 G2 - 2	1st门槛	0.0912	16.6831***	0.0000	500
	2nd门槛	0.1111	16.0804***	0.0000	500
	3rd门槛	0.2575	6.8885**	0.0180	500

续表

检验模型	门槛存在性	门槛估计值	F值	P值	BS次数
稳健性检验模型G2-3	1st门槛	0.0912	26.9705***	0.0000	500
	2nd门槛	0.2078	27.7865***	0.0000	500
	3rd门槛	0.2491	9.2863***	0.0060	500
政府研发资助对OFDI创新溢出的介质影响模型G3-1	1st门槛	0.2501	13.6771***	0.0000	500
	2nd门槛	0.2745	21.3942***	0.0000	500
	3rd门槛	0.3512	6.9879***	0.0000	500
内生性检验模型G3-2	1st门槛	0.2501	8.4774***	0.0020	500
	2nd门槛	0.2892	3.9748**	0.0360	500
	3rd门槛	0.3502	14.2272***	0.0000	500
稳健性检验模型G3-3	1st门槛	0.2491	12.9952***	0.0000	500
	2nd门槛	0.2892	21.3893**	0.0000	500
	3rd门槛	0.3512	6.3355**	0.0200	500

注：*、**、***分别表示门槛检验在10%、5%、1%的显著性水平拒绝原假设。

8.4.4 政府研发资助对双向跨境投资创新溢出调节的对比分析

与政府研发资助的直接创新溢出相比，政府研发资助的撬动效应更为有效，在不同强度区间分向释放了IFDI与OFDI的创新溢出。进一步对比分析政府研发资助对IFDI与OFDI创新溢出的介质影响（见图8-2）发现，政府研发资助水平超过0.2491时有利于“引进来”的创新驱动，而高于0.2501水平时，将会撬动“走出去”的创新溢出红利，政府研发资助对两者创新溢出的撬动起点非常接近。这一情况反映了中国当前IFDI和OFDI创新溢出的主要渠道可能存在一定的重合度，国内技术跟进企业对外资企业或跨国企业的技术学习和创新模仿同样有效。当政府研发资助水平低于撬动起点时，会抑制IFDI的创新溢出，对OFDI的创新溢出影响也不显著；当政府研发资助水平超过两者的杠杆交集水平时，能够有效激励国内技术跟进企业加大研发投入，实现双向跨境投资的共轨驱动效应。而两者差异在于，政府研发资助在特定强度（0.2501 0.2745）下，对OFDI创新溢出的撬动最佳(0.9360)，鼓励积极“走出去”对创新驱动相对更为有利。

表 8-5　政府研发资助的介质影响估计结果

变量	模型 G1-1	模型 G1-2	模型 G1-3	模型 G2-1	模型 G2-2	模型 G2-3	模型 G3-1	模型 G3-2	模型 G3-3
gov-1	-0.4632*** (-4.1943)	-0.5084*** (-4.8054)	-0.5109*** (-3.7929)	—	—	—	—	—	—
gov-2	-0.2935*** (-3.5998)	-0.3194*** (-4.1279)	-0.3358*** (-3.3483)	—	—	—	—	—	—
gov-3	-0.0239 (-0.6735)	-0.0353 (-1.0553)	-0.0328 (-0.8855)	—	—	—	—	—	—
gov-4	0.0781*** (3.0382)	0.0478** (1.9761)	0.0806*** (3.2826)	—	—	—	—	—	—
ifdi	-0.2569** (-2.3919)	-0.2113** (-1.9833)	-0.3368*** (-3.1513)	—	—	—	-0.1704* (-1.6615)	-0.1825** (-1.9785)	-0.1557 (-1.3874)
ifdi-1	—	—	—	-1.1111*** (-4.2689)	-1.4173*** (-5.2096)	-1.2832*** (-3.6595)	—	—	—
ifdi-2	—	—	—	-0.2908*** (-2.7770)	-0.5003*** (-3.5209)	-0.2136* (-1.1971)	—	—	—
ifdi-3	—	—	—	-0.8638*** (-4.7798)	-0.1798* (-1.7386)	-0.6484*** (-4.1970)	—	—	—
ifdi-4	—	—	—	0.3053* (1.7376)	0.3829** (2.3602)	0.3228* (1.7560)	—	—	—

续表

变量	模型 G1－1	模型 G1－2	模型 G1－3	模型 G2－1	模型 G2－2	模型 G2－3	模型 G3－1	模型 G3－2	模型 G3－3
ofdi	0.5038***	0.7712***	0.4695*	0.5350***	0.9176***	0.5382***	—	—	—
	(2.6639)	(3.1451)	(1.8350)	(2.7548)	(3.6267)	(2.1465)			
ofdi－1	—	—	—	—	—	—	－0.0856	－0.3375	－0.0928
							(－0.3021)	(－0.3507)	(－0.4186)
ofdi－2	—	—	—	—	—	—	9.3960***	7.8367***	8.2161***
							(5.3862)	(4.5678)	(4.7845)
ofdi－3	—	—	—	—	—	—	4.3561***	2.6151***	2.4620***
							(3.7026)	(4.1891)	(4.7176)
ofdi－4	—	—	—	—	—	—	1.1285***	0.9000***	0.9540***
							(4.6935)	(3.2894)	(5.0286)
urb	0.4985***	0.5950***	0.5088***	0.4925***	0.5757***	0.4659***	0.4563***	0.5430***	0.4483***
	(14.7200)	(17.1446)	(7.5957)	(14.3203)	(16.6341)	(6.5495)	(6.4123)	(7.5633)	(5.9578)
hum	0.0362***	0.0320***	0.0359***	0.0376***	0.0340***	0.0400***	0.0363***	0.0360***	0.0359***
	(9.2848)	(8.4173)	(6.5509)	(9.4401)	(8.8730)	(6.8479)	(6.4434)	(5.1059)	(6.2367)
mar	0.2368***	0.1747***	0.2403***	0.2216***	0.1746***	0.2378***	0.2557***	0.1756***	0.2675***
	(11.2590)	(8.1581)	(7.4725)	(10.1096)	(7.9221)	(7.3711)	(7.9162)	(5.7437)	(7.7885)
tex	－0.6135***	－0.8335***	－0.5689***	－0.6838***	－0.8218***	－0.5266**	－0.6869***	－0.9422***	－0.7948***
	(－2.7974)	(－4.1175)	(－2.6297)	(－3.0095)	(－3.8217)	(－2.5196)	(－3.0175)	(－3.9113)	(－3.1386)

注：( ) 内数字是经过异方差修正得到的 t 统计量检验值；*、**、*** 分别表示所对应变量的估计系数通过 10%、5%、1% 的显著水平检验；$X-1$ 至 $X-4$ 分别为四个不同门槛区间内变量的估计系数有所不同，表示核心变量创新溢出影响的变化特征。

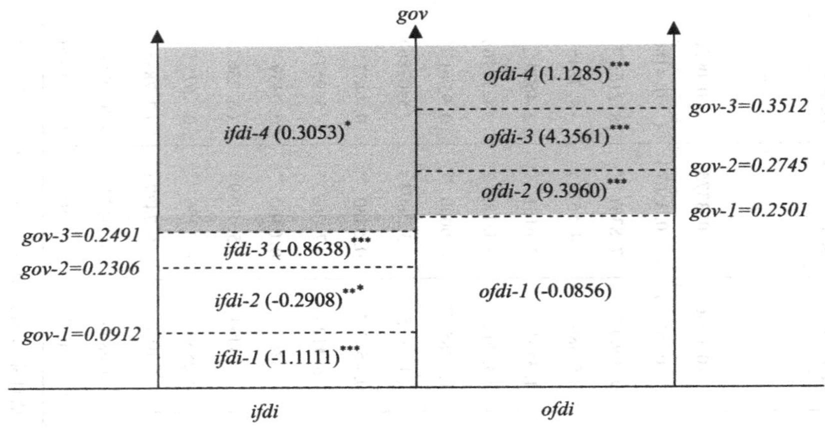

图 8-2　政府研发资助对双向跨境投资的创新溢出影响对比

注：灰色部分为显著正向创新溢出区间。

8.4.5　政府研发资助撬动跨境投资创新溢出的空间异质性分析

传统地理经济影响下，东中西部地区发展水平差异较大，政府研发资助强度不一，技术创新能力参差不齐，新时代中国经济高质量发展强调协调进步，由此我们划分东中西部地区，研究政府研发资助撬动双向跨境投资创新溢出的空间异质性，有助于提出动态异化的政策启示。

从政府研发资助对技术创新的直接影响来看（见表 8-6），东部地区政府研发资助普遍抑制了技术创新，反映出东部地区企业规模和数量优势明显，技术创新水平相对较高，已经步入自主创新驱动型发展模式，在相对较为完善的市场竞争环境中，低水平的政府研发资助更多给予中小企业，破坏了自主创新积极性，即便提高政府研发水平也难以有效激励区域创新发展。中部地区较低水平的政府研发资助同样显著抑制了区域技术创新，当政府研发资助水平超过 0.0246 时，对技术创新的影响变得不显著，这一结果说明中部地区的政府研发资助难以直接释放创新溢出。西部地区的政府研发资助水平处于［0.2618 0.2745］区间时，对技术创新具有积极影响，说明西部地区的技术创新基础相对较弱，政府研发资助在一定程度能够引领带动企业加大研发力度，提高区域技术创新积极性。整体来看，三大地区政府研发资助对技术创新呈现出较为普遍的不利影响，这和全国层面的估计结果类似，说明新时代中国的创新驱动逐渐转向市场化，政府的直接创新投入影响趋弱，要寻找更加精准的研发资助通道，集约化提高财政资金使用效率，重点引导核心技术创新突破。

表 8－6　　研发资助对技术创新影响的空间异质性

检验模型	门槛特征	东部地区	中部地区	西部地区
政府研发资助对技术创新的直接影响	gov_0^1 区间	<0.0918	<0.2467	<0.1951
	gov－1	－0.6825***	－0.1551**	－0.0663
		(－4.4925)	(－2.1164)	(－0.8055)
	gov_1^2 区间	(0.0918　0.1193)	(0.2467　0.2813)	(0.1951　0.2618)
	gov－2	－0.4732***	－0.0861	0.0072
		(－4.3372)	(－1.2131)	(0.1440)
	gov_2^3 区间	(0.1193　0.2582)	(0.2813　0.3152)	(0.2618　0.2745)
	gov－3	－0.1367**	－0.0217	0.1088**
		(－2.1384)	(－0.3504)	(2.2446)
	gov_3^4 区间	>0.2582	>0.3152	>0.2745
	gov－4	0.0052	0.0361	0.0154
		(0.1152)	(0.4722)	(0.4299)

注：() 内数字是经过异方差修正得到的 t 统计量检验值；*、**、*** 分别表示所对应变量的估计系数通过 10%、5%、1% 的显著水平检验；gov_n^{n+1} 表示政府研发资助的不同门槛区间；gov－1 至 gov－4 分别为四个不同门槛区间内政府研发资助对创新溢出的估计系数有所不同；各个控制变量估计系数与之前高度一致，不再显示赘述。

不同地区政府研发资助对跨境投资创新溢出的介质影响具有显著空间异质性，东部地区（见图 8－3）政府研发资助水平低于 0.2582 时，抑制了 IFDI 创新溢出，提高政府研发资助水平也难以激发正向 IFDI 创新溢出，反映出东部地区本身市场化经济优势明显，区域整体技术创新水平相对较高，大型创新型企业数量众多，招商引资企业的技术创新优势相对有限，因而现阶段“引进来”对东部地区的创新驱动不足，造成政府研发资助的吞噬效应。从 OFDI 维度来看，低水平的政府研发资助（$gov<0.1762$）对 OFDI 创

新溢出的介质影响并不显著，但提高政府研发资助水平时，能够有效撬动OFDI的正向创新溢出，并且这种撬动影响具有显著非线性特征，政府研发资助强度处于（0.1762 0.3177）区间时，对OFDI的创新溢出的撬动效果最佳，当政府研发资助水平逐步提升时，对OFDI创新溢出的撬动效应有所弱化，但依然显著为正。对比说明，东部地区“走出去”积极性较高，政府研发资助应倾斜鼓励企业通过对外投资并购，广泛虹吸先进国家的技术势差，参与国际市场竞争，提升自身创新水平，政府研发资助在这一过程中能够有效激励企业加大研发投入力度，加快逆向创新溢出，并引导国内企业技术学习和创新模仿，整体提升区域创新水平。

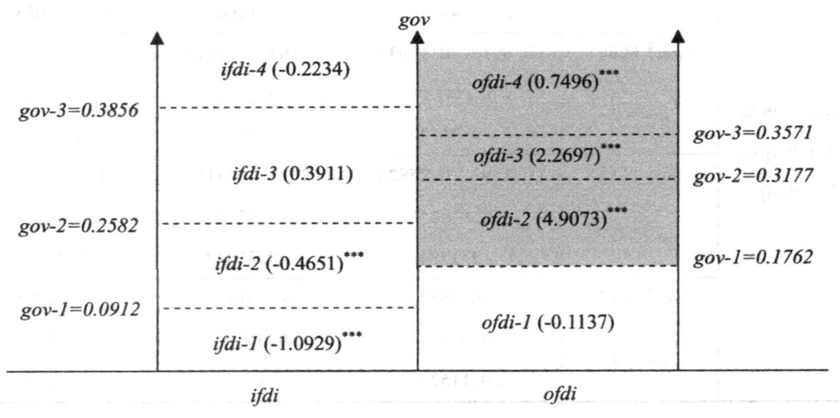

图8－3　东部地区政府研发资助对双向跨境投资的创新溢出影响对比

中部地区政府研发资助对双向跨境投资创新溢出的介质影响较为复杂（见图8－4），当政府研发资助水平低于0.2813时，可能成为中小企业的免费午餐，容易造成创新惰性，从而抑制区域技术创新，小幅提高政府研发资助水平依然难以释放IFDI的创新溢出，只有当政府研发资助水平超过0.3565时，才能有效撬动IFDI的正向创新溢出，这说明中部地区的招商引资在一定程度依然有利于驱动创新，需要借助高强度的政府研发资助激励国内企业对先进外资企业的技术追赶。中部地区“走出去”过程中，政府研发资助在较低水平（$gov<0.1721$）和较高水平（$gov>0.3054$）时，能够有效撬动OFDI的正向创新溢出，在其他区间抑制了OFDI的创新驱动。这说明政府研发资助在OFDI初期阶段，能够有效鼓励企业迈开“走出去”步伐，寻求外部技术势差虹吸；但是当OFDI引致研发投入逐渐增长时，政府研发资助会降低企业自主创新投入积极性，对创新溢出产生了不利影响；进一步提升政府研发资助到更高的临界水平后，高额政府资助有助于大型OFDI跨国企业开展核心技术研发，从而能够撬动OFDI的正向创新溢出。两者对比发现，中部地区具有一定的创新基础，政府研发资助撬动下，“引进来”与“走出去”都会在不同程度释放正向创新溢出，但出于系统优化考虑，定位更高强度的政府研发资助能够同时撬动IFDI与OFDI双向共轨创新溢出，这是中部地区创新驱动的最佳策略。

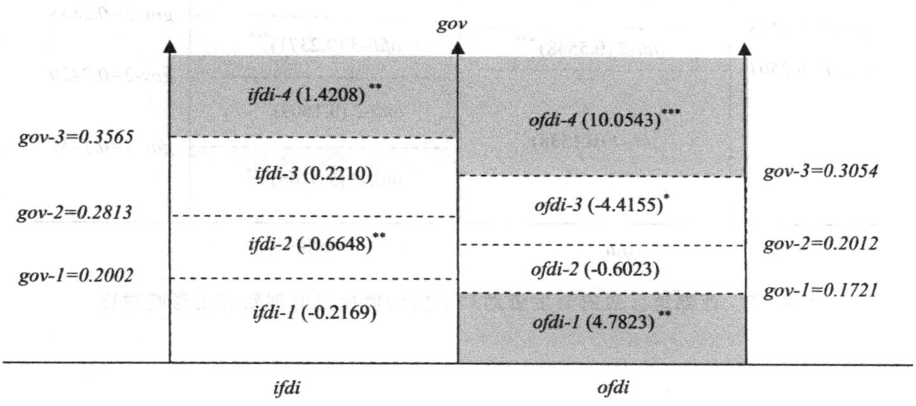

图8-4　中部地区政府研发资助对双向跨境投资的创新溢出影响对比

西部地区的政府研发资助对双向跨境投资创新溢出的影响较为积极（见图8-5），在（0.2501 0.2745）区间或超过0.3395时，均会撬动IFDI的正向创新溢出，在其他水平对IFDI创新溢出的影响并不显著，这一情况反映了西部地区经济发展水平和技术创新基础相对较弱，外资企业带来的技术势差依然有一定吸收空间，政府研发资助在某种程度能够激励中小企业加大研发投入，加快对先进外资企业的技术学习和创新模仿，借助“引进来”驱动区域创新发展。西部地区“走出去”过程中，政府研发资助在不同门槛区间普遍有助于释放OFDI创新溢出，但过高强度的政府研发资助对OFDI创新溢出的撬动影响有所弱化，在（0.2420 0.2838）水平时，能够撬动OFDI的最优创新驱动（9.2371）。对西部地区来说，“引进来”所依赖的最佳政府研发资助区间为（0.2501 0.2745），“走出去”的最佳政府研发资助撬动区间为（0.2420 0.2838），两者存在交集空间，这为西部地区在财力有限的情况下，提高财政资金使用效率，借助双向跨境投资加快创新追赶提供了一条捷径。

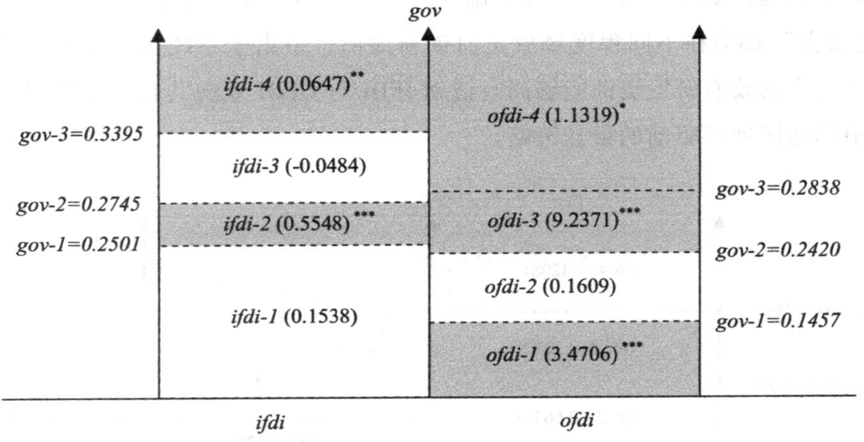

图 8－5　西部地区政府研发资助对双向跨境投资的创新溢出影响对比

8.5　小结

本章以 IFDI 与 OFDI 双向跨境投资的共轨创新驱动为视角，阐释政府研发资助对跨境投资创新溢出的介质影响机制，并进一步分析政府研发资助的双向撬动关系，设计动态门槛模型和动态介质影响模型，以省际面板数据实证检验双向跨境投资的创新溢出规律以及政府研发资助的介质影响。结果发现，双向跨境投资对技术创新的影响并非静态线性，IFDI 创新溢出是一个由强到弱的过程，而 OFDI 创新溢出呈现出先抑后扬的“U”形规律，双向共轨驱动下，初期 IFDI 比例过高不利于技术创新，后期 OFDI 比例提升则有利于弱化 IFDI 的创新抑制效应。同时，政府研发资助对技术创新的直接影响存在“U”形特征，只在高强度区间有利于激励技术创新。政府研发资助对双向跨境投资创新溢出的中介效应较直接驱动更为有效，但具有时空分异趋势，只有强度高于 0.2491 水平时能够撬动 IFDI 的创新溢出，强度进一步提升超过 0.2501 时能够有效释放 OFDI 的创新溢出；相较而言，在（0.2501 0.2745）区间时对“走出去”的创新溢出撬动最优。上述结论在内生性检验和稳健性检验下依然成立。进一步研究还发现，政府研发资助对跨境投资创新溢出的介质影响存在显著空间异质性，东部地区政府研发资助明显抑制了 IFDI 创新溢出，但会有效撬动 OFDI 创新溢出；中部地区政府研发资助在不同强度时对 IFDI 与 OFDI 的创新溢出会产生差异性的介质影响，而在高强度门槛区间有利于双向撬动 IFDI 与 OFDI 的创新溢出；西部地区政府研发资助对跨境投资创新溢出的撬动影响在 IFDI 和 OFDI 方向都会有所释放，但只在中等适度水平会同时撬动 IFDI 与 OFDI 的双向共轨创新溢出。

第9章 知识产权价值激励对双向跨境投资创新溢出的调节影响

双向跨境投资共轨演化过程中，通过外资引进与IFDI企业学习和更早"走出去"建立OFDI优势的企业，培育了一定的技术创新竞争力，反过来寄希望于提高国内知识产权保护（IPR）强度，将创新溢出转化为国内技术壁垒优势；而国内更多的上下游企业和技术跟进企业出于技术学习和创新模仿需要，希望能够保持相对宽松的知识产权保护环境，有利于加快跨境投资创新溢出的吸收扩散。这一矛盾引发的思考是，知识产权保护是否会影响跨境投资创新溢出效应？如果有影响，进一步试问这种影响具有何种内在特征和外部规律，在什么样的知识产权保护强度下更有利于激发中国双向跨境投资逆向创新溢出效应？深入剖析这些问题，对制定科学合理的知识产权策略，吸引高技术含量外资企业引入，鼓励中国企业大胆"走出去"争取技术进步，促进国内企业吸收转化跨境投资的创新溢出红利，提高新时代中国技术创新水平，具有重要研究价值。

9.1 相关文献梳理

影响外资引入IFDI及其创新溢出的因素较多，国家间的制度差异成为新的关注点。Liang 和 Xue（2010）提出加强知识产权保护有助于吸引外资，但是否能够激励区域的技术创新水平还有待验证。Keupp 等（2009）认为中国应该加强知识产权保护，建立公平有效的技术交易政策，维护外资企业的创新价值，当然，这一观点更多出于维护发达国家竞争优势的本位视角。国内学者胡立君与郑玉基（2014）认为，鉴于技术引入的门槛效应，加强知识产权价值激励，将有利于中国吸引外资和产业升级。丁艳（2020）则认为，知识产权保护、外资引入、专利产出之间具有较为复杂的交互关系，IFDI 更有利于激励发明型专利，而知识产权保护更有利于激励实用新型专利。

国外学者更早关注到创新制度与 OFDI 之间的联系。Mansfield（1994）认为，本国知识产权保护有利于 OFDI 跨国公司建立技术优势，从而获取更高的对外投资回报。Braga 和 Fink（2000）从另外一个角度提出，资本输出国如果建立了完善的知识产权制度，本国企业则更易于依赖单纯的技术优势，以技术转让创造收益，替代对外直接投资，不利于 OFDI 发展。上述研究立足发达国家自身利益，研究内容集中在发达国家向发展中国家的 OFDI，与中国的现实发展差异较大。国内学界关于知识产权保护对 OFDI 的影响研究较少。李青和钟祖昌（2017）认为参与国际专利合作协定（PCT）将会帮助中国 OFDI 跨国公司建立技术竞争优势。刘晶和武娜（2015）进一步提出，提高知识产权保护强度，缩小和被投资国家之间的知识产权保护差异，有利于促进中国 OFDI 发展。其他一些文献虽然提到 OFDI 会受到知识产权保护等多重因素影响，但并未更深一步探讨知识产权保护是否会影响 OFDI 的逆向创新溢出效应。

文献梳理发现，已有研究合理解释了中国改革开放初期的历史情况，由于缺乏经济基础，产业技术相对落后，依靠外资引入帮助中国健全工业体系，而国内企业通过吸收学习外资先进技术经验，培育提升自身技术创新能力。但随着国内经济发展和技术进步，外资引入的创新优势逐渐弱化，而对外投资“走出去”成为新的跨境投资溢出通道。为了找到影响跨境投资创新溢出的影响因素，诸多学者从投资地域选择、地方技术吸收水平、人力资本要素等方面做了深入研究（杨世迪等，2017）。但对知识产权的关注依然有限，尚乏解释框架和经验依据。

9.2 理论机制

9.2.1 知识产权激励对 IFDI 创新溢出的影响

国家间的政策差异会影响内外技术势差，从而改变 IFDI 的创新虹吸效应。知识产权政策是 IFDI、技术扩散与交易的关键影响因素（徐盈之和王晶晶，2017），如果发展中国家知识产权保护较弱，IFDI 的先进技术（T_2）植入意愿则会降低，缩小 IFDI 创新虹吸空间（S_1）；反之，若发展中国家的知识产权环境与发达国家较为接近，发达国家 IFDI 将可能植入本国先进产业技术，提高竞争优势的同时扩充 IFDI 创新虹吸空间（S_1+S_2）。为了便于揭示知识产权价值激励对 IFDI 创新虹吸的影响，我们首先构建一个简单的创新投入产出模型：

$$I=\alpha L+\beta K \tag{9-1}$$

其中，I 表示区域创新产出；L 表示研发过程中的智力投入，α 表示智力投入的产出系数；K 表示研发过程中的资本投入，β 是研发资本投入产出系数。

假设区域创新发展由外资引入和内资投入双重驱动，整体研发投入 K 包括内资（K_d）和外资（K_{ifdi}），即 $K=K_d+K_{ifdi}$；同时，假设外资和内资研发智力投入同质，由于创新经验差异，内资研发投入的创新产出系数和外资研发投入创新产出系数有所不同，则有：

$$I\begin{cases}I_d=\alpha_d L_d+\beta_d K_d\\ I_{ifdi}=\alpha_{ifdi}L_{ifdi}+\beta_{ifdi}K_{ifdi}\end{cases} \tag{9-2}$$

考虑到内外技术势差的影响，以创新投入产出系数为参照系，设定 $\Delta T=\beta_{ifdi}/\beta_d$。当外资技术水平低于或等于内资时，即 $\Delta T\leqslant 1$ 时，外资缺乏技术竞争力，难以进入国内市场。当外资研发投入创新产出系数高于内资时，即 $\Delta T>1$，外资进入能够有效提升国内产业水平，并且带动国内技术学习，衍生了 IFDI 的外溢效应 $\beta_d \rightarrow \beta_{ifdi}$。

创新投入产出过程中，政策影响因素较多，其中知识产权环境对技术创新活动影响较为明显（庄子银和李宏武，2018），知识产权制度完善，市场公平竞争，技术价值得以维护，则有利于资本流动和技术交易，激励创新产出；反之，知识产权价值难以实现回报，则会抑制技术创新积极性。可见，知识产权激励存在较为复杂的外生影响，我们以知识产权价值激励（ipr）作为调节变量 $I(ipr)$，引入区域创新投入产出函数，则有：

$$I\begin{cases} I_d = \alpha_d L_d + \beta_d K_d I(ipr) \\ I_{ifdi} = \alpha_{ifdi} L_{ifdi} + \beta_{ifdi} K_{ifdi} I(ipr) \end{cases} \tag{9-3}$$

模拟双向调节可知，强化知识产权激励（$ipr\uparrow$）将更有利于维护外资技术优势，鼓励外商提高投资强度，扩大技术势差，通过技术转让实现更高的价值回报（$I_{ifdi}\uparrow$）；但同时，加强知识产权保护，提高了“技术搭便车”成本，可能会降低国内技术模仿和创新学习积极性，弱化外资引入的技术外溢效应（$I_d\downarrow$）。反过来，弱化知识产权保护（$ipr\downarrow$），将有利于释放技术模仿和创新学习空间（$I_d\uparrow$），但会抑制外资开放引入技术植入积极性（$I_{ifdi}\downarrow$），造成内外技术势差逐步降低的“雁行模式”局限。可见，外资开放引入过程中，知识产权价值激励作为外生因素，会双向影响 FDI 的技术植入意愿和国内企业的技术研发积极性，从而嵌入创新投入产出函数，并改变研发投入的创新产出系数，从而形成内生激励，影响 IFDI 的创新虹吸效应。可见，开放经济框架内，区域创新发展由 FDI 企业和国内企业共生驱动，而知识产权价值激励对 FDI 技术植入和国内企业研发活动具有双向异化调节作用，“促进论”与“抑制论”可能存在较为复杂的共轨机制。

9.2.2 知识产权激励对 OFDI 创新溢出的影响

由于 OFDI 逆向创新溢出具有双层涟漪特点，从而造成知识产权保护双维度影响的复杂性：一是对 OFDI 跨国公司由外向内逆向创新虹吸的影响；二是对国内上下游企业和技术跟进企业创新溢出吸收扩散的影响，鉴于此，我们通过知识产权保护强度双向调节模拟，推演两个不同维度的影响机理。

传统知识产权理论认为，提高知识产权保护强度，有利于维护技术竞争和市场公平，激发企业研发积极性，从而提升创新水平（吴超鹏和唐菂，2016）。在这一逻辑解释下，对于OFDI跨国公司而言，加强区域知识产权保护，提高地方监督执法力度，严惩技术盗用和专利侵权，鼓励技术公平交易，有利于OFDI跨国公司国外研发创新成果回流转化，在国内申请技术专利，建立技术壁垒优势，提升OFDI跨国公司持续创新积极性。此外，完善知识产权制度，参与国际专利合作，有利于OFDI跨国公司通过技术创新和专利保护培育国际竞争优势。由此可见，加强知识产权保护，能够促进OFDI跨国公司逆向创新虹吸，从而带动国内技术创新提升。反之，降低区域知识产权保护强度，放松监管约束，可能诱发大规模技术复制和创新惰性，甚至滋生技术盗用，破坏技术市场公平交易，从而抑制OFDI跨国公司逆向创新虹吸和国内技术转化积极性，不利于技术创新提升。

根据创新溢出理论的相关解释（Coe和Helpman，1995）OFDI跨国公司实现逆向创新提升后，会进一步促进国内知识扩散和创新互动，为上下游企业和技术跟进企业塑造创新溢出吸收环境，在这一维度，较为宽松的知识产权保护有助于缓解技术壁垒限制，降低技术交易成本，促进技术学习和创新模仿，从而加快国内创新溢出吸收扩散。反之，提高知识保护强度，则不利于上下游企业和技术跟进企业的技术学习和创新模仿，抑制OFDI逆向创新溢出的国内吸收扩散，阳立高等（2013）认为这是中国知识产权保护影响的特殊两面性。

推演发现，知识产权保护对中国OFDI逆向创新溢出两个层次的影响方向相反，此消彼长，交汇融合形成知识产权保护对OFDI逆向创新溢出的综合影响（见表9－1），结果难以单向推断。由此提出本章的第二个研究假设H2：知识产权保护会动态影响中国OFDI逆向创新溢出效应，即在不同的知识产权保护强度调节下，OFDI逆向创新溢出效应可能存在某种差异。

表9－1　知识产权保护对OFDI创新溢出的影响推演

IPR强度变化模拟	由外向内逆向创新虹吸	内部创新溢出吸收扩散	综合影响结果
提高IPR强度	提升	降低	—
降低IPR强度	降低	提升	—

9.2.3 知识产权激励对双向跨境投资创新溢出的共轨调节机制

双维度推理发现，知识产权价值激励对 IFDI 和 OFDI 的创新溢出存在差异性调节影响，低强度知识产权价值激励有利于国内企业模仿吸收跨境投资企业的技术创新水平，实现内循环溢出效应，改革开放初期的“市场换技术”，即释放了低强度知识产权价值激励的虹吸红利。但同时，低强度知识产权不利于保护企业的技术竞争力，广受优势企业诟病，导致高技术行业企业不愿进入国内市场，出现招商引资 IFDI 的技术瓶颈，外资开放引入停留在中低端价值链，从而造成溢出低效问题，这是低强度知识产权价值激励的不利影响。同时，缺乏知识产权保护也可能迫使那些无法实现技术优势回报的技术型企业“走出去”，在知识产权保护更为完善的外部市场寻求创新发展，实现技术创新优势后，由于忌惮国内知识产权保护不完善，而放弃国内市场，这对国内创新发展将造成抑制性瓶颈。

提高知识产权保护强度，加大激励水平，在一定程度有利于吸引外资企业进入国内市场，但是，由于知识产权保护，国内企业对 IFDI 企业的技术模仿学习受限，无法实现有效溢出，则可能出现 IFDI 创新溢出陷阱，国外优势企业形成技术垄断，挤压国内企业技术竞争空间，保护本国企业竞争优势是发达国家要求发展中国家提高知识产权保护的核心诉求。与此同时，提高知识产权价值保护，有利于激励国内企业积极“走出去”，通过 OFDI 投资发达国家，吸收国外先进技术资源，形成创新虹吸，反哺自身技术创新能力，在国内实现技术竞争力提升，与 IFDI 企业形成良性竞争，整体带动国内创新发展。当然，需要关注的是，如果知识产权保护过于苛刻，则会破坏国内企业与跨国企业之间的溢出纽带，造成“马太效应”，不利于整体创新水平进步。

由此来看，由于双向跨境投资的创新溢出机制较为复杂，造成知识产权价值激励的共轨影响难以单向判断，可能存在非线性演化关系，需要进一步的经验识别和系统揭示。

9.3 研究设计

9.3.1 计量模型

为考察知识产权价值激励对 IFDI 创新溢出的调节影响，引入知识产权价值水平（ipr_{it}）作为调节变量，从而得到知识产权价值激励对外资开放引入创新虹吸的非线性影响估计模型：

$$inn_{it} = \alpha_1 ifdi_{it} \cdot I(ipr_{it} \leqslant \gamma_1) + \alpha_2 ifdi_{it} \cdot I(ipr_{it} > \gamma_1) + \cdots + \alpha_{2n-1} ifdi_{it} \cdot I(ipr_{it} \leqslant \gamma_n) + \alpha_{2n} ifdi_{it} \cdot I(ipr_{it} > \gamma_n) + \theta_n C_n + \varepsilon_{it} \quad (9-4)$$

式（9-4）中，γ 表示知识产权价值的不同门槛值，$I(ipr_{it})$表示检验知识产权价值激励门槛 γ 是否存在的假设函数，以此考察知识产权价值激励在不同强度时，IFDI 创新溢出的动态轨迹。

进一步考察知识产权保护对 OFDI 逆向创新溢出效应的调节影响，将知识产权保护强度（ipr_{it}）作为门槛变量，引入 OFDI 逆向创新溢出门槛估计模型，得到知识产权保护影响门槛估计模型：

$$inn_{it} = \alpha_1 ofdi_{it} \cdot I(ipr_{it} \leqslant \gamma_1) + \alpha_2 ofdi_{it} \cdot I(ipr_{it} > \gamma_1) + \cdots + \alpha_{2n-1} ofdi_{it} \cdot I(ipr_{it} \leqslant \gamma_n) + \alpha_{2n} ofdi_{it} \cdot I(ipr_{it} > \gamma_n) + \theta_1 urb_{it} + \theta_2 mar_{it} + \theta_3 fdi_{it} + \theta_4 hum_{it} + \theta_5 tei_{it} + \mu_i + \varepsilon_{it} \quad (9-5)$$

9.3.2 变量选取

基于计量模型设计和研究需要，相关变量选取与数据来源说明见表 9-2。

表9-2 相关变量设定与测算说明

类型	名称	测算方法及依据	数据来源
解释变量	外资引进水平（*ifdi*）	外商直接投资是国民经济的重要组成，FDI统计分为流量数据和存量数据，本章选取各省区外商直接投资额流量数据与同期该区域GDP的比值测算，以反映外资引入的动态变化趋势	《中国统计年鉴》《各省区统计年鉴》
	对外投资水平（*ofdi*）	选取中国OFDI的存量数据，以降低数据的短期波动影响，效仿刘焕鹏和严太华（2015）的做法，选择各省份对外直接投资存量与同期该地区GDP的比重衡量该省份的对外直接投资水平，该指标数值越大，说明该地区的OFDI水平也就越高。在OFDI自变影响门槛估计模型中，不仅作为核心解释变量，同时也作为门槛变量	《中国对外直接投资统计公报》
被解释变量	创新水平（*ine*）	已有研究对区域创新水平的评价指标选择不一，授权专利是受法律保护的技术创新成果，研究中统计口径统一，专利授权数量能够直接反映区域的创新产出情况，由此我们以各省区专利授权数量取对数表征区域创新水平	《科技统计年鉴》
调节变量	知识产权价值（*ipr*）	知识产权价值鲜有量化评价标准，但通过知识产权价值激励能够有效降低技术侵权和搭便车行为，鼓励通过技术创新和技术交易获得创新回报，从而逆向驱动区域创新发展（张勋和乔坤元，2016），我们以各省区技术市场成交额与同期该区域GDP的比值测算知识产权价值贡献，这一指标能够合理反映知识产权保护的积极影响，通过效用评价解释知识产权价值激励水平，知识产权价值含量越高，激励更为有效，则技术交易的经济贡献度也就越大	《科技统计年鉴》

续表

类型	名称	测算方法及依据	数据来源
调节变量	知识产权价值（*ipr*）	调解变量（知识产权价值）选择知识产权技术交易交易额的经济贡献，解释变量（创新水平）选择区域技术专利授权数量，相应区别在于，创新水平反映的是规模效应，关注区域创新活动的产出数量，而知识产权价值反映的是技术交易价值与激励水平，关注的是效用质量评价；两者之间的逻辑关系在于，知识产权的重视程度与激励水平越高，有利于抑制技术侵权，技术交易活跃度则会提升，技术价值得以充分体现，从而逆向驱动技术创新活动，提高专利产出规模，加速区域创新发展	《科技统计年鉴》
控制变量	政府研发资助强度（*gov*）	政府干预是区域创新发展的重要影响因素，计量研究中需要尽可能控制内部因素，因此我们引入政府研发资助作为控制变量，以该当年政府研发支出占整体研发投入的比重测算（Szczygielski 等，2017）	《科技统计年鉴》
	国外技术引进水平（*tei*）	国外技术引进和外资引进都可能形成技术势差导入，为了避免双向干扰，我们将国外技术引进水平作为控制变量，测算选取各省份当年国外技术引进合同金额与 GDP 比值作为评价指标	《科技统计年鉴》
	贸易开放度（*tra*）	贸易开放度是 FDI 的前置影响因素，对 FDI 的创新虹吸效应存在迭代效应，引入作为模型控制变量，具体测算时选取各省份当年进出口贸易总额与 GDP 比值作为评价指标	《中国统计年鉴》
	税负强度（*tax*）	为了加大外资引入，从国家到地方给予大幅税收优惠，这对 FDI 及其驱动虹吸可能产生一定的激励作用，我们选取各省份当年增值税与所得税之和与 GDP 比值测算	《中国统计年鉴》

续表

类型	名称	测算方法及依据	数据来源
控制变量	经济发展水平（*gdp*）	实证研究中的控制变量难以穷尽，考虑到区域经济发展水平能够涵盖多重因素，将其纳入控制变量有助于降低内生性干扰，指标测算时，以各省区当年 GDP 数值标准化处理	《中国统计年鉴》
	城市化水平（*urb*）	城市化是影响区域创新发展重要基础，我们以该地区年末城镇人口在总人口中所占的比例测度城市化水平，以此评价区域创新的基础条件	《中国统计年鉴》
	市场化经济程度（*mar*）	城市化水平是中国创新发展的有利条件，选择区域非国有经济主体在全社会固定资产投资的比重来反映城市化经济程度，以此评估创新发展的市场化水平	《中国统计年鉴》
	人力资本条件（*hum*）	地区人力资源水平是创新发展的重要智力基础，我们采用该地区平均受教育年限量化衡量，检验区域创新发展中的人力资本条件	《中国统计年鉴》

为保证相关统计数据口径一致，同时考虑到数据的可获得性，本研究选择的省际面板数据剔除了西藏、港、澳、台等省区，最终数据来源于30个省份2006—2018年的数据，相应描述性统计见表9-3。

表9-3　　描述性统计结果

变量	个数	极小值	极大值	均值	标准差
ine	390	4.575	12.715	9.301	1.575
fdi	390	0.000	0.082	0.023	0.018
ipr	390	0.000	0.160	0.010	0.023
gov	390	0.069	0.608	0.240	0.130
tex	390	0.000	0.052	0.003	0.007
tra	390	0.009	10.875	0.339	0.669

续表

变量	个数	极小值	极大值	均值	标准差
tax	390	0.011	0.105	0.027	0.014
gdp	390	0.000	1.000	0.193	0.176
hum	330	6.594	12.322	8.752	0.967
urb	330	0.275	0.896	0.532	0.138
mar	330	0.440	0.886	0.703	0.103

9.3.3 数据检验

（1）多重共线性检验。模型设计中，控制变量引入可能衍生多重共线性问题和内生性影响，需要对引入控制变量进行多重共线性检验，结果显示，方差膨胀系数（VIF）为1.61，远小于10，说明模型设计合理控制了多重共线性影响。

（2）单位根检验。为了避免模型中宏观经济数据可能存在的时间趋势干扰，我们对数据做了单位根检验，具体方法选择了同质面板单位根的LLC方法和Breitung t－stat方法，以及假设存在异质面板单位根的IPS方法、ADF－Fisher方法和PP－Fisher方法。单位根检验结果显示，研究所选面板数据多为一阶平稳（见表9－4）。

表9－4　面板单位根检验结果

变量	LLC	Breitung t－stat	IPS	ADF－Fisher	PP－Fisher
Δine	－11.230***	－5.168***	－5.110***	151.268***	182.828***
	(0.000)	(0.000)	(0.000)	(0.000)	(0.000)
Δfdi	－15.832***	－3.000***	－7.608***	197.191**	192.500***
	(0.000)	(0.001)	(0.000)	(0.000)	(0.000)
Δipr	－11.687***	－2.415***	－5.580***	152.418***	185.692***
	(0.000)	(0.008)	(0.000)	(0.000)	(0.000)
Δgov	－17.977***	－5.161***	－7.639***	192.334***	214.440***
	(0.000)	(0.000)	(0.000)	(0.000)	(0.000)

续表

变量	LLC	Breitung t - stat	IPS	ADF - Fisher	PP - Fisher
Δ*tex*	-24.879*** (0.000)	-4.372*** (0.000)	-10.568*** (0.000)	236.046*** (0.000)	-297.798*** (0.000)
Δ*tra*	-14.179*** (0.000)	-4.876*** (0.000)	-6.590*** (0.000)	177.202*** (0.000)	211.448*** (0.000)
Δ*tax*	-13.847*** (0.000)	0.524 (0.700)	-7.371*** (0.000)	174.983*** (0.000)	200.349*** (0.000)
Δ*gdp*	-4.964*** (0.000)	-2.442*** (0.007)	-0.778 (0.218)	61.325 (0.428)	52.199 (0.753)
Δ*hum*	-14.591*** (0.000)	-12.212*** (0.000)	-3.927*** (0.000)	14.719*** (0.000)	167.387*** (0.000)
Δ*urb*	-7.107*** (0.000)	-4.327*** (0.000)	-1.092 (0.137)	81.885** (0.032)	90.304*** (0.007)
Δ*mar*	-14.604*** (0.000)	0.202 (0.580)	-2.570*** (0.005)	103.163*** (0.000)	105.022*** (0.000)

注：*、**、*** 分别表示在 10%、5%、1% 的显著水平拒绝原假设。

（3）协整检验。进一步选择 Pedroni（1999）的协整检验方法考察被解释变量与核心变量的均衡关系，其中 Panel 检验基于联合组内尺度进行描述，Group 检验使用组间尺度来描述。面板协整检验的结果见表 9-5，反映了核心变量之间存在长期稳定的均衡关系。

表 9-5　　面板数据协整检验结果

检验方法	检验假设		检验结果	
Pedroni 基于残差的协整检验	组内统计量	$H_0: \rho=1$ $H_1: (\rho_i=\rho) < 1$	Panel v - stat	17.695***（0.000）
			Panel ρ - stat	2.385（0.992）
			Panel PP - stat	-7.514***（0.000）
			Panel ADF - stat	-3.135***（0.001）
	组间统计量	$H_0: \rho=1$ $H_1: (\rho_i=\rho) < 1$	Group ρ - stat	4.908（1.000）
			Group PP - stat	-13.222***（0.000）
			Group ADF stat	-4.675***（0.000）

注：() 中检验结果表示该统计量的伴随概率值。

9.4 实证研究结果与分析

9.4.1 知识产权价值激励对 IFDI 创新溢出的非线性调节影响

（1）门槛调节模型估计结果。知识产权价值激励（*ipr*）对 IFDI 创新溢出的调节作用具有显著的非线性特征（见表 9－6 模型 D1－1），存在单一门槛（0.0038）、双重门槛（0.0056）和三重门槛（0.0160）。结合动态估计结果（见表 9－7 中模型 D1－1）发现，知识产权价值激励水平低于 0.0038 时，外资引入对区域创新产出的影响弹性系数显著为负，说明较低强度的知识产权价值激励作用有限，未能有效撬动自主创新，国内企业更愿意通过技术模仿追求短期获利，不利于创新进步。当知识产权价值激励强度逐渐提升后，在（0.0038 0.0056）和（0.0056 0.0160）区间时，对区域创新发展的影响变得不显著。但是当知识产权价值激励强度超过 0.0160 后，有效扭转了 IFDI 的负向创新溢出瓶颈，外资引入开始释放积极的创新虹吸效应。这一结果说明，知识产权价值激励强度提高到一定程度，能够限制“技术搭便车”和知识侵权，鼓励自主创新，通过技术交易获利，加快区域创新水平提升；另一方面，有效激励下，IFDI 企业将愿意提高技术含量，扩大外资引入的创新虹吸空间，带动区域创新发展。

表 9－6　全国层面 IFDI 创新溢出及知识产权价值激励的门槛检验结果

门槛模型	门槛检验	估计值	F 值	P 值	BS 次数
知识产权激励对 IFDI 创新溢出的调节影响模型 D1－1	单一门槛	0.0038	10.205***	0.000	500
	双重门槛	0.0056	13.229**	0.000	500
	三重门槛	0.0160	11.428***	0.002	500

续表

门槛模型	门槛检验	估计值	F 值	P 值	BS 次数
内生性检验模型 D1－2	单一门槛	0.0008	10.346***	0.000	500
	双重门槛	0.0011	6.846**	0.012	500
	三重门槛	0.0160	3.672**	0.044	500
稳健性检验模型 D1－3	单一门槛	0.0037	8.474***	0.004	500
	双重门槛	0.0056	9.239***	0.000	500
	三重门槛	0.0150	8.878***	0.000	500

表 9－7　全国层面双向跨境投资创新溢出及知识产权价值激励的非线性调节效应估计结果

变量	IFDI 模型 D1－1	IFDI 模型 D1－2	IFDI 模型 D1－3	变量	OFDI 模型 D2－1	OFDI 模型 D2－2
ifdi－1	－6.816*	－6.888**	－6.558*	*ofdi*－1	1.684	2.263
	(－1.753)	(－2.480)	(－1.707)		(1.071)	(1.412)
ifdi－2	16.349	9.168**	13.294**	*ofdi*－2	－8.695***	－8.031***
	(1.045)	(2.011)	(2.504)		(－3.509)	(－3.358)
ifdi－3	－1.455	1.170	－1.539	*ofdi*－3	1.741**	1.851***
	(－0.397)	(0.390)	(－0.386)		(2.417)	(2.721)
ifdi－4	11.716**	12.806***	9.294*	*ofdi*－4	6.057***	6.300***
	(2.151)	(3.217)	(1.721)		(5.128)	(5.706)
gov	2.594***	1.953***	1.881**	*urb*	13.693***	13.560***
	(3.549)	(2.803)	(2.507)		(18.422)	(18.491)
tex	3.467	3.655	2.642	*mar*	－0.081	0.441
	(0.520)	(0.653)	(0.383)		(－0.221)	(0.256)
tra	0.043	0.375	0.050	*fdi*	－0.947	－0.111
	(0.830)	(1.202)	(1.019)		(－0.514)	(－0.300)
tax	19.011***	18.462***	18.420***	*hum*	0.323***	0.285***
	(3.895)	(3.421)	(3.846)		(4.565)	(4.052)
gdp	5.412***	6.728***	5.015***	*tei*	－11.361**	－7.527*
	(13.861)	(12.062)	(12.345)		(－2.294)	(－1.630)

注：*fdi*－1 至 *fdi*－4 分别为不同面板门槛区间内外开放引入的创新溢出估计系数。

实证结果合理地反映了理论假设，知识产权价值激励对IFDI创新溢出具有双向调节影响，呈现由负转正的"U"形特征。其经济含义在于，知识产权价值的"抑制"和"促进"存在合理的过渡解释，改革开放初期，国内创新发展更多依赖"市场换技术"，能够容忍较为宽松的知识产权环境，鼓励技术学习和创新模仿，虽然短期加快了产业培育和技术进步，但也颇受外部诟病，一些发达国家出于技术保护严格控制对中国的资本输出，加剧了核心技术瓶颈制约。新时代开放经济和创新驱动双重战略下，中国要改变"市场换技术"的被动局面，就要加强知识产权保护，通过有效激励引导自主创新转型，维护技术市场公平交易，提高知识侵权和技术盗用惩戒成本，通过优化市场环境引入先进外资，以创新竞争驱动发展质量提升。从2018年全国30个省区的统计数据来看，仅有北京、天津、上海等8个省区的知识产权价值激励水平达到了0.0160这一"虹吸效应"门槛，其余22个省区的知识产权价值激励水平依然处于不显著区域，这一失衡情况并不利于对外开放和创新发展，应加强知识产权保护，通过竞争机制释放外资引入的创新溢出红利。

（2）内生性考察与稳健性检验。在门槛模型的内生性检验时，GMM方法并不适用，我们借鉴Greiner（2008）的经验，对核心解释变量外资引进水平和门槛变量知识产权激励水平滞后一阶（模型D1-2），相应的估计结果显示，IFDI的创新溢出轨迹和知识产权价值激励的调节规律并未改变，并且控制变量的输出结果高度相似，由此认为实证结论在一定程度控制了内生性影响。

为了避免极值数据的影响，我们对数据进行平稳化处理，去掉区域创新产出最高的省份广东省和区域创新产出最低的省份青海省，最大程度上降低数据方差影响，以28个省份面板数据（模型D1-3）的估计结果来看，IFDI创新溢出及知识产权价值激励调节影响的线性特征与动态轨迹依然存在，仅是弹性系数发生微小变化，由此验证了实证结果的稳健性。

（3）区域异质性检验。区域间经济发展不平衡对外资引入的创新溢出影响有所差异，相应的知识产权价值激励可能存在一定的空间异质性，相应实证结果见表9-8。

表9-8　分区域IFDI创新溢出及知识产权价值激励调节的检验结果

检验模型	门槛区间	东部地区	中部地区	西部地区
知识产权价值激励对IFDI创新溢出的调节影响	ipr_0^1 区间	≤0.0008	≤0.0020	≤0.0022
	$fdi-1$	-22.485***	-27.054***	-40.337***
		(-6.795)	(-3.580)	(-6.998)
	ipr_1^2 区间	(0.0008 0.0180)	(0.0020 0.0037)	(0.0022 0.0091)
	$fdi-2$	-11.219***	-13.703	-17.671***
		(-3.816)	(-1.422)	(-3.110)
	ipr_2^3 区间	(0.0180 0.1119)	(0.0037 0.0147)	(0.0091 0.0167)
	$fdi-3$	1.480	15.035*	-39.665***
		(0.361)	(1.883)	(-3.956)
	ipr_3^4 区间	>0.1119	>0.0147	>0.0167
	$fdi-4$	26.883***	2.283	13.389
		(3.077)	(0.169)	(1.078)

注：fdi_n^{n+1} 和 ipr_n^{n+1} 分别表示外资引入水平和知识产权价值激励强度的不同门槛区间，各控制变量估计结果不再赘述。

东部地区估计结果与全国层面基本类似，外资开放引入对区域创新具有显著抑制性影响，但随着外资水平的提高，抑制性有所回落，说明东部地区的外资开放在一定程度能够弱化抑制性影响。低强度的知识产权价值激励并未改变IFDI的负向溢出，而高强度知识产权价值激励下，IFDI对区域创新的影响由负变正，说明东部地区经济基础和创新水平相对更高，通过高强度知识产权价值激励能够培育自主研发和技术交易，驱动创新竞争。

中部地区IFDI的创新溢出影响较为复杂，外资引入水平低于0.0317时，显著抑制了创新产出，当外资引进水平高于0.0317后，对区域创新产出的抑制性影响不再显著，说明高水平的外资引入后，会弱化IFDI的负向溢出。知识产权价值激励下，中部地区IFDI的创新溢出效应显示了先抑后扬的"U"形特征，但与东部地区相比，撬动IFDI创新溢出的知识产权价值激励门槛相对较低，说明中部地区的技术水平有限，通过一定强度的知识产权价值激励，就能够释放外资开放引入的创新虹吸空间。

西部地区IFDI外资引入在不同区间均抑制了区域创新产出水平，在对外开放和外资引入时，需要注重度的把握，既要提升技术含量，还要顾及国内企业的创新竞争与市场融合。要特别重视的是，西部地区加强知识产权价值激励虽然弱化了 IFDI 的抑制性影响，但未能改变负向约束，这与中部地区和东部地区明显不同，说明西部地区近年来经济水平虽然有所攀升，但内生驱动和增长质量偏弱，缺乏技术竞争驱动，短期激励难以奏效，对外开放要设计长期有效的创新合作机制。

9.4.2 知识产权价值激励对 OFDI 创新溢出的非线性调节影响

（1）全国层面的估计结果。以知识产权保护（IPR）作为门槛影响变量的检验结果见表 9－9 的模型 D2－1，结果可知，知识产权保护对 OFDI 逆向创新溢出的影响存在显著三重门槛效应，其单一门槛（0.0035）通过了 1% 显著性水平检验，双重门槛（0.0063）通过了 5% 显著性水平检验，三重门槛（0.0294）通过了 1% 显著性水平检验，三重门槛的 95% 置信区间为（0.0042 0.0091）。同时，以 2007—2016 年为时间段的稳健性检验模型 D2－2 估计结果显示，知识产权保护影响门槛模型同样具有较好的稳健性。

表 9－9　门槛估计及门槛检验

门槛模型	门槛检验	估计值	F 值	P 值	BS 次数
IPR 对 OFDI 创新溢出影响门槛模型 D2－1	单一门槛	0.0035	8.9372***	0.0031	300
	双重门槛	0.0063	2.8015**	0.0132	300
	三重门槛	0.0294	8.1087***	0.0103	300
稳健性检验模型 D2－2	单一门槛	0.0036	9.3583***	0.0000	300
	双重门槛	0.0067	2.7733**	0.0132	300
	三重门槛	0.0306	7.9754***	0.0000	300

注：*、**、*** 分别表示门槛检验在 10%、5%、1% 的显著性水平拒绝原假设。

模型 D2－1 估计结果显示（见表 9－9），在知识产权保护影响下，OFDI 对区域技术创新的影响呈现出“U”形非线性特征。较低的知识产权保护强度约束下（IPR <0.0035），OFDI 对区域技术创新的影响并不显著。当知识

产权保护强度处于（0.0035 0.0063）区间时，OFDI 对区域技术创新产生了显著的抑制性影响，说明知识产权保护效果依然欠佳，对 OFDI 跨国企业的逆向创新虹吸和技术转化造成了负面影响，导致国内创新溢出吸收扩散有限，不利于 OFDI 逆向创新溢出。当知识产权保护强度提高到（0.0063 0.0294）时，OFDI 对区域技术创新的影响转负为正，说明此时提高知识产权保护有效提升了 OFDI 跨国企业的逆向创新虹吸，从而促进区域技术创新进步。当知识产权保护强度进一步超过 0.0294 时，OFDI 的创新溢出影响明显提升。上述变化规律反映了现阶段跨国公司由外向内的逆向创新虹吸可能是 OFDI 创新溢出的主要贡献，因此加强知识产权保护有利于扩大国内 OFDI 逆向创新溢出效应，这在一定程度验证了假设 H2 的合理性。

（2）分区层面估计结果及分析。中国传统地理经济影响下，东部、中部、西部三大地区经济水平、对外投资能力、知识保护强度差异较大，可能造成各地区 OFDI 逆向创新溢出效应有所不同，为了深入揭示这种现象，我们进一步研究东部、中部、西部三大地区在不同强度知识产权保护约束下，OFDI 逆向创新溢出效应的空间异质性。同时，“一带一路”建设加快了中国企业“走出去”步伐（陈炜和顾煜，2020），对中国 OFDI 逆向创新溢出可能产生积极影响，由此我们划分“一带一路”和非“一带一路”两大地区[①]，检验“一带一路”建设下，知识产权保护对区域 OFDI 逆向创新溢出的调节影响。

各区域门槛估计及门槛检验结果（见表 9-10）显示，知识产权保护约束下，东部、中部、西部地区的 OFDI 逆向创新溢出效应在不同显著性水平均通过了三重门槛检验，而“一带一路”地区的 OFDI 逆向创新溢出效应并未通过单一门槛检验，非“一带一路”地区的 OFDI 逆向创新溢出效应则通过了三重门槛检验。上述结果表明，东部、中部、西部三大地区以及非“一带一路”地区采用三重门槛模型研究较为合理，而“一带一路”地区考虑采用线性模型检验更为科学。同时，各区域的门槛模型估计结果（见表 9-11）

① 根据国家发改委、外交部、商务部联合发布的《推动共建丝绸之路经济带和 21 世纪海上丝绸之路的愿景与行动》正式确定“一带一路”沿线省份有 18 个，分别是新疆、陕西、甘肃、宁夏、青海、内蒙古、黑龙江、吉林、辽宁、广西、云南、西藏、上海、福建、广东、浙江、海南和重庆。

存在一定差异，从而验证了知识产权保护对中国 OFDI 逆向创新溢出影响的空间异质性假设（H3）。

表 9-10　　分区门槛估计及门槛检验结果

地区分组	门槛检验	估计值	F 值	P 值	BS 次数
东部地区	单一门槛	0.0030	6.2522***	0.0100	300
	双重门槛	0.0091	6.7343***	0.0072	300
	三重门槛	0.0302	5.9975**	0.0171	300
中部地区	单一门槛	0.0043	10.7582***	0.0033	300
	双重门槛	0.0052	5.2593**	0.0232	300
	三重门槛	0.0081	9.7226***	0.0036	300
西部地区	单一门槛	0.0033	6.8092**	0.0135	300
	双重门槛	0.0044	5.7501**	0.0203	300
	三重门槛	0.0063	4.1697**	0.0400	300
“一带一路”地区	单一门槛	0.0034	1.5371	0.2501	300
非“一带一路”地区	单一门槛	0.0011	16.1672***	0.0001	300
	双重门槛	0.0097	3.6143**	0.0432	300
	三重门槛	0.0182	2.4435*	0.0933	300

注：*、**、*** 分别表示门槛检验在 10%、5%、1% 的显著性水平拒绝原假设。

东部、中部、西部地区分组门槛模型估计结果（见表 9-11）显示，在知识产权保护约束下，东部地区 OFDI 逆向创新溢出效应与全国层面类似，呈现出先负后正的“U”形门槛特征（第一门槛区间和第三门槛区间影响不显著），低强度的知识产权保护明显抑制了 OFDI 创新溢出，只有高强度的知识产权保护（IPR > 0.0302）才能激发 OFDI 正向创新溢出，说明东部地区本身知识产权保护门槛较高，OFDI 创新溢出以跨国企业由外向内的逆向创新虹吸为主，进一步强化知识产权保护则有利于提高跨国企业逆向创新虹吸和技术转化积极性，加快区域技术创新升级。中部地区知识产权保护调节下，OFDI 逆向创新溢出呈现出正向非线性特征（第一门槛区间影响不显著），知识产权保护强度处于（0.0052，0.0081）的最佳门槛区间时，OFDI

的创新溢出影响系数最大，然而当知识产权保护强度降低或提升时，OFDI的创新溢出影响出现了正向边际递减，由此来看，中部地区 OFDI 外部技术势差驱动明显，逆向创新溢出提升空间更高，要合理借助知识产权保护的最佳正向调节优势，加快区域技术创新追赶。西部地区的知识产权保护对 OFDI 逆向创新溢出的影响呈现出“N”形非线性特征（第二门槛区间影响不显著），知识产权保护在较低强度（IPR < 0.0033）有利于激发 OFDI 逆向创新溢出效应，而进一步提高知识产权保护强度至（0.0044 0.0063）区间时，则会抑制 OFDI 逆向创新溢出效应，当知识产权保护强度超过 0.0063 时，OFDI 又会产生积极的正向创新溢出，说明现阶段西部地区的 OFDI 创新溢出以上下游企业和技术跟进企业的创新溢出吸收扩散为主，低强度的知识产权保护有利于促进技术扩散和创新溢出吸收，提高知识产权保护则会抑制上下游企业和技术跟进企业的技术学习和创新模仿，只有当知识产权保护强度高过一定程度时，才会激发 OFDI 跨国企业的逆向创新虹吸和技术转化积极性，这反映了知识产权保护调节影响下，OFDI 逆向创新虹吸和创新溢出吸收扩散两者之间此消彼长的关联性。各区域的多数控制变量估计结果与全国相似，差别在于东部地区和中部地区的市场化经济水平（*mar*）对区域技术创新影响并不显著，而西部地区市场化经济水平却抑制了区域技术创新，原因可能是西部地区的民营经济发展水平相对较低，而国有经济发展对区域创新提升更为有效；同时技术引进（*tei*）显著抑制了东部地区和中部地区的技术创新，但对西部地区影响并不显著。

表 9－11　　分区面板门槛模型估计结果

变量	东部地区	中部地区	西部地区	“一带一路”地区	非”一带一路”地区
ofdi－1	1.5582 (0.8241)	－8.2241 (－1.2292)	16.6043 *** (2.9957)	2.0104 *** (2.9067)	59.0275 * (1.8285)
ofdi－2	－10.0581 ** (－2.4503)	42.1963 ** (2.5495)	－1.0982 (－0.6340)		－16.5622 *** (－4.3411)
ofdi－3	0.8613 (1.2352)	198.5335 *** (3.5425)	－13.0636 *** (－3.5563)		－51.3977 *** (－5.4708)

续表

变量	东部地区	中部地区	西部地区	"一带一路"地区	非"一带一路"地区
ofdi - 4	4.6601 *** (3.7479)	24.1744 *** (3.1302)	7.6603 ** (2.3034)		3.3370 *** (3.2436)
urb	13.6871 *** (9.5642)	13.3612 *** (8.4222)	14.5115 *** (18.0377)	13.3855 *** (14.2854)	16.0496 *** (15.1969)
mar	0.3943 (0.8542)	-0.8973 (-1.0943)	-1.5094 *** (-2.8614)	0.5632 (1.1882)	-1.1913 ** (-2.4144)
fdi	-0.6752 (-0.2615)	-9.6943 (-1.1181)	-2.5204 (-0.5936)	-2.3591 (-1.0387)	-2.2891 (-0.7663)
hum	0.3687 *** (3.3052)	0.3904 ** (2.3491)	0.1743 ** (2.1784)	0.2525 *** (2.9694)	0.2930 *** (2.7306)
tei	-16.7235 ** (-2.3793)	-116.9566 *** (-2.9853)	-1.9877 (-0.8681)	-5.3572 (-1.1422)	-38.4194 *** (-5.3743)

注：() 内数字是经过异方差修正得到的 t 统计量检验值；*、**、*** 分别表示所对应变量的估计系数通过 10%、5%、1% 的显著水平检验；*ofdi* - 1 至 *ofdi* - 4 分别为四个不同门槛区间内 *ofdi* 的估计系数。

（3）"一带一路"建设的驱动效应。"一带一路"地区线性模型估计结果显示，OFDI 影响系数显著为正，表明知识产权保护始终正向调节该地区的 OFDI 逆向创新溢出，这一现象值得重视，作为我国实施"一带一路"建设的前沿阵地，"一带一路"地区要注重发挥知识产权保护对 OFDI 逆向创新的"助推器"作用，加快创新制度建设，协调促进区域 OFDI 发展和创新进步。而非"一带一路"地区的知识产权保护对 OFDI 创新溢出影响与西部地区类似，具有"N"形非线性特征，知识产权保护在较低强度（IPR < 0.0011）和较高强度（IPR > 0.0182）均有利于促进 OFDI 逆向创新溢出，当知识产权保护强度处于（0.0011 0.0097）和（0.0097 0.0182）区间时，不同程度抑制了 OFDI 逆向创新溢出，说明非"一带一路"地区空间跨度较大，OFDI 逆向创新溢出结构较为复杂，宽松的知识产权保护环境更有利于一些西部省份通过内部创新溢出吸收扩散带动创新进步，但在那些东部省份和中部省份，提高知识产权保护强度则有利于借助 OFDI 逆向创新虹吸驱动技术创新提升。

9.4.3 知识产权价值激励对双向跨境投资创新溢出的共轨调节影响

实证研究结果显示，知识产权价值激励对双向跨境投资创新溢出的调节影响较为复杂，存在一定时空分异特征，我们对比知识产权价值激励对 IFDI 和 OFDI 创新溢出的调节差异，结果见表 9－12。

表 9－12　知识产权价值激励对双向跨境投资创新溢出的调节效应对比

	知识产权价值激励强度	IFDI 的创新溢出弹性系数	知识产权价值激励强度	OFDI 创新溢出弹性系数
IPR－1	(0 0.0038***)	－6.816* (－1.753)	(0 0.0035***)	1.684 (1.071)
IPR－2	(0.0038*** 0.0056**)	16.349 (1.045)	(0.0035*** 0.0063**)	－8.695*** (－3.509)
IPR－3	(0.0056** 0.0160***)	－1.455 (－0.397)	(0.0063** 0.0294***)	1.741** (2.417)
IPR－4	(0.0160** +∞)	11.716** (2.151)	(0.0294*** +∞)	6.057*** (5.128)

对比发现，知识产权价值激励在低强度区间，不仅没有撬动 IFDI 的创新溢出，反而对外资开放引入的创新驱动产生了抑制性影响，只有在最高强度知识产权价值激励第四区间（IPR＞0.0160），才能有效能够撬动 IFDI 的创新溢出。在对外投资维度，低强度知识产权价值激励同样难以释放 OFDI 的创新溢出，只有在（0.0063 0.0294）和（0.0294 +∞）较高强度区间时，能够合理释放对外开放“走出去”的创新驱动。对比双向跨境投资创新溢出的调节轨迹发现，低强度知识产权价值激励既不能撬动 IFDI 的创新溢出，同样难以释放 OFDI 的创新溢出，但在高强度区间，撬动两者正向创新溢出的知识产权价值激励存在重合空间（0.0160 +∞），即知识产权价值激励超过 0.0160 后，能够同时撬动 IFDI 与 OFDI 的创新溢出效应，实现双轨驱动

红利。

相应的经济学解释在于，国内当前处于经济发展质量的转型提升阶段，逐渐跨过单纯依赖技术学习和创新模仿的低端创新价值链阶段，向自主研发和创新竞争迈进，无论是外资引进还是对外投资，都存在市场扩容向技术升级转变，这个过程中，过于宽松的知识产权将削弱创新积极性，抑制技术进步，相对高强度的知识产权价值激励，虽然可能在一定程度弱化创新模仿效应，但能够有效激励自主研发，同时有利于吸引更高技术水平外资企业，带动 OFDI 企业将外部技术势差虹吸转入国内创新发展，从而实现 IFDI 与 OFDI 的双通道溢出模式，这是提高知识产权价值激励的关键意义。

9.5 小结

本章实证研究知识产权价值激励对双向跨境投资创新溢出的调节影响，结果发现，知识产权价值激励对 IFDI 创新溢出具有显著动态调节作用，低强度知识产权价值激励难以改变外资开放引入的“挤出效应”，但高强度的知识产权价值激励能够有效扭转 IFDI 的负向溢出瓶颈，打开创新虹吸通道，释放积极的创新驱动效应。同时，外资引入的创新虹吸效应以及知识产权价值激励的调节作用存在一定空间异质性，在东中西部地区呈现出较为复杂的时空分异特征。对外投资维度，知识产权保护具有双向调节中国 OFDI 逆向创新溢出的作用，呈现出“U”形非线性特征，低强度的知识产权保护（$IPR < 0.0063$）会抑制 OFDI 创新溢出，加强知识产权保护则有利于激发 OFDI 正向创新溢出，当知识产权保护强度超过 0.0294 时，OFDI 的正向创新溢出效果最为明显。四是知识产权保护影响下，中国 OFDI 创新溢出效应具有显著的空间异质性，东部地区呈现出“U”形非线性特征，中部地区呈现出正向非线性特征，西部地区呈现出“N”形非线性特征，“一带一路”地区和非“一带一路”地区则分别呈现了正向线性调节效应和“N”形非线性影响。

通过对比检验发现，低强度知识产权价值激励不仅难以有效撬动OFDI的创新溢出效应，还会抑制IFDI的创新溢出，形成双轨抑制性瓶颈。只有较高强度的知识产权价值激励重叠区（0.0160 +∞），能够释放IFDI与OFDI的双轨溢出效应，这为合理制定知识产权保护策略，释放双向跨境投资创新溢出红利，提供了精准量化依据。

第10章

减税降负对OFDI创新溢出的激励效应

党的十九大召开以来，减税降费成为进一步优化资源配置，激发市场经济活力的重要举措。2018年12月，中央经济工作会议对更大规模减税降费提出了明确要求，习近平总书记强调减税降费政策措施要落地生根，让企业轻装上阵。相应的数据显示，2017年政府减费降税首次超过万亿规模，2018年减税降费规模继续保持10%左右增长。如此大规模的减费降税不仅有利于降低企业发展财务负重，更为深远的影响在于激励创新转型，释放新时代中国经济高质量发展的新动能（付敏杰等，2017）。

改革开放初期，为了鼓励招商引资和贸易出口，在OEM交易结构中给予高额出口返税，以税收优惠吸引大量外商直接投资（IFDI），助力中国经济高速发展（刘舜佳和张雅，2018）。但近十年中国人口红利加快褪去削弱了外资企业在中国的竞争优势，出口退税的吸引力有所降低，贸易加工类外资企业逐渐将中国的生产供应链转移至成本更为低廉的东南亚国家，造成大批“孔雀东南飞”（戴翔等，2016）。与此同时，国内产业结构升级和对外汇率浮动进一步加剧了出口型企业的竞争压力，全球金融危机倒逼发达国家重塑实体经济和创新竞争战略，实施更为宽松的财税政策，引致一些中国企业通过“走出去”在发达国家设立生产基地和研发机构，降低国际化产业链的中间成本，虹吸国外技术创新资源，从而提高自身发展竞争力（Shi et al.，2017；Paul & Benito，2018）。据统计，2018年中国对外投资（OFDI）流量规模约1300亿美元，仅次于美国和日本，位居全球第三。如果说跨境投资的创新驱动方向由IFDI转向了OFDI，那么税收激励在全面开放“走出去”过程中，如何能够促进产业链内部转化升级，降低资源外流和价值转出风险，并进一步激励跨国公司通过OFDI虹吸国外先进技术创新经验，释放经济高质量发展的技术溢出动能？这一问题仍有待于深入揭示。

10.1 理论模型与机制分析

本章研究对象为税负调节下对OFDI技术溢出的介质影响变化，这一结构存在递进衍生关系。由此我们首先分析对外投资的技术溢出关系，进而讨论税负调节对OFDI技术溢出的介质影响机制。

10.1.1 对外投资的逆向技术溢出逻辑

首先以内生经济增长理论为基础，其次构建一个创新产出的基本模型，分析对外投资的技术溢出效应：

$$I = AL^{\alpha}K^{\beta}\mu \tag{10-1}$$

其中，I表示创新产出，A表示技术研发能力；L表示创新投入的智力水平，主要是科研人员的劳动投入；K表示研发过程中的资本投入水平，包括不同主体的各项研发资金投入，形成研发总支出；μ为随机扰动项，$\mu \leqslant 1$。将式（10-1）进一步转化对数函数：

$$\ln I = \alpha L + \beta K + \varepsilon \tag{10-2}$$

假设社会创新总产出包括国内企业的研发创新投入（K_d）和企业对外投资（OFDI）过程中的创新投入（K_{ofdi}），即$K = K_d + K_{ofdi}$；同时，虽然不考虑研发人员智力投入差异，但国内研发投入和对外投资的创新投入产出系数可能有所不同，则有：

$$I\begin{cases}\ln I_d = \alpha_d L_d + \beta_d K_d + \varepsilon \\ \ln I_{ofdi} = \alpha_{ofdi} L_{ofdi} + \beta_{ofdi} K_{ofdi} + \varepsilon\end{cases} \tag{10-3}$$

如果总创新投入一定，$\overline{K}=K_d+K_{ofdi}$，设定创新产出的预期效应函数为：$\overline{U_I}(K_d,K_{ofdi})$，那么 K_d 的投入多一些还是 K_{ofdi} 多一些，需要根据创新产出关系做策略选择，则有 $K_{ofdi}/K_d=\beta_d/\beta_{ofdi}$，研发投入的选择比重与投资创新产出系数成反比。以技术势差比 $\eta=\beta_d/\beta_{ofdi}$ 反映国内研发投入的产出系数与国外研发投入的产出系数差异，体现了国家之间的创新水平对比，则有三种不同的 OFDI 技术溢出情况：

（1）当国外技术研发水平高于国内技术研发水平时，即 $\beta_d<\beta_{ofdi}$，形成了内外技术势差比 $\eta<1$，国外的创新投入产出更为有效，因此选择 $K_{ofdi}>K_d$ 更为有利。虽然理论可能出现的极端选择是将所有研发投入置于国外，但由于国内外存在产业价值链、市场需求导向和技术创新制度约束等多元差异，跨国企业往往在国外获取技术创新进步后，将之转化引入国内产业升级，提高内部技术研发能力，$\eta<1$ 逐渐趋向 $\eta=1$，$\partial\beta_d/\partial\beta_{ofdi}<0$，从而实现由内向外的技术势差的虹吸效应。

（2）当国外技术研发水平低于国内技术研发水平时，即 $\beta_d>\beta_{ofdi}$，内外技术势差比 $\eta>1$，国内的创新投入产出更为有效，因此选择 $K_{ofdi}<K_d$ 更为合理。这时对外投资可能更多出于产业转移、市场扩张和资源获取为目的，然而为了在被投资国家取得最佳投资效益，跨国公司会将国内的技术创新向被投资国家转移，尽可能提高当地生产效率和技术竞争力，$\partial\beta_d/\partial\beta_{ofdi}>0$ 造成技术势差的顺势流动，这是发展中国家“市场换技术”的逻辑基础，反过来也是发达国家限制技术输出和高端产业对外投资的原因。

（3）当国外技术研发水平等于国内技术研发水平时，即 $\beta_d=\beta_{ofdi}$，内外技术势差比 $\eta=1$，国内外的创新投入产出效率并无差异，选择 K_{ofdi} 还是 K_d 可能对技术创新的驱动影响难以从内外技术势差角度解释，更多出于市场扩张和降低成本等因素考虑。

10.1.2　税负调节对 OFDI 技术溢出的介质影响机制

上文我们讨论了对外投资的逆向技术溢出影响，从逻辑结构的传递解释来看，税负调节对OFDI技术溢出存在较为复杂的介质影响：

（1）假设国内税负成本上升，在对外投资风险可控情况下，企业将加大对外投资力度，将产业链价值转移国外，降低生产成本，追求高利润回报，从而可能引致资源外流，降低国内技术研发投入，不利于国内创新发展。但是，如果税负过大，利润空间进一步被挤压，而境外投资风险难以屏蔽，企业则可能放弃低端生产价链，在国内技术竞争瓶颈倒逼下，企业可能通过对外投资寻求国外技术势差虹吸，加大技术研发投入，促进产业创新升级，再转化促进国内产业技术提升。

（2）当国内税负成本下降，企业对外投资的利润诉求将有所弱化，专注国内产业发展，税负降低有助于进一步提高研发投入积极性，提高国内产业技术水平，这时对外投资将出于产业链的价值整合为目的，寻求资源互补或产业延伸。当然，另一方面，国内税负成本下降也有可能提高了企业利润空间，造成企业安逸惰性，出于风险考虑放弃对外投资，失去外部技术竞争，反而不利于创新进步。

此外，技术创新的一个重要驱动因素在于市场竞争（Schumpeter, 1921），创造性破坏是对外投资创新驱动的内生动力，这里进一步讨论税负调节对OFDI技术溢出的竞争性影响。假设市场中存在OFDI技术溢出的双向竞争关系，技术创新水平较高的企业在国内占据了一定的技术壁垒优势，为了进一步提高国际竞争力，通过对外投资虹吸国外先进技术势差，而国内跟进企业在相对较低技术水平支撑下，以低利润和低价格争取市场销售份额，延续自身发展。这可以看作是两种企业的静态博弈，通过构建双方的策略反应函数来推演税负调节下的技术溢出行为：

$$\begin{cases}\pi_1(K_1,K_2)=\alpha K_1P-C_1(K_1,Tax_1)\\ \pi_2(K_1,K_2)=\beta K_2P-C_2(K_2,Tax_2)\end{cases} \tag{10-4}$$

其中，1为OFDI企业，2为国内跟进企业；π_1、π_2分别为OFDI企业和国内跟进企业的利润；K_1，K_2分别为OFDI企业和国内跟进企业的投资规模；α，β分别是投资产出转化率，表示单位投资的产量，对外投资所获取的技术水平相对更高，则有$\alpha>\beta$；P为产品市场价格，C_1，C_2为投资规模相应的成本，Tax_1和Tax_2为相应税负。

企业追求利润最大化收益时有$\partial\pi_1/\partial K_1=0$和$\partial\pi_2/\partial K_2=0$，社会总需求为$Q=\alpha K_1+\beta K_2$，此时可求得两类企业的最佳投资反应函数为：

$$\begin{cases} K_1^*=R_1(K_2) \\ K_2^*=R_2(K_1) \end{cases} \tag{10-5}$$

即OFDI企业和国内跟进企业的投资策略受到对手投资量的影响，而两者投资量均与利润正相关，可将（10-5）逆向推导转化为：

$$\begin{cases} K_1^*=R_1(\pi_2) \\ K_2^*=R_2(\pi_1) \end{cases} \tag{10-6}$$

上式（10-5）和（10-6）的解为双方博弈的纳什均衡策略，此时双方投资规模组合（K_1^*，K_2^*）即为OFDI企业和国内跟进企业的均衡产量策略，与生产技术水平（α，β）和成本$C(K,Tax)$相关。拆解讨论：

（1）在初始状态下，由于对外投资企业通过虹吸外部技术势差所获取的技术水平相对更高，因而具有更高的利润水平，国内跟进企业由于技术水平有限，因而利润水平相对较低，OFDI企业掌握市场主动权。

（2）如果提高税负，假设对两者的影响程度相等，对OFDI企业而言会削弱对外投资强度，降低技术研发投入，不利于外部技术势差转化，但对国内跟进企业而言则会降低生存利润生存空间，可能迫使企业加强技术研发和创新投入，促进产业升级，步入下一轮的“创造性破坏”。

（3）如果降低税负，OFDI企业会进一步扩大利润空间优势，从而加大对外投资力度，寻求更高的技术势差虹吸效应，有助于提升技术创新水平。但同时也会释放国内跟进企业的利润空间，引致π_2提高，反而抑制了K_1^*，降低了对外投资的创新驱动效应。

由此来看，国内税负调节对OFDI技术溢出的影响并非简单促进或抑制，在可预见的机制影响下存在一定的时空分异特征，我们将进一步通过实证研究揭示税负调节对OFDI技术溢出的影响轨迹，识别这种较为复杂的非线性演化特征。

10.2 研究设计与变量数据

10.2.1 计量模型

为了考察对外投资强度、税负水平和技术创新之间的影响关系，我们首先分别考察对外投资创新驱动的非线性轨迹和税负调节对 OFDI 的非线性影响轨迹，进一步构建中介影响模型考察税负调节影响下 OFDI 技术溢出的动态演化特征。

（1）对外投资的非线性技术溢出模型。我们以面板门槛回归模型为基础，以技术创新产出为被解释变量，以对外投资作为解释变量，通过构建对外投资变量回归系数的分段函数，从而检验对外投资在不同强度下，对技术创新的非线性影响。

$$te_{it} = \alpha_1 ofdi_{it} + e_{it} \quad ofdi_{it} \leqslant \gamma \tag{10-7}$$

$$te_{it} = \alpha_2 ofdi_{it} + e_{it} \quad ofdi_{it} > \gamma \tag{10-8}$$

式（10－7）和式（10－8）中，技术创新产出水平（te_{it}）作为被解释变量，i 表示各个省域，t 表示不同年度；$ofdi_{it}$作为核心解释变量，表示 i 省区在 t 年的对外投资强度变化；e_{it}为扰动残差项；γ 为解释变量 $ofdi_{it}$的动态门槛影响因子，表示 $ofdi_{it}$在不同阈值 γ 所形成的区间内，对技术创新影响的回归系数有所差异，以此反映 OFDI 技术溢出的非线性动态特征。

进一步定义哑变量 $d_{it}(\gamma) = \{ofdi_{it} \leqslant \gamma\}$，其中 $I\{\cdot\}$是检验假设的指示函数。当 $ofdi_{it} \leqslant \gamma$ 时，$I=1$，当 $ofdi_{it} > \gamma$ 时，则 $I=0$。设定集合 $ofdi_{it}(\gamma) = ofdi_{it} d_{it}(\gamma)$，则可将上述分段模型（10－2）和模型（10－3）整合为单一模型：

$$te_{it} = \alpha_1 ofdi_{it} \cdot I(ofdi_{it} \leqslant \gamma) + \alpha_2 ofdi_{it} \cdot I(ofdi_{it} > \gamma) + \mu_i + \varepsilon_{it} \tag{10-9}$$

在技术可实现条件下，考虑到 OFDI 技术溢出可能存在多个不同阈值空间，将其拓展为三阈值动态模型，并引入控制变量，得到 OFDI 技术溢出的非线性影响模型（10－10）：

$$te_{it}=\alpha_1 ofdi_{it}\cdot I(ofdi_{it}\leqslant\gamma_1)+\alpha_2 ofdi_{it}\cdot I(\gamma_1<ofdi_{it}\leqslant\gamma_2)+\alpha_3 ofdi_{it}\cdot I(\gamma_2<ofdi_{it}\leqslant\gamma_3)+\alpha_4 ofdi_{it}\cdot I(ofdi_{it}>\gamma_3)+\theta_1 gov_{it}+\theta_2 urb_{it}+\theta_3 hum_{it}+\theta_4 mar_{it}+\theta_5 tei_{it}+\mu_i+\varepsilon_{it} \tag{10-10}$$

其中，引入的控制变量包括：*gov* 是政府 R&D 资助强度，*urb* 是城市化水平，*hum* 是人力资本条件，*mar* 是市场化经济程度，*tei* 是技术引进水平，θ_n 为各控制变量影响系数，误差项 $\varepsilon_{it}\sim iid(0,\sigma^2)$，$\mu_i$ 表示不随时间变化的截面个体效应。

（2）税负调节对 OFDI 技术溢出的动态介质影响模型。早期研究变量之间的非线性影响主要以分组检验和连乘模型居多，但这两种方法可能存在一定的检验缺陷。分组检验的分组标准界定不一，对于非线性影响因素的解释不足，分组估计结果也缺乏相应显著性检验。而连乘检验模型虽然可以估计出交叉影响的差异性，但交叉项无法有效分解核心解释变量和门槛变量的向量影响关系，故而无法充分区分介质影响的传导性（何兴强等，2014）。为了能够更为合理地检验税负调节对 OFDI 技术溢出的中介影响，我们以 Hansen（1999）的门槛模型为基础，参照 Greiner & Kauermann（2008）的方法，以技术创新产出（te_{it}）作为被解释变量，对外投资（$ofdi_{it}$）作为核心解释变量，将介质影响变量税负强度（tax_{it}）作为门槛变量，整理得到税负调节对 OFDI 技术溢出的介质影响模型得到式（10－11）。

$$te_{it}=\alpha_1 ofdi_{it}\cdot I(tax_{it}\leqslant\gamma_1)+\alpha_2 ofdi_{it}\cdot I(\gamma_1<tax_{it}\leqslant\gamma_2)+\alpha_3 ofdi_{it}\cdot I(\gamma_2<tax_{it}\leqslant\gamma_3)+\alpha_4 ofdi_{it}\cdot I(tax_{it}>\gamma_3)+\theta_1 gov_{it}+\theta_2 urb_{it}+\theta_3 hum_{it}+\theta_4 mar_{it}+\theta_5 tei_{it}+\mu_i+\varepsilon_{it} \tag{10-11}$$

其中，在税负强度的门槛阈值检验时，给定任意 γ，在估计各系数时，可求出相应的残差平方和 $S_1(\gamma)$，若在可行的范围内依次由大到小选定 γ，会得到多个 $S_1(\gamma)$，选择最小的 $S_1(\gamma)$ 作为门槛阈值 $\hat{\gamma}$：

$$\hat{\gamma}=\arg\min S_1(\gamma) \tag{10-12}$$

门槛阈值估计得出后，需进一步检验税负强度介质效应的门槛存在性，设定门槛效应存在性检验原假设是 H_0：$\alpha_1=\alpha_2$，否定假设为 H_1：$\alpha_1\neq\alpha_2$，由此构建统计量：

$$F = \frac{S_0(\gamma) - S_1(\hat{\gamma})}{\hat{\sigma}^2} \tag{10-13}$$

式（10－13）中，$S_0(\gamma)$和$S_1(\hat{\gamma})$分别表示在H_0和H_1的假设条件下，以参数估计得到的残差平方，$\hat{\sigma}^2$是在H_1假设条件下由参数估计得到的残差方差。进一步通过自抽样获得F统计量的渐进分布，从而测算得到拒绝原假设的概率值，以此检验门槛存在假设的显著性。

进一步检验门槛估计值的合理性，以LR统计量测定估计值与真实值的似然比：

$$LR = \frac{S_1(\gamma) - S_1(\hat{\gamma})}{\hat{\sigma}^2} \tag{10-14}$$

LR统计量不满足标准分布，但其渐进分布满足$c(\alpha) = -2\ln(1-\sqrt{\alpha})$，当$LR_1 \leqslant c(\alpha)$时，拒绝原假设，从而验证门槛估计结果的合理性。由此可以说明税负强度（tax_{it}）对 OFDI 技术溢出动态介质效应的显著性与合理性。

10.2.2 变量选取

（1）被解释变量：区域技术创新水平（te）。已有文献关于技术创新评价指标选择不一，以专利评价区域技术创新水平具有普遍合理性（衣长军等，2015），首先，专利是研发主体通过创新活动所获得的技术创新成果，凝结了研发创新过程中的要素投入和研发经验，能够有效体现区域技术创新产出水平；其次，专利中包含了大量技术创新原理及其应用说明，是一种广为市场接受，能够通过交易流通评价创新价值的产权形式；再者，相对于新产品销售收入、生产效率进步等其他一些创新评价指标，各区域专利数据统计较为规范统一，便于获取和对比，同时专利的审查、授权、交易等相关信息也更为翔实。专利统计一般分为专利申请数量和专利授权数量，专利申请数量一定程度能够反映技术创新积极性，但只有经过审查授权的专利才具有技术创新评价基础，能够体现技术创新的市场价值，受到法律保护，因而学界广泛采用专利授权数量指标来反映区域技术创新水平（肖刚等，2016）。

因此，本章借鉴杜龙政和林润辉（2018）的方法，选择区域专利授权数量作为区域技术创新评价依据，为了降低方差影响，对专利授权数据做了对数处理，以表征区域技术创新水平。

（2）核心解释变量：对外直接投资水平（*ofdi*）。目前中国对外投资统计公告中关于对外投资数据主要有流量数据和存量数据两种，本章借鉴杨连星和刘晓光（2016）的做法，选取中国 OFDI 流量数据，以面板数据考察对外投资的动态技术溢出影响，因此选择各省份对外直接投资流量与同期该地区 GDP 的比重衡量该省份的对外直接投资水平，消除区域经济水平之间的横向差异影响。

（3）门槛变量：税负强度（*tax*）。目前中国税制改革下，对企业而言税负结构占比较大的主要有增值税和所得税两类，而在价值流转过程中，增值税由于进出项抵扣和技术创新支出减免，往往对企业的税负影响弹性较小（刘柏惠等，2019）。而所得税作为企业价值链终端税负，一是比例较高，对企业税负的影响弹性较大，二是所得税调节将直接影响企业股东权益所得，对企业生产再投入或增加技术研发支出具有直接影响（李明等，2018）。Chamley（1986）经典的财税研究模型、Colciago & Etro（2008）的 DSGE 模型中均以所得税来考察税收对经济内生增长的贡献，国内学者张兆国和张旭（2019）等，也都选取企业所得税作为税负指标研究税收对技术创新的直接影响。借鉴上述研究经验，本章选择区域所得税收入占 GDP 的比值，反映单位经济产出的税负强度。

（4）控制变量：为了尽可能降低估计过程中的内生性影响，力求获取无偏检验结果，我们选取了一些相关控制变量，具体包括：

gov，政府 R&D 资助强度。反映政府财政收入中对技术创新的支持强度，希望能够将这部分政府 R&D 支出影响从税负的创新驱动中排除，因而选择各地区政府研发支出占整体研发支出的比重衡量。

urb，是城市化水平。技术创新是一个复杂的系统工程，城市化水平能够反映技术创新的基本环境支撑和企业发展的资源效应，是技术创新的综合影响因素，选择区域城镇人口在总人口中所占的比例测度。

hum，人力资本条件。除资金投入之外，R&D 人力资本是技术创新另一

重要投入，整体人员受教育水平和技术研发能力对技术创新甚为关键，以平均受教育年限量化衡量整体地区人力资本条件。

mar，是市场化经济程度。全面开放新格局下，通过深化市场经济开放，进一步鼓励“引进来”与“走出去”，能够有效释放跨境投资的技术溢出效应，市场经济结构越丰富，市场化经济程度也就越高，因而选取非国有经济固定资产投资占比表征对外投资的市场化开放程度。

tei，是技术引进水平，区域技术引进与创新扩散的重要来源渠道，选取国外技术引进合同额与区域同期 GDP 比值测算，反映单位 GDP 中外部技术引进的价值含量。

10.2.3 数据来源与检验

（1）数据来源。在数据的空间截面选取时，我们主要根据《中国统计年鉴》《中国对外直接投资统计公告》相关统计，选择中国省际层面数据，考虑到相关统计的一致性和可获得性，剔除了港、澳、台、西藏等省区，最终实际选取的数据来自 30 个省区。在数据的时间纵向截取时，《中国对外直接投资统计公告》中 OFDI 数据统计起始于 2003 年，因此本章选择 2003—2017 年截取数据时间跨度。一些其他相关数据来源包括：《中国科技统计年鉴》、各省区统计年鉴、Wind 资讯数据库等，表 10 – 1 是各变量的描述性统计。

表 10 – 1　　主要变量描述性统计及多重共线性检验

variable	*num*	*min*	*max*	*mean*	*std*	*1/VIF*
te	450	4.2485	12.7149	8.9860	1.6536	—
tax	450	0.0019	0.0474	0.0102	0.0078	0.4007
ofdi	450	0.0000	0.2420	0.0061	0.0196	0.7915
gov	450	0.0687	0.6081	0.2405	0.1255	0.6429
urb	450	0.2264	0.9418	0.5175	0.1438	0.1562
hum	450	6.2267	12.5175	8.6743	0.9943	0.1919
mar	450	0.3918	0.8990	0.6862	0.1120	0.5723
tei	450	0.0000	0.0519	0.0037	0.0073	0.5695

（2）多重共线性检验。由于研究设计中为了尽可能消除内生性影响，选取的控制变量较多，为了首先检验研究设计是否合理性，我们对解释变量做了多重共线性检验，结果显示（见表 10－1），Mean VIF 为 2.92，远小于 10，由此认为模型设计较为合理。

（3）单位根检验。尽管本章研究所选的面板数据时间跨度不算太长，但为了有效避免宏观经济数据可能存在时间趋势干扰，我们对变量做了数据平稳性检验。在具体检验技术上，本章选用假设存在同质面板单位根的 LLC 方法和 Breitung t－stat 方法，以及假设存在异质面板单位根的 IPS 方法、ADF－Fisher 方法和 PP－Fisher 方法。五种检验结果整体显示（见表 10－2），各个变量所选取的面板数据一阶平稳。

表 10－2　　面板单位根检验结果

变量	LLC	Breitung t－stat	IPS	ADF－Fisher	PP－Fisher
Δte	－21.3314***	－7.20503***	－15.9328***	299.716***	530.289***
	(0.0000)	(0.0000)	(0.0000)	(0.0000)	(0.0000)
Δtax	－6.75638***	－5.63754	－4.44390***	116.400***	159.482***
	(0.0000)	(1.0000)	(0.0000)	(0.0000)	(0.0000)
$\Delta ofdi$	－0.17961	－12.3753***	－3.19434***	147.168***	146.616***
	(0.5713)	(0.0000)	(0.0007)	(0.0000)	(0.0000)
Δgov	－24.6612***	－9.05269***	－17.9329***	320.138***	504.269***
	(0.0000)	(0.0000)	(0.0000)	(0.0000)	(0.0000)
Δurb	－49.9200***	－5.37532***	－36.5088***	391.176***	479.312***
	(0.0000)	(0.0000)	(0.0000)	(0.0000)	(0.0000)
Δhum	－24.2497***	－12.8566***	－18.6585***	335.264***	555.641***
	(0.0000)	(0.0000)	(0.0000)	(0.0000)	(0.0000)
Δmar	－18.4503***	－6.34103***	－12.9565***	251.792***	503.336***
	(0.0000)	(0.0000)	(0.0000)	(0.0000)	(0.0000)
Δtei	－31.1080***	－7.59147***	－22.3154***	336.094***	510.887***
	(0.0000)	(0.0000)	(0.0000)	(0.0000)	(0.0000)

注：*、**、*** 分别表示在 10%、5%、1% 的显著水平拒绝原假设。

（4）协整检验。为了避免出现伪回归现象，我们进一步选择 Pedroni 的残差协整检验工具，通过七个协整统计量检验核心变量面板数据的协整关系：

$$\text{Panel}v - \text{stat}: Z_{pv} = (\sum_{i=1}^{N}\sum_{t=1}^{T}\hat{L}_{11i}^{-2}\hat{u}_{it-1}^{2})^{-1}$$

$$\text{Panel}\rho - \text{stat}: Z_{p\rho} = (\sum_{i=1}^{N}\sum_{t=1}^{T}\hat{L}_{11i}^{-2}\hat{u}_{it-1}^{2})^{-1}\sum_{i=1}^{N}\sum_{t=1}^{T}\hat{L}_{11i}^{-2}(\hat{u}_{it-1}\Delta\hat{u}_{it} - \hat{\lambda}_{i})$$

$$\text{PanelPP} - \text{stat}: Z_{pPP} = (\hat{\sigma}^{2}\sum_{i=1}^{N}\sum_{t=1}^{T}\hat{L}_{11i}^{-2}\hat{u}_{it-1}^{2})^{-1/2}\sum_{i=1}^{N}\sum_{t=1}^{T}\hat{L}_{11i}^{-2}(\hat{u}_{it-1}\Delta\hat{u}_{it} - \hat{\lambda}_{i})$$

$$\text{PanelADF} - \text{stat}: Z_{pADF} = (\hat{S}^{*2}\sum_{i=1}^{N}\sum_{t=1}^{T}\hat{L}_{11i}^{-2}\hat{u}_{it-1}^{*\,2})^{-1/2}\sum_{i=1}^{N}\sum_{t=1}^{T}\hat{L}_{11i}^{-2}\hat{u}_{it-1}^{*}\Delta\hat{u}_{it}^{*}$$

$$\text{Group}\rho - \text{stat}: Z_{gp} = \sum_{i=1}^{N}(\sum_{t=1}^{T}\hat{u}_{it-1}^{2})^{-1}\sum_{t=1}^{T}(\hat{u}_{it-1}\Delta\hat{u}_{it} - \hat{\lambda}_{i})$$

$$\text{GroupPP} - \text{stat}: Z_{gPP} = \sum_{i=1}^{N}(\hat{\sigma}^{2}\sum_{t=1}^{T}\hat{u}_{it-1}^{2})^{-1/2}\sum_{t=1}^{T}(\hat{u}_{it-1}\Delta\hat{u}_{it} - \hat{\lambda}_{i})$$

$$\text{GroupADF} - \text{stat}: Z_{gPP} = \sum_{i=1}^{N}(\sum_{t=1}^{T}\hat{S}_{i}^{2}\hat{u}_{it-1}^{*\,2})^{-1/2}\sum_{t=1}^{T}\hat{u}_{it-1}^{*}\Delta\hat{u}_{it}^{*}$$

其中，$\hat{u}_{it}^{*}$ 表示式残差估计值，$\hat{S}_{i}^{2}$（$\hat{S}^{*2}$）、$\hat{\sigma}^{2}$ 表示单元 i 的长期方差和同期方差，$\hat{L}_{11i}^{-2}$表示残差 u_{it}长期协方差矩阵的三角矩阵。Panel 检验均基于联合组内尺度进行描述，Group 检验均使用组间尺度来描述。这一方法的优点在于允许面板数据的截面个体所对应的长期协整向量和短期动态调整参数存在异质性，适用性较为广泛，具体检验结果见表 10－3。结果显示，Panel PP－stat、Panel ADF－stat 、Group PP－stat 和 Group ADF－stat 四个统计量均通过了 1% 的显著性水平检验。根据 Pedroni 的研究经验，在面板时间跨度较短的情形下，以 Panel ADF－stat 与 Group ADF－stat 两种统计量的检验判断为有效，由此可认为研究选取的变量之间存在长期稳定均衡关系。

表 10－3　　协整检验结果

检验方法	检验假设		检验结果	
Pedroni 基于残差的协整检验	组内统计量	H_0：ρ＝1 H_1：（ρ_i＝ρ）＜1	Panelv－ stat	－3.8341（1.0000）
			Panelρ－ stat	0.8417（0.8000）
			PanelPP－stat	－2.9630***（0.0015）
			PanelADF－stat	－3.4210***（0.0003）

续表

检验方法	检验假设		检验结果	
Pedroni 基于残差的协整检验	组间统计量	H_0: ρ = 1 H_1: ($\rho_i = \rho$) < 1	Groupρ - stat	3.1754 (0.9993)
			GroupPP - stat	-5.1433*** (0.0000)
			GroupADF stat	-5.2582*** (0.0000)

注：() 中检验结果表示该统计量的伴随概率值；*、**、*** 分别表示在 10%、5%、1% 的显著水平拒绝不存在协整关系的原假设。

10.3 实证检验与结果分析

10.3.1 关联性分析

首先通过面板数据的散点分布考察对外投资与技术创新（图 10-1）、税负调节与技术创新（图 10-2）之间的相关性。结果发现，中国 OFDI 与技术创新之间正向关联，说明资本外向流动能够有效虹吸国外先进技术势差，突破技术瓶颈，对外投资有利于技术创新提升。而税负强度与对外投资之间同样存在正向关联，这一结论与多数文献经验性的判断有所不同，传统理论认为，提高税负将会引致对外投资和资源外流，而降低税负则有可能会降低对外投资意愿。但散点图分布的初步判断来看，税负强度增加时，对外投资强度有所提升，这可能是我们在理论分析中讨论的一种假设，对外投资不仅仅出于市场扩张和简单的利润回报，“走出去”的技术势差虹吸是 OFDI 持续增长的重要动因。对外投资、税负调节和技术创新之间存在一定的连带关系，后文我们将通过非线性检验模型考察对外投资、税负调节与技术创新之间的动态影响。

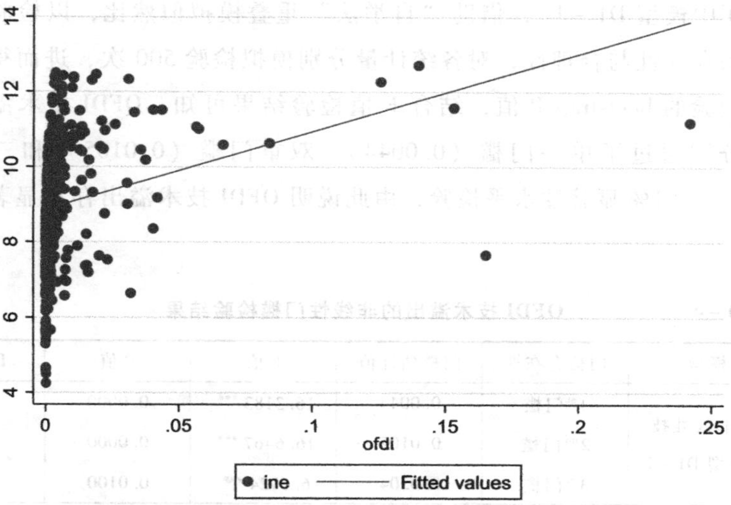

图 10－1 OFDI 与技术创新

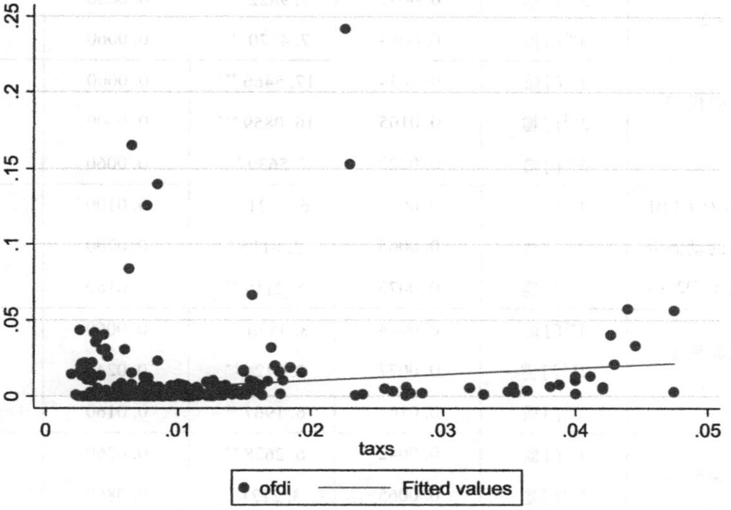

图 10－2 税负调节与 OFDI

10.3.2 对外投资的非线性技术溢出效应

以 Hansen 的面板门槛回归方法得到各个非线性模型的门槛估计值（见

表10－4中模型D1－1），借助“自举法”重叠模拟似然比，以检验门槛估计结果的存在性与合理性，对各统计量分别模拟检验500次，进而得到门槛存在性检验的bootstrap P值，结合F值检验结果可知，OFDI技术溢出的门槛模型分别通过了单一门槛（0.0044）、双重门槛（0.0105）和三重门槛（0.0204）的1%显著性水平检验，由此说明OFDI技术溢出存在显著三重门槛特征。

表10－4　OFDI技术溢出的非线性门槛检验结果

检验模型	门槛存在性	门槛估计值	F值	P值	BS次数
OFDI的非线性技术溢出模型D1－1	1st门槛	0.0044	16.3183***	0.0000	500
	2nd门槛	0.0105	16.6467***	0.0000	500
	3rd门槛	0.0204	6.6924***	0.0100	500
内生检验模型D1－2	1st门槛	0.0001	21.3723***	0.0000	500
	2nd门槛	0.0042	7.9822***	0.0080	500
	3rd门槛	0.0064	7.4170***	0.0060	500
稳健检验模型D1－3	1st门槛	0.0044	17.5466***	0.0000	500
	2nd门槛	0.0105	16.0859***	0.0000	500
	3rd门槛	0.0222	7.5639***	0.0060	500
税负调节对OFDI技术溢出的动态介质影响模型D2－1	1st门槛	0.0057	6.7721***	0.0100	500
	2nd门槛	0.0065	3.8115*	0.0700	500
	3rd门槛	0.0073	5.2119**	0.0180	500
内生检验模型D2－2	1st门槛	0.0044	8.4870***	0.0060	500
	2nd门槛	0.0077	2.8124**	0.0240	500
	3rd门槛	0.0161	6.1967**	0.0160	500
稳健检验模型D2－3	1st门槛	0.0042	6.2638**	0.0260	500
	2nd门槛	0.0065	3.2221*	0.0860	500
	3rd门槛	0.0073	3.0834*	0.0640	500

注：*、**、***分别表示在10%、5%、1%的显著水平拒绝原假设。

对外投资的非线性技术溢出模型的估计结果显示（见表10－5中模型D1－1），OFDI的技术溢出在四个门槛区间内对技术创新的影响均显著为正，这和线性关系判断基本一致，但整体呈现出边际递减规律。当OFDI水平低于0.0044时，对技术创新的溢出影响最佳；当OFDI水平逐渐提升后，对技术创新的驱动影响依然为正，但溢出效应逐渐降低；OFDI水平高过0.0204时，其技术溢出系数最低。上述轨迹来看，“走出去”的初始阶段，内外技术势差较高，OFDI的技术溢出空间较大，积极有效促进了国内技术研发转化，但经过对外投资技术溢出，逐渐缩小内外技术势差，这种OFDI的技术溢出空间将有所回落。

表10－5　　　　跨境投资对创新驱动的动态影响估计结果

变量	模型D1－1	模型D1－2	模型D1－3	模型D2－1	模型D2－2	模型D2－3
ofdi－1	104.5333***	102.2730**	108.5371***	－7.7040***	－27.4009**	－8.9234**
	(6.1401)	(2.5179)	(6.2211)	(－3.3399)	(－2.0498)	(－2.5519)
ofdi－2	43.9012***	89.1780***	47.9456***	－3.9862***	0.5105	－4.1791**
	(4.7730)	(5.4046)	(5.0266)	(－5.7480)	(0.1202)	(－2.4127)
ofdi－3	21.6987***	42.1611***	19.9566***	63.9233***	25.5943***	59.2215*
	(3.9880)	(3.4235)	(3.9951)	(2.8014)	(2.6510)	(1.6927)
ofdi－4	2.6703**	8.6939***	2.5808**	－0.6443	－5.2021	－0.7198
	(2.5586)	(2.9586)	(2.3518)	(－0.9314)	(－1.3685)	(－0.6173)
gov	1.4762***	0.8001**	1.3274***	1.9107***	1.1455***	1.7747***
	(4.0128)	(2.2329)	(3.5118)	(5.0152)	(2.9913)	(4.3336)
urb	7.8371***	9.1347***	7.5490***	8.7447***	10.5388***	8.6031***
	(15.2381)	(16.2774)	(14.1336)	(10.6065)	(17.9180)	(15.3175)
hum	0.5760***	0.5334***	0.5801***	0.6849***	0.5214***	0.6836***
	(9.7503)	(8.9518)	(9.6998)	(9.3685)	(8.1796)	(10.8926)
mar	1.4485***	0.8535***	1.6072***	1.8088***	1.0317***	1.9677***
	(4.7332)	(2.6740)	(5.1428)	(5.5945)	(3.0350)	(5.9158)
tei	－9.6810***	－12.8598***	－9.2534***	－10.3512***	－12.3542***	－10.4704***
	(－2.8453)	(－4.0379)	(－2.7082)	(－2.9206)	(－3.6066)	(－2.9210)

注：()内数字是经过异方差修正得到的t统计量检验值；*、**、***分别表示所对应变量的估计系数通过10%、5%、1%的显著水平检验；X－1至X－4分别为四个不同门槛区间内变量的估计系数有所不同，表示核心变量技术溢出影响的变化特征。

10.3.3　税负调节对 OFDI 技术溢出的动态介质影响效应

引入税负强度作为门槛介质，以对外投资作为核心解释变量，门槛估计结果显示（见表 10－4 中模型 D2－1），税负强度对 OFDI 技术溢出的介质影响存在显著的三重门槛（0.0057，0.0065，0.0073），在四个门槛影响区间，OFDI 的技术溢出情况较为复杂（见表 10－5 中模型 D2－1）。当税负强度低于 0.0057 时，OFDI 技术溢出显著为负（－7.7047）；税负强度提升至（0.0057 0.0065）区间时，对外投资依然不利于技术创新（－3.9862）；当税负强度处于（0.0065 0.0073）水平时，OFDI 对技术创新的影响转负为正（63.9233），这时对外投资有利于技术创新；当税负强度高过 0.0073 时，OFDI 对技术创新的影响变得并不显著。上述规律说明税负调节改变了对外投资的技术溢出轨迹，在较低税负强度下，国内生产利益有所保障，对外投资的意愿不强，“走出去”可能更多为了资源获取和市场扩张，对技术研发和创新学习的动机不足，反而不利于技术创新。当税负强度增长至适度水平时，利润萎缩导致低技术含量产品难以为继，国内市场竞争加剧，倒逼企业“走出去”虹吸外部技术势差，转化国内技术创新，提高国内产业竞争力和盈利水平，释放了积极的 OFDI 技术溢出效应。然而，当税负过高时，一方面企业的资本增量减少，难以支撑高额的对外投资，另一方面也可能诱发企业外逃，寻求外部低税负市场，转移生产链和技术资源，无法有效释放 OFDI 的技术溢出效应。

10.3.4　各个控制变量对技术创新的影响

各个控制变量的检验结果显示（见表 10－5 中模型 D1－1），政府研发资助（*gov*）对区域技术创新具有显著积极影响（1.4762），说明建设创新型国家仍然离不开政府创新引导和研发投入；城市化水平（*urb*）为技术创新提供了基本条件和外部环境支撑，对技术创新的影响显著为正（7.7831）；人力资本条件（*hum*）是技术创新的重要基础（0.5760），科技强国要充分重视教育和人才；市场化经济程度（*mar*）对技术创新的影响显著为正（1.4485），说明深化市场开放，鼓励民营经济发展有利于技术创新发展；值得关注的是，技术引进水平（*tei*）对技术创新的影响显著为负（-9.6810），说明当前技术引进与国内技术创新形成了竞争抑制关系，过分依赖“引进来”反而不利于自主创新发展。

10.3.5 内生性与稳健性检验

虽然已经引入多项控制变量，并预先做了数据检验，但内生性问题依然是实证研究中所需要考虑和控制的。为了获取更为准确的研究判断，我们对上述估计结果做了相应的内生性检验。传统的线性面板回归通常设置工具变量或GMM方法检验内生性，而在门槛模型估计结果的内生检验时，这些检验方法无法实现。因而我们采用Lucchetti & Palomba（2009）的研究方法，对解释变量滞后一阶（见表10-5中模型D1-2、模型D2-2），结果发现对外投资的技术溢出效应、税负调节的创新驱动效应以及税负调节对OFDI技术溢出的介质影响依然存在显著的三重门槛特征，且各模型的非线性影响轨迹趋势并未改变，由此判断模型输出在一定程度控制了内生性影响。

同时，我们还对模型输出做了稳健性检验，由于可替代的分组检验方法和连乘估计模型有一定的技术局限，模型变换难以合理估计跨境投资技术溢出的非线性特征，由此我们借鉴董明放等（2016）的研究方法，对数据做平稳化处理，去掉了创新效率最高和最低的两个省份，尽可能消除极值数据影响，以28个省份面板数据做门槛模型的稳健性检验（见表10-5中模型D1-3、模型D2-3），结果发现，各检验模型估计结果并非发生本质变化，此外各个模型的控制变量系数高度相似，也进一步验证了模型的稳健性。

10.4 对空间异质性的进一步讨论

鉴于中国地区间经济发展水平差异较大，各地税收强度与对外投资能力参差不齐，对技术创新的驱动影响必然有所不同，为了提供更有针对性的经验证据，我们将面板数据按照传统地理经济分为中、东、西三个地区，通过OFDI的非线性技术溢出模型以及税负调节对OFDI技术溢出的动态介质影响模型，考察不同地区税负调节和对外投资的联动技术溢出影响，结果见表10－6。

表10－6　　对外投资与税负调节的创新驱动空间差异

检验模型	门槛区间	东部地区	中部地区	西部地区
OFDI的非线性技术溢出效应	$ofdi_0^1$ 区间	<0.0005***	<0.0001***	<0.0001***
	$ofdi-1$	−994.4527***	−324.1592**	−884.3572***
		(−4.2630)	(−1.9966)	(−4.5340)
	$ofdi_1^2$ 区间	(0.0005*** 0.0014***)	(0.0001*** 0.0011**)	(0.0001*** 0.0002*)
	$ofdi-2$	57.3141***	97.4259***	−107.2243
		(6.5726)	(4.1102)	(−1.3370)
	$ofdi_2^3$ 区间	(0.0014*** 0.0105***)	(0.0011** 0.0109**)	(0.0002* 0.0043**)
	$ofdi-3$	20.5138***	10.5980***	63.5213**
		(4.6930)	(3.8378)	(2.3992)
	$ofdi_3^4$ 区间	>0.0105**	>0.0109***	>0.0043**
	$ofdi-4$	0.3039	2.6204***	0.2869
		(0.3729)	(4.3217)	(0.0715)
税负调节对OFDI技术溢出的介质影响效应	tax_0^1 区间	<0.0072*	<0.0086***	<0.0044*
	$ofdi-1$	−4.3092**	−0.0018	−7.9032*
		(−2.5536)	(−0.0011)	(−2.2140)
	tax_1^2 区间	(0.0072* 0.0284**)	(0.0086** 0.0150***)	>0.0044*
	$ofdi-2$	−0.9134	105.8028***	3.4804**
		(−0.8276)	(4.4507)	(0.7815)

续表

检验模型	门槛区间	东部地区	中部地区	西部地区
税负调节对OFDI 技术溢出的介质影响效应	tax_2^3 区间	(0.0284 ** 0.0400 **)	>0.0150 ***	—
	$ofdi-3$	72.2264 *** (2.9830)	10.7004 (1.2915)	—
	tax_3^4 区间	>0.0400 **	—	—
	$ofdi-4$	2.2824 (0.5040)	—	—

注：() 内数字是经过异方差修正得到的 t 统计量检验值；*、**、*** 分别表示所对应变量的估计系数通过 10%、5%、1% 的显著水平检验；gov_n^{n+1} 表示政府研发资助的不同门槛区间；$gov-1$ 至 $gov-4$ 分别为四个不同门槛区间内政府研发资助对技术溢出的估计系数有所不同；各个控制变量影响不再显示赘述。

分区估计结果显示，东部地区的对外投资的技术溢出呈现出先负后正的“U”形特征，OFDI 强度低于 0.0005 时，对技术创新的溢出影响显著为负，但这一门槛值偏低，说明东部地区企业“走出去”的起步阶段，更多出于资源开发或市场扩张，反而不利于自主创新发展，在 OFDI 强度高过 0.0005 后，对外投资显著提升了区域技术创新水平，但随着 OFDI 强度提升，对技术创新的正向溢出影响逐渐减弱。税负调节对 OFDI 技术溢出的介质影响较为复杂，税负强度低于 0.0072 时，对外投资抑制了区域技术创新；而税负强度处于（0.0284 0.0400）区间时，对外投资有利于外部技术势差虹吸，提高区域创新产出；税负强度进一步提高后，对 OFDI 的技术溢出影响并不显著。这一情况与全国基本类似，税负强度只在适度区间能够释放 OFDI 的正向技术溢出效应，但东部地区的这一区间门槛明显高于全国水平，说明东部地区税收对技术红利的挤压限度相对更高，税负调节要充分考虑到这一因素。

中部地区对外投资的技术溢出轨迹与东部地区较为相似，初始水平的对外投资（$ofdi_0^1<0.0001$）不利于区域技术创新，通过加快“走出去”得以释放对外投资的技术溢出效应，提高区域技术创新水平。税负调节对中部地区的 OFDI 技术溢出的介质影响存在双重门槛特征，税负强度低于 0.0086 时，对外投资的技术溢出并不显著；当税负强度处于（0.0086 0.0150）时，对

外投资显著提升了区域技术创新产出；然而当税负强度高过 0.0150 时，对外投资的技术溢出效应变得不显著。这和全国层面和东部地区的影响轨迹类似，但释放 OFDI 正向技术溢出的税负强度区间明显低于东部地区，说明相对较低的税负强度更有利于中部地区 OFDI 技术溢出。

西部地区对外投资的技术溢出同样呈现出先负后正的“U”形规律，低水平的 OFDI 不利于区域技术创新；当 OFDI 水平处于（0.0002 0.0043）区间时有利于技术溢出；但更高水平的 OFDI 强度（$ofdi_3^4 > 0.0001$）对区域技术创新影响不显著，“走出去”的技术溢出效应在适度区间有效。西部地区税负调节对 OFDI 技术溢出的介质影响存在单一门槛特征，税负强度低于 0.0044 时，对外投资不利于区域技术创新；当税负强度提升超过 0.0044 时，会挤压利润空间，促进对外投资的技术势差虹吸，提高区域技术创新产出，这和中东部地区有所差异，说明西部地区处于一种安逸状态，提高税负反而有利于挤压对外投资创新虹吸的积极性；但从横向量化对比来看，这一门槛（0.0044）明显低于东部地区（0.0284）和中部地区（0.0086）的 OFDI 技术溢出释放门槛，因此在西部地区保持适度较低的税负强度有利于释放 OFDI 的技术溢出。

10.5 小结

本章从理论层面阐释了对外投资技术溢出的动态机制，并探讨税负调节作为介质因素如何影响 OFDI 的技术溢出；进一步采用中国区域面板数据及门槛模型实证研究 OFDI 的技术溢出效应以及税负调节对 OFDI 技术溢出的动态介质影响轨迹。从而得到如下主要结论：一是对外投资存在显著的正向技术溢出效应，但由于内外技术势差的动态变化，这种虹吸效应存在边际递减规律；二是税负强度对 OFDI 技术溢出具有显著的动态调节影响，在适度的税负强度区间，对外投资能够显著提升技术创新水平，税负强度过高时，对外投资对技术创新的影响变得不显著。三是对外投资、税负调节与技术创新的关联影响存在一定的时空分异特征，中东西部对外投资的技术溢出均呈现出“U”形特征，但正向溢出的 OFDI 水平有所差异；东部地区和中部地区税收强度在适度水平时有利于释放 OFDI 的技术溢出效应，相较而言东部地区的税负调节空间更大，而西部地区过低的税负会造成安逸惰性，税负强度保持在适度较低的合理区间有利于释放 OFDI 的技术溢出。

上述研究结论得到的政策含义在于：首先，全面开放新格局下，鼓励中国企业“走出去”能够有效虹吸国外先进技术势差，提高创新竞争力，特别是在“一带一路”建设下，加强多边合作，通过高新产业投资或企业并购，在先进地区和发达国家建立研发中心和生产基地，将外部先进技术和研发经验转化引入国内，成为技术创新的传播源和放大器，有助于改变“技术换市场”的被动策略。

其次，改革开放 40 多年来，税收增速超过了 GDP 增速，长此以往不利于经济发展质量提升，大规模减税降费将有利于激发市场经济活力，但从新时代创新驱动转型需求来看，减税降费不能简单追求短期经济繁荣，要鼓励减税降费转化为创新投入，提高技术创新水平，成为稳经济、升质量的调节器，充分利用减税降费激活市场竞争机制，促进产业升级与动能转化。

再次，为了鼓励产业发展和技术创新，减税降费长期惠及招商引资和技术引进，但在美国等一些发达国家的技术封锁之下，招商引资的技术含量不足，技术引进反而抑制了国内自主创新，当“走出去”开拓了一条外向技术势差虹吸通道时，减税降费要向 OFDI 倾斜，鼓励由外向内的技术转化和创新提升。当税负调节与对外投资双向叠加时，所衍生的创新驱动效应较为复杂，过低的税负强度容易导致创新惰性，而过高的税负压力会积压企业生存发展空间，抑制“走出去”创新虹吸积极性，因而要注意动态调节税负强度，在减税降费过程中要定位适度区间，通过有效释放 OFDI 的技术溢出效应加快创新转型，建立经济高质量发展和税收良性循环的双向共轨机制。

最后，不同区域间 OFDI 技术溢出和税负调节的介质影响有所差异，中东部地区拥有数量众多的跨国企业，要加快“走出去”虹吸国外先进技术势差，成为国内技术创新模范；并且释放 OFDI 技术溢出的税负门槛相对最高，减税降费要在合理区间内激励 OFDI 的技术溢出，同时也不能一味地减费降税而造成创新惰性。中部地区与东部地区情况类似，但 OFDI 技术溢出的税负门槛相对较低，可以在更有力的减税降费区间激励“走出去”，寻求外部学习和创新转型。西部地区底子薄，过低的税负水平容易衍生创新惰性，而“走出去”的创新驱动空间较大，OFDI 技术溢出的税负调节分水岭明显低于中、东部，保持在适度较低水平的税负强度能够有效释放 OFDI 的技术溢出效应，因而减费降税可以采用由东到西的动态递减策略，促进区域间的协调发展和创新进步。

第11章 双向跨境投资创新驱动的政策优化启示

从早期单向“引进来”的经济驱动，逐渐发展为IFDI与OFDI双向演化共轨溢出，新时代双向跨境投资对创新驱动和高质量发展具有深远影响，基于理论研究与实证检验，结合调研分析，本章梳理外资开放与对外投资的政策演化与制度变迁，进一步为激励双向跨境投资共轨创新溢出、优化双向跨境投资创新驱动的政策工具，以及借助“一带一路”建设放大中国开放经济影响力，提出系统政策建议。

11.1 外资开放引入的政策演化与制度变迁

改革开放以来，针对不同时期对外招商引资的内在诉求，税负政策不断调整优化（对外经济贸易部外国投资管理司，1989）。20世纪80年代，我国颁布了外资企业所得税法，给予相应的税负优惠，旨在吸引外资进入中国市场，扩大内循环资本投入规模，驱动经济增长和市场繁荣。当时中国刚刚打开国门，国际社会对中国经济发展的了解和关注并不多，尤其在美苏争霸两极格局影响下，一些西方发达国家企业虽然开启对华贸易，但对华投资合作一直处于观望态度，相应招商引资税负优惠在一定程度能够提高吸引力，释放积极对外合作态度。20世纪90年代，苏联解体催化了全球多边贸易体系发展（王子奇，2018），改革开放逐渐为世界所接受，为了解放生产力，加快国内经济建设，中国设立沿海经济开放区和经济特区，给予特殊税收优惠政策，尤其是针对生产加工链植入的出口贸易退税，显著放大了招商引资吸引力，大批发达国家制造业企业落户沿海经济特区，成为中国经济高速增长的内循环引擎（张哲和辛灵，2020）。进入21世纪，为了缓解地区间经济发展不平衡问题，实施西部大开发策略，对外开放税收优惠政策拓展延伸至西部地区，缩小东西部地区开放经济水平差距。随着中国经济高速增长向高质量发展转变，推动全面开放新格局和内循环驱动升级成为新时代深化开放的深层战略诉求，相应的税负调节政策逐渐完善细化，一是对外资进入实施行业清单管理，对新兴科技和技术升级类行业继续加大税收优惠力度，对低价值行业，逐渐取消税收优惠，甚至列入负面清单，鼓励产业升级和技术竞争，加快内生驱动和效率进步；二是从终端所得税减免，逐渐扩展到研发投入等中间增值税环节抵扣，旨在鼓励创新竞争，提高自主研发水平，强化创新驱动力；三是设立自贸区，给予更大范围的税收优惠政策，引导外资企业将高价值生产加工链植入国内，带动上下游产业协同升级。

表 11－1　改革开放以来国家层面针对外资开放的政策汇总（部分索引）

序号	出台时间	发文单位	政策文件	核心内容
1	1979年	全国人大常委会	《中华人民共和国中外合资经营企业法》	允许中外合营企业，保护合营企业合法权益
2	1983年	中共中央、国务院	《关于加强利用外资工作的指示》	对利用外资、引进先进技术的各项工作做了具体规定
3	1986年	全国人大常委会	《中华人民共和国外资企业法》	允许在中国境内设立外资企业，保护外资企业合法权益
4	1986年	国务院	《关于鼓励外商投资的规定》	为了更好地吸收外商投资，改善营商环境，给予各项优惠政策
5	1986年	国务院	《国务院办公厅关于加强利用外资统计报告工作的通知》	为及时、准确、全面地掌握全国利用外资情况，给制定政策、编制计划和研究问题提供依据，必须加强利用外资的统计报告工作

续表

序号	出台时间	发文单位	政策文件	核心内容
6	1988年	国务院	《国务院关于授权省、自治区、直辖市、经济特区和计划单列市人民政府审批外资企业的通知》	国务院授权省、自治区、直辖市、经济特区和计划单列市人民政府可以审批外资企业
7	1988年	全国人大常委会	《中华人民共和国中外合作经营企业法》	允许在中国境内设立中外合作经营企业，保护中外合作经营企业合法权益
8	1991年	国务院	《国务院关于加强外资企业重大项目审批工作的通知》	对规模较大、对国民经济有一定影响的重大外资项目审批程序
9	1995年	原国家计委、经贸委、外经贸部	《外商投资产业指导目录》	规范外商投资，引导进出口贸易
10	1998年	国务院	《进一步扩大对外开放、提高利用外资水平的若干意见》	提高政府办事效率，简化外资企业的审批流程
11	2000年	国家发改委、商务部	《中西部地区外商投资优势产业目录》	外商可投资的中西部地区优势产业目录
12	2002年	国务院	《指导外商投资方向规定》	指导外商投资方向，使外商投资方向与我国国民经济和社会发展规划相适应，并有利于保护投资者的合法权益
13	2004年	国务院	《国务院关于进一步扩大商业领域利用外资工作的批复》	同意商业利用外资工作由试点转入正常开放，按照我国加入世界贸易组织的承诺，逐步扩大开放的领域和范围
14	2006年	国务院	《中华人民共和国外资银行管理条例》	加强和完善对外资银行的监督管理，促进银行业的稳健运行

续表

序号	出台时间	发文单位	政策文件	核心内容
15	2010 年	国务院	《国务院关于进一步做好利用外资工作的若干意见》	一、优化利用外资结构。二、引导外资向中西部地区转移和增加投资。三、促进利用外资方式多样化。四、深化外商投资管理体制改革。五、营造良好的投资环境
16	2017 年	国务院	《关于扩大对外开放积极利用外资若干措施的通知》	进一步扩大对外开放，创造公平竞争环境，加强吸引外资工作
17	2017 年	国务院	《国务院关于促进外资增长若干措施的通知》	一、进一步减少外资准入限制。二、制定财税支持政策。三、完善国家级开发区综合投资环境。四、便利人才出入境。五、优化营商环境
18	2018 年	国务院	《国务院关于积极有效利用外资推动经济高质量发展若干措施的通知》	一、大幅度放宽市场准入，提升投资自由化水平。二、深化"放管服"改革，提升投资便利化水平。三、加强投资促进，提升引资质量和水平。四、提升投资保护水平，打造高标准投资环境。五、优化区域开放布局，引导外资投向中西部等地区。六、推动国家级开发区创新提升，强化利用外资重要平台作用
19	2019 年	国家发改委、商务部	《鼓励外商投资产业目录（2019 年版）》	鼓励外商投资领域，支持外资更多投向高端制造、智能制造、绿色制造等领域
20	2019 年	全国人大常委会	《中华人民共和国外商投资法》	扩大对外开放，积极促进外商投资，保护外商投资合法权益，规范外商投资管理，推动形成全面开放新格局
21	2019 年	全国人大常委会	《中华人民共和国外商投资法实施条例（草案）》	《中华人民共和国外商投资法》的相关配套条例
22	2019 年	国务院	《国务院关于修改〈中华人民共和国外资保险公司管理条例〉和〈中华人民共和国外资银行管理条例〉的决定》	推动保险业和银行业对外开放，加强和完善对外资保险公司、外资银行的监督管理

续表

序号	出台时间	发文单位	政策文件	核心内容
23	2019年	国务院	《国务院关于进一步做好利用外资工作的意见》	深化对外开放、加大投资促进力度、深化投资便利化改革、保护外商投资合法权益四个方面提出了20条稳外资政策措施，被称为“稳外资20条”
24	2020年	国务院办公厅	《关于进一步做好稳外贸稳外资工作的意见》	主要涉及完善财税金融政策、发展贸易新业态新模式、提升通关和人员往来便利化水平，以及支持重点产业重点企业四大方面。稳外贸稳外资政策措施
25	2020年	商务部	《关于应对疫情进一步改革开放做好稳外资工作的通知》	坚持促增量、稳存量并举，坚持在改革开放中稳外资，解决外资企业实际困难
26	2020年	国家发改委、商务部	《自由贸易试验区外商投资准入特别管理措施（负面清单）（2020年版）》	自贸试验区外商投资准入负面清单由37条减至30条，自贸区先行试验试点
27	2020年	国家发改委、商务部	《鼓励外商投资产业目录（2020年版）》	2020年版鼓励目录落实了外商投资法及其实施条例的规定，既保持了政策的延续性，又进一步明确了我国鼓励外商投资的行业、领域和地区
28	2020年	国家发改委、商务部	《外商投资准入特别管理措施（负面清单）（2020年版）》	全国外商投资准入负面清单由40条减至33条，扩大金融等现代服务业市场开放

11.2 对外跨境投资的政策演化与制度变迁

改革开放以来，针对不同时期对外投资诉求，相应政策不断调整优化

(李锋，2016)。改革开放初期颁布《关于经济改革的十五项措施》，允许出国申办企业，旨在加强中国同世界各国的经济合作，这是首次把发展对外投资上升到国家政策层面。随着对外经贸关系延伸，随后颁布《关于编制、审批境外投资项目的项目建议书和可行性研究报告的规定》，允许以投资、购买股票等方式到中国港澳地区和苏联、东欧各国，举办或参与举办非贸易性项目，但尚未允许到其他国家和地区开展境外投资，谨慎探索对外投资发展路径。

20世纪90年代，全球经济一体化不断深入，对外跨境投资成为促进专业分工国际化、引领经济全球化的重要途径，为加速中国经济嵌入全球化，国家层面开始注重鼓励对外跨境投资。党的十五大明确提出，鼓励并积极引导和组织国内有实力的企业“走出去”。中共十五届二中全会进一步指出，逐步、稳定地组织支持一批有实力有优势的国有企业“走出去”。

进入21世纪，中国经济保持高速增长，综合国力显著增强，对外跨境投资进入迅速发展阶段，为了优化对外经贸发展，颁布了对外投资合作国别指南、税收指南、产业导向目录等一系列文件，介绍投资国基本情况、经济形势、政策法规、投资机遇和风险等内容，为我国企业开展对外投资合作提供了丰富的基础信息。与改革开放初期不同，资源成本红利加速褪去，中低端加工制造业逐渐向周边发展中国家转移趋势，并且包括钢铁、建材、石化在内的传统行业出现产能过剩，鼓励对外投资，有效化解产能过剩和促进产业升级，挤入中高端价值链。

中国对外跨境投资发展政策的演变与中国改革开放进程密切相关（赵晓敏等，2012），伴随着中国经济实力的不断增强，国际竞争力提升，通过对外投资，在更大范围和更高层次上参与国际经贸和创新合作。与此同时，对外跨境投资政策逐渐向政府推动型转变，从初步探索到将深化双向开放，将对外跨境投资合作上升到国家战略层面，提出“一带一路”倡议，促进沿线国家的经贸合作，标志着中国将在全球经济治理结构中承担重要角色。

新时代随着中国经济高速增长向高质量发展转变，推动全面开放新格局和外循环驱动升级成为深层次战略诉求，相应对外跨境投资政策出现了分层细化（段爱群，2010），包括外汇管理（王勇，2009）、跨国企业税负调节政策（辽宁省国家税务局，2017）等，鼓励支持对外跨境投资，不断简政放权、优化境外投资监管程序、减少企业境外投资监管负担，但同时，也加强对企业境外投资指导和企业境外投资事中事后监管。“一带一路”倡议下，签署区域全面经济伙伴关系协定（RCEP），组织更多国家和地区参与国际投资、产业合作发展平台，促进中国对外跨境投资不断深化。完善外汇管理政策，深入推进“放管服”改革，提升外汇管理服务实体经济能力和水平，促进跨境贸易投资便利化。持续优化境外投资企业所得税政策，简化我国境外投资税收抵免方式，引导和促进我国企业境外投资经营进入良性循环轨道，支持行跨国经营，提高企业国际市场竞争力，逆向带动国内高质量发展。

表11-2 改革开放以来国家层面针对外跨境投资的政策（部分索引）

序号	出台时间	发布单位	政策文件	政策内容
1	1979年	国务院	《关于经济改革的十五项措施》	明确指出“允许出国办企业”。这是中国首次提出允许出国创办企业的文件，也是首次把发展对外直接投资上升到政策层面，体现了中国不断完善对外开放的内涵
2	1989年	外汇管理局	《境外投资外汇管理办法》	促进对外经济技术合作，加强境外投资外汇管理
3	1991年	国务院	《关于加强海外投资项目管理的意见》	对大规模海外投资持有审慎态度
4	1991年	国家计委	《关于编制、审批境外投资项目的项目建议书和可行性研究报告的规定》	允许以投资、购买股票等方式到中国港澳地区和苏联、东欧各国，举办或参与举办非贸易性项目，但不允许到其他国家和地区开展境外投资
5	1995年	国家财政部、税务总局	《关于发布境外所得计征所得税暂行办法的通知》	规定企业境外所得的确认办法和减免税问题
6	1999年	外经贸部、国家经贸委、财政部	《关于鼓励企业开展境外带料加工装配业务意见的通知》	提出鼓励中国具有比较优势的轻工、服装加工等企业到境外开展带料加工装配业务

续表

序号	出台时间	发布单位	政策文件	政策内容
7	2001年	全国人大常委会	《中华人民共和国国民经济和社会发展第十个五年计划纲要》	鼓励能够发挥中国比较优势的对外投资，扩大国际经济技术合作的领域、途径和方式
8	2003年	外汇管理局	《关于取消部分资本项目外汇管理行政审批后过渡政策措施的通知》	取消境外投资外汇风险审查制度，进一步简化境外投资外汇资金来源审查手续
9	2003年	外汇管理局	《关于进一步深化境外投资外汇管理改革有关问题的通知》	将300万美元以下的境外投资项目外汇资金来源审查权力下放给试点的地方分局
10	2004年	全国人大常委会	《关于境外投资开办企业核准事项的规定》	支持和鼓励有比较优势的各种所有制企业赴境外投资开办企业，金融机构安排“境外投资专项贷款”
11	2004年	国务院	《国务院关于投资体制改革的决定》	深化投资体制改革的指导思想和目标、转变政府管理职能，确立企业的投资主体地位、完善政府投资体制，规范政府投资行为、加强和改善投资的宏观调控、加强和改善投资的监督管理
12	2004年	统计局、商务部、外交部	《对外投资国别产业导向目录》	凡符合导向目录，并经核准持有对外投资批准证书的企业，优先享受国家在资金、外汇、税收、海关、出入境等方面的优惠政策
13	2004年	统计局、商务部、外交部	《国别投资经营障碍报告制度》	加强宏观协调和指导，保护投资者的合法权益，促进境外投资发展
14	2005年	商务部，国家外汇管理局	《企业境外并购事项前期报告制度》	企业在确定境外并购意向后，需及时向商务部及地方省级商务主管部门和国家外汇管理局及地方省级外汇管理部门报告
15	2005年	外汇管理局	《关于扩大境外投资外汇管理改革试点有关问题的通知》	扩大改革试点，增加境外投资的用汇额度，扩大试点地区外汇管理部门的审查权限

续表

序号	出台时间	发布单位	政策文件	政策内容
16	2005 年	外汇管理局	《关于调整境内银行为境外投资企业提供融资性对外担保管理方式的通知》	将境内外汇指定银行为我国境外投资企业融资提供对外担保的管理方式由逐笔审批调整为年度余额管理，将实施对外银行范围由个别银行扩大到所有符合条件的境内外汇指定银行，将可接受境内担保的政策受益范围由境外中资企业扩大到所有境内机构的境外投资企业
17	2006 年	商务部	《中国对外直接投资国别（地区）数据核查制度》	确保我国对外直接投资统计数据的准确、及时、并分析差异原因
18	2006 年	发改委	《境外投资产业指导政策》	明确鼓励类和禁止类的境外投资项目
19	2006 年	国务院	《关于鼓励和规范我国企业对外投资合作的意见》	鼓励企业抓住经济全球化和区域合作的机遇，鼓励有条件的企业积极稳妥地参与国际经济技术合作，进一步提高对外开放水平
20	2006 年	外汇管理局	《关于调整部分境外投资外汇管理政策的通知》	不再对地方外管部门核定境外投资购汇额度，境内投资者到境外投资所需外汇，可用自有外汇、人民币购汇及国内外汇贷款
21	2007 年	商务部、统计局、外管局	《对外直接投资统计制度》	明确对外直接投资统计的任务是通过统计调查，统计分析和提供统计资料，全面、准确、及时地反映我国对外直接投资的全貌，为国家分析 OFDI 趋势，监测宏观跨境投资运行情况，制定政策和实施监督管理，建立预警机制提供依据
22	2007 年	国务院	《中华人民共和国企业所得税暂行条例》	进一步完善税收抵免办法，规定针对海外投资企业的反避税措施
23	2009 年	商务部	《对外投资合作国别（地区）指南》	介绍投资合作目的国（地区）的基本情况、经济形势、政策法规、投资机遇和风险等内容，为我国企业开展对外投资合作提供了丰富的基础信息

续表

序号	出台时间	发布单位	政策文件	政策内容
24	2009年	商务部	《境外投资管理办法》	促进中国企业境外投资和规范境外投资
25	2009年	外汇管理局	《境内机构境外直接投资外汇管理》	取消外汇资金来源审查，只需在进行外汇登记时向外管局说明资金来源情况即可
26	2009年	国家财政部、税务总局	《关于企业境外所得税收抵免有关问题的通知》	进一步明确对外投资企业境外所得计征办法，并就如何解决对海外投资企业重复征税问题做出相关指导
27	2010年	国家税务总局	《企业境外所得税收抵免操作指南》	通过11个示例从操作角度对《关于企业境外所得税收抵免有关问题的通知》财税〔2009〕125号进行解释
28	2011年	外汇管理局	《境内居民通过境外特殊目的公司融资及返程投资外汇管理操作规程》	境内机构办理境外投资外汇登记、变更、备案及注销等，由各分局审核办理，各分局可依据自身业务情况授权辖区内分支机构办理
29	2011年	国家财政部、税务总局	《关于高新技术企业境外所得适用税率及税收抵免问题的通知》	规定高新技术企业的境外所得适用15%的优惠税率
30	2011年	国家财政部、税务总局	《关于我国石油企业在境外从事油（气）资源开采所得税收抵免有关问题的通知》	对“走出去”的特定行业作了两项特殊规定：一是试行“不分国不分项”的抵免计算方法；二是间接抵免层级增加至五层
31	2012年	商务部、外交部	《中国境外企业文化建设若干意见》	鼓励和支持我国企业更好地适应实施“走出去”战略面临的新形势，内凝核心价值、外塑良好形象
32	2014年	商务部	《境外投资管理办法》	对涉及出口中华人民共和国限制出口的产品和技术的行业，与中华人民共和国未建交的国家、受联合国制裁的国家，或者敏感国家或地区的实行核准管理

续表

序号	出台时间	发布单位	政策文件	政策内容
33	2015年	商务部	《对外投资合作境外安全风险预警和信息通报制度》	明确了境外安全风险的种类，规定了境外安全风险预警和信息通报的程序、内容和形式，并对各驻外经商机构、各地商务主管部门和有关商（协）会做好风险预警和信息通报工作提出了具体要求
34	2015年	外汇管理局	《跨国公司外汇资金集中运营管理》	允许上一年度外汇收支规模超过1亿美元的国内和跨国企业更自由地进行资金转移取消境外直接投资项下外汇登记核准两项行政审批制度开通
35	2015年	外汇管理局	《关于进一步简化和改进直接投资外汇管理政策的通知》	取消境外直接投资项下外汇登记核准两项行政审批制度开通
36	2016年	发改委	《境外投资项目核准和备案管理办法》	适应境外投资发展的需要，进一步提高投资便利化水平，加大简政放权力度
37	2017年	发改委、商务部	《关于进一步引导和规范境外投资方向的指导意见》	加强对境外投资的宏观指导，进一步引导和规范境外投资方向，推动境外投资持续合理有序健康发展，有效防范各类风险，更好地适应国民经济与社会发展需要
38	2017年	发改委、外交部、商务部	《推动共建丝绸之路经济带和21世纪海上丝绸之路的愿景与行动》	沿线各国资源禀赋各异，经济互补性较强，挖掘彼此合作潜力和空间，着力研究解决投资贸易便利化问题，消除投资和贸易壁垒，构建区域内和各国良好的营商环境，积极同沿线国家和地区共同商建自由贸易区，激发释放合作潜力
39	2017年	发改委	《企业境外投资管理办法》	明确了境外投资是指中国境内企业直接或者间接，以投入资产、权益或提供融资、担保等方式，获得境外所有权、控制权、经营管理权及其他相关权益的投资活动

续表

序号	出台时间	发布单位	政策文件	政策内容
40	2018 年	商务部、央行、国资委、银监会、证监会、保监会、外汇局	《对外投资备案（核准）报告暂行办法》	对中方投资额等值 3 亿美元（含 3 亿美元）以上的对外投资，敏感国别（地区）、敏感行业的对外投资，出现重大经营亏损的对外投资，出现重大安全事故及群体性事件的对外投资，存在严重违规行为的对外投资等投资重点监督
41	2019 年	外汇管理局	《国家外汇管理局关于进一步促进跨境贸易投资便利化的通知》	深入推进“放管服”改革，提升外汇管理服务实体经济能力和水平，促进跨境贸易投资便利化，国家外汇管理局决定进一步优化外汇管理政策措施，便利市场主体合规办理外汇业务

11.3 释放双向跨境投资共轨创新溢出的优化建议

改革开放初期国内产业基础薄弱，通过筑巢引凤引入国外先进企业，有效带动了产业培育和技术进步，释放了积极的 IFDI 创新溢出效应。但随着中国产业升级和供给侧改革，外资引入的技术优势逐渐缩小，IFDI 不但难以释放创新溢出，反而可能抑制了区域技术创新。因此，地方政府在招商引资过程中要摒弃过去“外来皆宜”的策略，不断提高“引进来”的技术门槛，鼓励高新技术外资企业落地，扩大外资引入的技术溢出空间，从而延续“引进来”的创新驱动力。

经济全球化趋势下，中国企业积极“走出去”，参与国际市场分工与合作，早期对外投资以中低端市场开拓和初级资源开发为主，未能有效发挥创新驱动效应。改革开放驱动下，中国企业逐渐提高竞争力，借助对外投资走向发达国家，开拓了一条外部技术势差虹吸通道，逆向提升国内创新水平。由此来看，跨境投资的创新驱动方向由单向“引进来”，逐渐分化转向“走出去”，那么过去给予招商引资的各项激励政策要向对外投资倾斜，鼓励中国企业借助对外投资和海外并购，嵌入全球产业链升级，培养树立一批国际化创新领袖，带动创新型国家建设。

双向跨境投资创新驱动过程中，IFDI 与 OFDI 存在复杂的互动影响，新时代推动全面开放新格局要兼顾并重“引进来”与“走出去”，不能因为创新驱动转向“走出去”，就顾此失彼，对“引进来”一刀切，要充分重视双向跨境投资创新溢出的互动调节规律。一方面通过“引进来”的驱动效应提高国内技术水平，进而撬动“走出去”的创新溢出起点；另一方面借助“走出去”的逆向虹吸作用，优化国内技术竞争环境，消除“引进来”的技术壁垒。

当前单边贸易保护主义盛行，“一带一路”建设有助于深化对外开放与创新合作，双向释放跨境投资的创新溢出红利。并且“一带一路”地区“引进来”与“走出去”具有较好的互动溢出空间，有利于平衡驱动创新发展。在坚持和深化“一带一路”建设过程中，要鼓励对发达国家的技术投资和创新虹吸，提升国内高新产业研发能力；在与发展中国家的南南合作中，除了中低端市场开拓和初级资源开发，可适当鼓励国内优势产业输出，以产业合作与经济协同强化“一带一路”纽带关系，扩大中国在国际发展中的积极影响力。同时，非“一带一路”地区不能因为政策缺失就摒弃跨境投资的创新驱动，应和“一带一路”地区加强合作，借助资源互补和政策互利，双向兼顾“引进来”与“走出去”，协调驱动创新发展。

11.4 以政府研发资助撬动双向跨境投资的共轨创新溢出

首先，政府研发资助有利于撬动跨境投资的创新溢出，但必须谨防研发资助对技术创新的反向吞噬现象，无论是外资企业还是内资企业，核心技术创新本身需要高强度的研发投入，创新主体在低水平投入过程中争取政府研发资助可能仅仅为了免费午餐，并没有激发创新积极性，反而会抑制自主创新，资本流动加速了创新迭代，只有高强度的政府研发资助匹配高质量的技术研发动能才会促进技术创新。这对政府研发资助的重要启示在于，一是要尽快改变过去普惠的研发资助策略，集中资金优势，重点支具有高强度研发投入能力的跨境投资企业，实现核心技术研发突破；二是政府研发资助不能成为免费午餐，要以权益共享，风险共担为契约，丰富政府研发资助形式，以股权基金或债权资金支持研发主体，避免政府研发资助过程中滋生“搭便车”行为，充分提高政府研发资助效率。

其次，政府研发资助对双向跨境投资的创新溢出具有显著介质影响，但在“走出去”和“引进来”过程中分别呈现出不同的驱动轨迹，在异化水平有助于分向动态撬动 IFDI 或 OFDI 的创新溢出，但也有可能抑制跨境投资的创新驱动。通过系统对比发现，政府研发资助在较高水平的撬动点既有利于释放 IFDI 的创新溢出，同时还能够有效激励 OFDI 的创新溢出，因此选择高强度的政府研发资助有利于在全面开放新格局下，双轨驱动跨境投资的创新溢出。与此同时，减税降费趋势下，必须重视财政资金的使用效率，双向跨境投资共轨驱动时，政府研发资助对 OFDI 创新溢出的撬动空间相对更大，因此在政府研发资助的靶向性选择时，应向“走出去”的跨国企业以及 OFDI 上下游企业倾斜，以政府研发资助鼓励国内企业加快技术追赶和创新竞争，通过逆向创新虹吸和技术溢出扩散的双重涟漪效应有效提升技术创新能力。

最后，政府研发资助对双向跨境投资创新溢出的撬动效应具有一定的空间异质性，新时代区域协调发展战略推动下，要选择时空分异的研发资助策略，寻求动态优化的跨境投资创新驱动。从东部地区来看，招商引资所带来的创新驱动逐渐弱化，要充分发挥政府研发资助对 OFDI 创新溢出的共振效应，借助东部地区工业技术先进和企业国际化程度较高的优势，通过“走出去”加快提升区域创新竞争力。中部地区的政府研发资助在特定区间会不同程度撬动 IFDI 与 OFDI 的创新溢出效应，但只有政府研发资助水平超过特定门槛时，会同时释放双向跨境投资的共轨创新溢出效应，因此要提高政府研发资助的门槛临界值，双向并重“引进来”与“走出去”的创新驱动。西部地区经济基础和创新水平相对较弱，政府财力有限，因此在中等适度的政府研发资助强度，能够兼顾“引进来”与“走出去”，定位双向跨境投资的最佳创新驱动轨道，有助于加快追赶超越。

11.5　以知识产权价值激励双向跨境投资的共轨创新溢出

知识产权价值激励对外资开放引入的创新溢出存在双向调节影响，“抑制论”和“促进论”共生演化，外资引入的负向溢出并不利于创新转型，低强度的知识产权价值激励效果不佳，只有高强度的知识产权价值激励才能扭转这一瓶颈，从抑制过渡为促进，释放外资开放引入的正向创新溢出效应。可见，中国已经从技术模仿阶段逐渐转向自主创新阶段，制度建设至关重要，一方面，要完善知识产权法制，塑造公平高效的竞争环境，欢迎国外核心技术和优势企业“引进来”，通过市场竞争带动国内产业升级和技术进步；另一方面，要加强知识产权价值激励，培育技术市场，减免交易税费，引导创新主体通过技术交易获取创新回报，构建完整的创新价值链。

逆向创新虹吸和创新溢出吸收扩散并存下，知识产权保护对中国OFDI创新溢出具有复杂的调节影响，宽松的知识产权保护虽然理论上有利于上下游企业和技术跟进企业的技术学习和创新模仿，但严重抑制了OFDI跨国企业的逆向创新虹吸和技术转化积极性，从而造成OFDI创新溢出的负效应。当前国内创新溢出吸收扩散有限，一方面要利用知识产权保护的正向调节作用，规范技术竞争，鼓励OFDI跨国企业借助对外投资加快逆向创新虹吸，将国外先进技术和创新经验转化引入国内，树立技术高塔和创新模范；另一方面注重实施动态优化的知识产权保护策略，保持OFDI跨国企业逆向创新虹吸和技术转化积极性的同时，逐步脉冲释放创新溢出红利，惠及国内上下游企业和技术跟进企业吸收扩散，双向螺旋促进区域创新发展。

考虑到双向跨境投资创新溢出的空间异质性，要实施有针对性的知识产权保护策略，最大化提升共轨创新溢出效应。东部地区和中部地区通过高强度的知识产权价值激励能够撬动外资引入的创新虹吸效应，但难以改变西部地区外资开放引入对创新发展的抑制性影响，对比来看，东部地区和中部地区更早迈向自主创新转型阶段，要不断提高外资引入的技术门槛，加强知识产权价值激励，建立开放透明的技术交易市场，强化创新竞争的内生驱动效应。西部地区底子薄，技术水平和创新基础差距较大，过度外资开放容易扩大技术势差，造成技术依赖和创新惰性，因此要立足根本，在自主技术研发和产业升级上多下功夫，同时注重知识产权保护，以市场竞争缩短供给侧改革周期，加速创新迭代。在对外投资维度，东部地区知识产权保护双向调节的临界门槛明显高于其他地区，说明东部地区创新基础和技术条件相对更好，本身技术市场较为规范度，由外向内的逆向创新虹吸和内部创新溢出吸收扩散在较高水平相互制衡，需要借助更高强度的知识产权保护才能进一步激发 OFDI 逆向创新虹吸，带动区域技术创新升级。中部地区知识产权保护对 OFDI 逆向创新溢出的正向影响远远超过其他地区，OFDI 所释放的创新溢出空间更高，可借助知识产权保护强度调节优化，鼓励企业大胆“走出去”，建立逆向创新虹吸优势，逐步带动内部创新溢出吸收扩散。西部地区创新条件和对外投资能力相对薄弱，创新进步以内部溢出吸收扩散为主，短期内依靠较为宽松的知识产权保护环境有利于实现技术学习和创新模仿，但长期如此则会造成自主创新惰性，阻碍区域创新发展，可循序渐进适度提升知识产权保护强度，长效促进 OFDI 驱动区域技术创新提升。

分析双向跨境投资创新溢出的轨迹发现，低强度知识产权价值激励对 OFDI 创新溢出的影响并不显著，反而明显抑制了 IFDI 的创新溢出，衍生出双轨抑制性瓶颈，这说明中国改革开放已经迈过初期的技术学习和创新模仿阶段，依赖逆向研发的搭便车时代已经过去，知识产权保护不力将损害创新积极性，对外资企业和走出去的跨国企业的创新竞争会造成惰性限制。当然，较高强度的知识产权价值激励，既能够释放 IFDI“引进来”的创新驱动，还能够激励跨国企业通过 OFDI 实现创新虹吸，转化提升国内创新水平，形成双轨溢出效应。这就需要合理制定知识产权保护策略，量化知识产权价值激励效应，在开放经济和创新发展过程中，给与弹性调整空间，释放 IFDI

与 OFDI 的共轨创新驱动红利。

11.6 以对外跨境投资和“一带一路”建设扩大中国开放经济影响力

中国对外直接投资外循环的溢出影响存在“U”形动态规律，吸收低强度中国投资可能在初级阶段与本国经济存在一定摩擦，但随着吸收强度提升超过一定门槛值，将分阶段释放积极的经济溢出与内生溢出。这一结论能够有力破解和回击“中国威胁论”的说法，任何外部资本在嵌入新的经济体过程中，难免需要适应与融合，大规模高强度吸收中国资本能够缩短瓶颈期，撬动中国资本的经济驱动力。更为重要的是，吸收中国对外投资不仅能够扩张再生产资本规模，还有利于引入中国经验，提升本国生产效率。可见，伴随着技术进步和产业升级，中国已经不再是低端“世界工厂”，正在逐渐挤入中高端价值链，成为全球生产扩散中心和新的技术溢出点，这对于优化全球经济结构，实现多边合作共赢，具有独特的中国意义，也意味着中国在全球经贸体系建设中应承担更多的责权与义务。

长期以来，开放经济扩大了南北贫富差距，吸收高强度中国对外直接投资在发展中国家能够撬动经济增长和内生驱动双重溢出红利。中国作为世界上最大的发展中国家，应强化南南合作，扩大对外投资规模，带动其他国家经济增长，并且，将改革开放成功经验与其他发展中国家分享，在经济增长的同时，注重内生优化与效率升级。发展中国家只有高强度吸收中国资本，才能激励正向溢出与共同进步，这就需要各方求同存异，移除偏见，为深化友好合作，加强跨境投资与经济融合，提供有力支持。同时，发达国家吸收高强度中国投资同样具有正向经济溢出影响，而且不会抑制本国生产效率，因此歧视排挤中国资本不合道理，美国、欧盟、日本等一些发达国家或地区长期以来都是吸收中国对外投资红利的最大受益方。单边贸易保护主义只会两败俱伤，发展中国家和发达国家都应科学理解中国对外投资的积极影响，寻求多边合作共赢。

“一带一路”建设下，要继续加大“一带一路”地区对外投资力度，注重外部技术吸收和创新学习，加强区域间协同联动，动态优化“一带一路”沿线省份对外投资结构，并发挥制度政策对 OFDI 逆向创新溢出的均衡正向调节优势，整体提升 OFDI 的逆向创新溢出效应。同时，全球经济发展存在诸多不确定性，中国必将承当更为重要的大国角色，“一带一路”建设对全球经济发展和价值链优化具有重要战略意义，中国对外投资打开了沿线国家的经济溢出通道，产能转移与资本流动为各国经贸合作与共同发展注入中国动力，也为坚持“一带一路”建设，扩大中国的国际影响力，提供了经验依据。当然，“一带一路”建设依然处于扩张阶段，中国对外直接投资对沿线国家 TFP 的影响并不显著，那么在规模经济融合互利的基础上，如何加强技术合作，共享创新资源，实现内生驱动与价值链共荣，依然需要深入探索。开放经济驱动下，通过对外跨境投资，中国将与“一带一路”沿线国家充分合作，建立多边共赢的经贸体系，击破单边贸易保护主义瓶颈，打造全球治理新格局。

第12章 总结与展望

12.1 核心观点

新冠肺炎疫情蔓延，单边贸易保护主义抬头，“百年未有之大变局”给世界经济和中国发展带来了诸多不确定因素，过去依赖招商引资的单轨驱动模式将难以为继。国家“十四五”规划提出，实行高水平对外开放，双向并重“引进来”与“走出去”，开拓合作共赢新局面。毫无疑问，中国在新一轮世界经济格局演变过程中承担重要角色，如何履行大国责任，以自身经济发展维护多边经贸体系，输出中国红利，为全球所期待。必须以深化改革为契机，推动全面开放新格局，优化政策体系和要素市场结构，推进市场监管体制和治理能力改革，协调并重招商引资与对外投资，以跨境投资内外双循环共轨驱动创新转型和高质量发展。

首先，跨境投资驱动力已经转向技术创新和高质量发展，要提高招商引资技术门槛，由“宽进劳动密集型”向“知识技术密集型”进阶，利用知识产权保护、政府研发资助等策略，带动先进外资撬动国内技术溢出与创新竞争，摆脱“雁行模式”的尾部瓶颈。与此同时，鼓励中国创新型企业大胆“走出去”，在外汇管理和金融支持上给予更多便利政策，通过对外投资并购，在发达国家设立技术研发中心和生产基地，虹吸国外创新经验，反哺国内技术进步与内生驱动。

其次，虽然世界经济发展受到多重不利影响，但中国经济发展具有长期稳定、消费市场庞大、产业链完整等优势，依然是世界最佳投资国之一。深化对外开放，必须进一步完善制度建设，一方面加强知识产权保护，严格环境规制，鼓励技术竞争，对内外企业一视同仁，培育公平高效的市场环境，激励内生驱动转型；另一方面，加速自贸试验区、自由贸易港相关制度创新与政策探索，深化“放管服”，降低外资企业投资发展的外部干扰，放大市场主体运营积极性。

最后，要清醒认识到，一些西方发达国家为了维护自身创新价值链优势，对中国长期实施技术封锁和竞争抑制策略，要打破发展瓶颈和外部壁垒，就必须坚持“一带一路”建设和对外跨境投资合作，为中国嵌入并重塑世界价值链提供破冰之道。以“一带一路”建设构筑沿线合作机制，将成熟产业和富余产能输出，带动沿线国家经济发展，缩短国内供给侧改革涟漪周期。同时，以对外跨境投资为合作载体，促进沿线国家之间人员交流、技术传播、创新溢出和政策便利，分享创新发展成果，促进新兴国家价值链融合，树立大国发展的多边共赢典范。

12.2 边际贡献

本书的边际贡献在于：一是基于中国双向跨境投资的演化趋势，以内外技术势差为动因，分析跨境投资创新溢出的衍生逻辑，揭示从 IFDI 到 OFDI 的历史必然性；由此突破单一 IFDI 或单一 OFDI 的研究局限，双向对比 IFDI 与 OFDI 创新溢出的动态演进关系，界定两者的共轨驱动特征，从而为研究跨境投资创新溢出提供了一个全局视角。进一步推演双向跨境投资创新溢出的互动关系，剖析 IFDI 对 OFDI 创新溢出的影响机制和 OFDI 对 IFDI 创新溢出的影响机制，并借助实证检验刻画两者之间的动态影响规律，由此为新时代全面开放和创新驱动提供系统优化、动态调节的策略选择。

二是以政府研发资助和知识产权价值激励等政策工具作为外生变量，引入双向跨境投资的创新溢出模型，从而构建一个从外生到内生的逻辑框架，揭示各项政策影响、双向跨境投资及区域创新发展之间的较为复杂的迭代关系。并通过实证检验政府研发资助和知识产权价值激励对双向跨境投资创新溢出的非线性调节影响，找出“抑制论”到“促进论”的过渡边界，为合理制定各项激励政策，撬动双向跨境投资的共轨溢出效应，提供科学参考和量化依据。

12.3 研究不足

本书研究中的不足在于，在内循环维度，围绕核心目标，研究着眼于宏观层面的双向跨境投资溢出效应，因此实证研究中，数据选择以宏观层面数据为主，在研究双向跨境投资的内循环溢出效应时，主要选择的是省际面板数据，在研究 OFDI 外循环多边溢出效应时，选择了跨国面板数据，研究结果揭示了双向跨境投资驱动中国创新发展的溢出轨迹，以及对外跨境投资的外部影响特征。相应局限在于，缺乏微观研究证据和中观行业分析，跨境投资在微观层面是企业行为，选择企业层面数据将有助于分析双向跨境投资的直接驱动影响，能够补充对区域层面溢出效应的个体解释；如果能进一步搜集整理行业面板数据，则有助于分析双向跨境投资溢出效应的行业异质性。

12.4 拓展方向

针对上述不足，作者未来将继续深入研究，搜集整理微观企业数据，分析中国企业对外投资是否有利于提升自身技术创新水平，探讨跨国公司投资中国是否能够提升自身技术水平，尝试破解零和博弈，为推动外资内循环与内资外循环的双赢局面提供研究参考。同时，进一步以行业面板数据为基础，分析外资引入和对外投资在不同行业溢出效应的差异性，以此揭示开放经济与产业结构演变之间的影响关系，进而为产业升级与创新发展提供行业层面的实证依据。

此外，中国跨境投资显然有利于世界经济发展和治理结构优化，下一步研究将扩展搜集跨国面板数据，检验不同国家对中国的跨境投资是否有利于本国经济发展和创新进步，重点分析“一带一路”沿线国家与中国之间跨境投资的多边溢出效应，借助政策工具检验，寻找放大世界各国与中国跨境投资合作溢出红利的优化路径，为击破“中国威胁论”，为世界经济发展注入中国力量，提供经验支撑和研究贡献。

参考文献

[1] 白俊红，吕晓红. FDI 质量与中国经济发展方式转变 [J]. 金融研究，2017 (5)：47 -62.

[2] 白俊红，蒋伏心. 协同创新、空间关联与区域创新绩效 [J]. 经济研究，2015，50 (7)：174 -187.

[3] 白洁. 对外直接投资的逆向技术溢出效应：对中国全要素生产率影响的经验检验 [J]. 世界经济研究，2009 (8)：65 -69，89.

[4] 陈岩. 中国对外投资逆向技术溢出效应实证研究：基于吸收能力的分析视角 [J]. 中国软科学，2011 (10)：61 -72.

[5] 陈劲，陈钰芬，余芳珍. FDI 对促进我国区域创新能力的影响 [J]. 科研管理，2007 (1)：7 -13.

[6] 陈昊，吴雯. 中国 OFDI 国别差异与母国技术进步 [J]. 科学学研究，2016，34 (1)：49 -56.

[7] 陈庆江. 政府科技投入能否提高企业技术创新效率？[J]. 经济管理，2017，39 (2)：6 -19.

[8] 程惠芳，陈超. 开放经济下知识资本与全要素生产率——国际经验与中国启示 [J]. 经济研究，2017，52 (10)：21 -36.

[9] 董明放，韩先锋. 研发投入强度与战略性新兴产业绩效 [J]. 统计研究，2016，33 (1)：45 -53.

[10] 杜龙政，林伟芬. 中国对“一带一路”沿线直接投资的产能合作

效率研究——基于24个新兴国家、发展中国家的数据［J］．数量经济技术经济研究，2018，35（12）：3-21．

［11］杜龙政，林润辉．对外直接投资、逆向技术溢出与省域 创新能力——基于中国省际面板数据的门槛回归分析［J］．中国软科学，2018（1）：149-162．

［12］戴翔，张二震，王原雪．全面开放新格局：内涵、路径及方略［J］．贵州社会科学，2018（3）：104-110．

［13］戴翔，刘梦，任志成．劳动力演化如何影响中国工业发展：转移还是转型［J］．中国工业经济，2016（9）：24-40．

［14］代玉娟．中国对日直接投资影响因素的实证分析［D］．辽宁大学，2015．

［15］丁艳．知识产权保护与科技创新能力提升——基于创新价值链视角的研究［D］．浙江工商大学，2020．

［16］段爱群．跨国并购法律方略与财税金融政策问题探析［M］．北京：法律出版社，2010．

［17］杜龙政，林润辉．对外直接投资、逆向技术溢出与省域创新能力——基于中国省际面板数据的门槛回归分析［J］．中国软科学，2018（1）：149-162．

［18］对外经济贸易部外国投资管理司．利用外资文件汇编（第二集）［M］．北京：中国经济出版社，1989．

［19］樊士德，沈坤荣，朱克朋．中国制造业劳动力转移刚性与产业区际转移——基于核心-边缘模型拓展的数值模拟和经验研究［J］．中国工业经济，2015（11）：94-108．

［20］樊纲，王小鲁，马光荣．中国市场化进程对经济增长的贡献［J］．经济研究，2011（9）：4-16．

［21］范德成，刘凯然．创新价值链视角下中国对外直接投资对产业技术创新效率影响研究［J］．经济问题探索，2020（5）：109-121．

［22］冯华，韩小红．外商直接投资对中国工业创新绩效的影响研究——基于三个中介效应的分析［J］．经济与管理研究，2020，41（7）：

18 – 30.

[23] 傅元海，唐未兵，王展祥. FDI 溢出机制，技术进步路径与经济增长绩效 [J]. 经济研究，2010，45 (6)：92 – 104.

[24] 付敏杰，张平，袁富华. 工业化和城市化进程中的财税体制演进：事实、逻辑和政策选择 [J]. 经济研究，2017，52 (12)：29 – 45.

[25] 郭娟娟，冼国明，房帅. 外资自由化、制度环境与制造业企业全球价值链地位提升——基于溢出效应理论的研究 [J]. 产业经济研究，2020 (6)：83 – 98，127.

[26] 郭惠，李勃昕，刘若江. 外资开放引入的创新虹吸是否依然有效——基于知识产权价值激励的动态检验 [J]. 科技进步与对策，2021，38 (7)：56 – 66.

[27] 高鹏飞. 中国 OFDI 动因演变、多元特征与潜在挑战 [J]. 国际贸易，2019 (10)：73 – 79.

[28] 高培勇，杜创，刘霞辉，袁富华，汤铎铎. 高质量发展背景下的现代化经济体系建设：一个逻辑框架 [J]. 经济研究，2019，54 (4)：4 – 17.

[29] 葛顺奇，罗伟. 中国制造业企业对外直接投资和母公司竞争优势 [J]. 管理世界，2013 (6)：28 – 42.

[30] 龚新蜀，李永翠. 外商直接投资进入速度、规模存量与区域创新效率——基于面板门槛模型的实证分析 [J]. 工业技术经济，2019，38 (10)：83 – 91.

[31] 苟强. 中国 OFDI 逆向技术溢出的内在机理研究 [D]. 西北师范大学，2018.

[32] 韩超，王震，朱鹏洲. 企业创新能力提升的市场化路径：外资开放与发明专利行为 [J]. 国际贸易问题，2021 (3)：78 – 92.

[33] 韩先锋，宋文飞，李勃昕. 互联网能成为中国区域创新效率提升的新动能吗 [J]. 中国工业经济，2019 (7)：119 – 136.

[34] 韩震. 改革开放的历史变迁与理论变革 [J]. 中国社会科学，2018 (11)：104 – 113.

[35] 何兴强，欧燕，史卫，刘阳. FDI 技术溢出与中国吸收能力门槛研究 [J]. 世界经济，2014，37 (10)：52 – 76.

[36] 何建华，陈阳阳，彭建娟. OFDI 逆向技术溢出与我国技术创新能力关系研究 [J]. 统计与决策，2016 (2)：112 – 114.

[37] 胡立君，郑玉. 知识产权激励、FDI 技术溢出与企业创新绩效 [J]. 审计与经济研究，2014，29 (5)：105 – 112.

[38] 黄凌云，鲍怡. 制度特征、FDI 对我国制造业技术效率的影响——基于行业数据的分析 [J]. 经济学家，2009 (11)：22 – 29.

[39] 黄远浙，钟昌标，叶劲松，胡大猛. 跨国投资与创新绩效——基于对外投资广度和深度视角的分析 [J]. 经济研究，2021，56 (1)：138 – 154.

[40] 蒋殿春，张宇. 经济转型与外商直接投资技术溢出效应 [J]. 经济研究，2008 (7)：26 – 38.

[41] 江小涓，孟丽君. 内循环为主、外循环赋能与更高水平双循环——国际经验与中国实践 [J]. 管理世界，2021，37 (1)：1 – 19.

[42] 江小涓. 中国的外资经济对增长、结构升级和竞争力的贡献 [J]. 中国社会科学，2002 (6)：4 – 14，204.

[43] 景光正，李平，许家云. 金融结构、双向 FDI 与技术进步 [J]. 金融研究，2017 (7)：62 – 77.

[44] 阚大学. 对外直接投资的反向技术溢出效应——基于吸收能力的实证研究 [J]. 商业经济与管理，2010 (6)：53 – 58.

[45] 阚大学. 对外直接投资、市场化进程与内资企业技术创新——基于省级大中型工业企业面板数据的实证研究 [J]. 研究与发展管理，2014，26 (5)：14 – 22.

[46] 李新春，肖宵. 制度逃离还是创新驱动？——制度约束与民营企业的对外直接投资 [J]. 管理世界，2017 (10)：99 – 112，129，188.

[47] 李依颖，王增涛，胡琰欣. 双边投资协定、区域制度与区域外商直接投资 [J]. 财贸经济，2019，40 (4)：86 – 99.

[48] 李磊，冼国明，包群. “引进来”是否促进了“走出去”？——外

商投资对中国企业对外直接投资的影响［J］. 经济研究，2018，53（3）：142－156.

［49］李明，李德刚，冯强. 中国减税的经济效应评估——基于所得税分享改革“准自然试验”［J］. 经济研究，2018，53（7）：121－135.

［50］李彤. 浅析外商直接投资对中国的技术溢出效应［J］. 经济论坛，2007（21）：61－63.

［51］李思慧，于津平. 对外直接投资与企业创新效率［J］. 国际贸易问题，2016（12）：28－38.

［52］李洪亚，宫汝凯. 技术进步与中国 OFDI：促进与溢出的双重考察［J］. 科学学研究，2016，34（1）：57－68.

［53］李虹含，贺宁，汪存华，杨茂. 产业结构升级的创新驱动效应研究——基于中国省际面板数据的实证分析［J］. 科技进步与对策，2020，37（15）：54－61.

［54］李阳，党兴华，韩先锋，宋文飞. 环境规制对技术创新长短期影响的异质性效应——基于价值链视角的两阶段分析［J］. 科学学研究，2014（6）：937－949.

［55］李勃昕，韩先锋，黄铖. 政府研发资助是否有利于撬动跨境投资的技术创新溢出？——基于 IFDI 与 OFDI 双向演化的新视角［J］. 统计研究，2020，37（6）：15－26.

［56］李勃昕，韩先锋，李宁. 知识产权保护是否影响了中国 OFDI 逆向创新溢出效应？［J］. 中国软科学，2019（3）：46－60.

［57］李勃昕，韩先锋. 新时代下对中国创新绩效的再思考——基于国家创新体系的“金字塔”结构分析［J］. 经济学家，2018（10）：72－79.

［58］李平，刘利利. 政府研发资助、企业研发投入与中国创新效率［J］. 科研管理，2017，38（1）：21－29.

［59］李青，钟祖昌. 海外专利布局对中国对外直接投资的影响——基于2002—2014年国别面板数据的实证研究［J］. 管理评论，2017（5）：40－51.

[60] 李娟，唐珮菡，万璐，庞有功．对外直接投资、逆向技术溢出与创新能力——基于省级面板数据的实证分析 [J]．世界经济研究，2017(4)：59－71.

[61] 李娟．外商直接投资对科技服务业上市公司创新能力的影响研究 [D]．武汉理工大学，2019.

[62] 李惠茹，蒋俊．中国对外直接投资的政策演变与效果实证 [J]．河北大学学报（哲学社会科学版），2019，44（6）：68－79.

[63] 李钢，李俊．迈向贸易强国：中国外经贸战略的深化与升级 [M]．北京：人民出版社，2006.

[64] 李洁琳．中国对外直接投资政策对 OFDI 的影响 [D]．北京交通大学，2015.

[65] 李景睿，赵婉婉．金砖国家 OFDI 对出口技术升级的影响研究——基于投资动机视角的实证分析 [J]．科技和产业，2020，20（10）：18－26.

[66] 李锋．我国对外直接投资政策研究 [J]．全球化，2016，10(10)：88－98.

[67] 李彦龙．税收优惠政策与高技术产业创新效率 [J]．数量经济技术经济研究，2018（1）：60－76.

[68] 刘建丽．国有企业国际化 40 年：发展历程及其制度逻辑 [J]．经济与管理研究，2018，39（10）：14－31.

[69] 刘建丽．新中国利用外资 70 年：历程、效应与主要经验 [J]．管理世界，2019，35（11）：19－37.

[70] 刘军，王长春．优化营商环境与外资企业 FDI 动机——市场寻求抑或效率寻求 [J]．财贸经济，2020，41（1）：65－79.

[71] 刘磊，刘晓宁．自主研发、技术引进与制造业国内技术含量 [J]．科研管理，2018，39（8）：34－42.

[72] 刘舜佳．国际贸易、FDI 和中国全要素生产率下降——基于 1952—2006 年面板数据的 DEA 和协整检验 [J]．数量经济技术经济研究，2008，25（11）：28－39，55.

[73] 刘舜佳，张雅. 出口退税贸易效应再评估：贸易促进还是虚假贸易 [J]. 世界经济研究，2018，298 (12)：39－49，61，134.

[74] 刘德学，刘帷韬. 正负面清单视角下贸易开放度与制造业行业创新绩效 [J]. 科技进步与对策，2016，33 (23)：57－61.

[75] 刘柏惠，寇恩惠，杨龙见. 增值税多档税率、资源误置与全要素生产率损失 [J]. 经济研究，2019 (5)：113－128.

[76] 刘晶，武娜. 中国对外直接投资区位选择：基于知识产权保护差异的研究 [J]. 经济问题探索，2015 (5)：86－92.

[77] 刘焕鹏，严太华. OFDI与国内创新能力关系中的"门限效应"：区域金融发展视角的实证分析 [J]. 科研管理，2015，36 (1)：1－7.

[78] 刘航，杨丹辉. 高质量进口能带来成本节约效应吗 [J]. 中国工业经济，2020 (10)：26－44.

[79] 刘朝，韩先锋，宋文飞. 环境规制强度与外商直接投资的互动机制 [J]. 统计研究，2014 (5)：32－40.

[80] 刘徐方. 外商直接投资、政府支出对中国技术进步效应的经验分析 [J]. 工业技术经济，2016，35 (3)：31－35.

[81] 罗伟，葛顺奇. 跨国公司进入与中国的自主研发：来自制造业企业的证据 [J]. 世界经济，2015，38 (12)：29－53.

[82] 罗良文，阚大学. 国际贸易、FDI与技术效率和技术进步 [J]. 科研管理，2012，33 (5)：64－69.

[83] 廖信林，顾炜宇，王立勇. 政府R&D资助效果、影响因素与资助对象选择——基于促进企业R&D投入的视角 [J]. 中国工业经济，2013 (11)：148－160.

[84] 辽宁省国家税务局，辽宁省地方税务局主编. 中国"走出去"企业税收指南 [M]. 沈阳：辽宁人民出版社，2017.

[85] 毛其淋. 外资进入自由化如何影响了中国本土企业创新？[J]. 金融研究，2019 (1)：76－94.

[86] 毛其淋，许家云. 中国企业对外直接投资是否促进了企业创新 [J]. 世界经济，2014 (8)：98－125.

[87] 马嘉楠，翟海燕，董静．财政科技补贴及其类别对企业研发投入影响的实证研究 [J]．财政研究，2018 (2)：77－87.

[88] 倪世雄．中美关系 70 年：理论与实践 [J]．国际观察，2019 (5)：1－25.

[89] 潘素昆，袁然．不同投资动机 OFDI 促进产业升级的理论与实证研究 [J]．经济学家，2014 (9)：69－76.

[90] 彭红星，王国顺．中国政府创新补贴的效应测度与分析 [J]．数量经济技术经济研究，2018，35 (1)：77－93.

[91] 裴长洪，刘斌．中国开放型经济学：构建阐释中国开放成就的经济理论 [J]．中国社会科学，2020 (2)：46－69，205.

[92] 邱喆成．对外直接投资、创新能力提升与国有经济比重——基于我国省际面板数据的研究 [J]．上海经济研究，2015 (9)：24－30.

[93] 沈国兵，黄铄珺．行业知识产权保护，外资进入与中国内资企业出口技术含量 [J]．国际贸易问题，2020 (4)：1－18.

[94] 沈国云．外商直接投资、对外开放与经济增长质量——基于中国汽车产业的经验实证 [J]．经济问题探索，2017 (10)：113－122.

[95] 沈国婧．我国境外投资审查制度研究 [D]．北方工业大学，2016.

[96] 盛斌，吕越．外国直接投资对中国环境的影响——来自工业行业面板数据的实证研究 [J]．中国社会科学，2012 (5)：54－75，205－206.

[97] 宋炜，周勇．强制技术转移、适应性熟化与创新溢出效应——来自中国工业的经验分析 [J]．软科学，2019，33 (2)：52－55.

[98] 宋勇超．中国对外直接投资的逆向技术溢出效应研究——理论模型与实证检验 [J]．经济经纬，2015 (3)：60－65.

[99] 宋文飞，李国平，韩先锋．价值链视角下环境规制对 R&D 创新效率的异质门槛效应——基于工业 33 个行业 2004—2011 年的面板数据分析 [J]．财经研究，2014，40 (1)：93－104.

[100] 宋文飞，李国平，韩先锋．环境规制、贸易自由化与研发创新双环节效率门槛特征——基于我国工业 33 个行业的面板数据分析 [J]．国际

贸易问题，2014（2）：65－73.

［101］沙文兵．对外直接投资，逆向技术溢出与国内创新能力——基于中国省际面板数据的实证研究［J］．世界经济研究，2012（3）：69－74.

［102］沙文兵，李莹．OFDI 逆向技术溢出、知识管理与区域创新能力［J］．世界经济研究，2018（7）：80－94，136.

［103］邵玉君．FDI、OFDI 与国内技术进步［J］．数量经济技术经济研究，2017，34（9）：21－38.

［104］尚洪涛，黄晓硕．政府补贴、研发投入与创新绩效的动态交互效应［J］．科学学研究，2018，36（3）：446－455，501.

［105］田毕飞，陈紫若．FDI 对中国创业的空间外溢效应［J］．中国工业经济，2016（8）：40－57.

［106］田原，李建军．中国对"一带一路"沿线国家 OFDI 的区位选择［J］．经济问题探索，2018（1）：79－88.

［107］唐宜红，张鹏杨．FDI、全球价值链嵌入与出口国内附加值［J］．统计研究，2017，34（4）：36－49.

［108］唐宜红，俞峰，李兵．外商直接投资对中国企业创新的影响——基于中国工业企业数据与企业专利数据的实证检验［J］．武汉大学学报（哲学社会科学版），2019，72（1）：105－121.

［109］陶长琪，王慧芳．OFDI 逆向技术溢出对长三角地区全要素能源效率的影响［J］．研究与发展管理，2018，30（3）：100－110.

［110］王勇．企业"出海"亟待全方位政策支持［J］．中国外汇，2009（9）：32－33.

［111］王勇．产业动态、国际贸易与经济增长［J］．经济学（季刊），2018，17（2）：753－780.

［112］王竹君，魏婕，任保平．异质型环境规制背景下双向 FDI 对绿色经济效率的影响［J］．财贸研究，2020，31（3）：1－16.

［113］王鹏，张剑波．外商直接投资、地区差异与创新规模及层次——基于泛珠三角区域内地九省区面板数据的实证研究［J］．国际贸易问题，2012（12）：84－94.

[114] 王英，刘思峰．中国 ODI 反向技术外溢效应的实证分析 [J]．科学学研究，2008 (2)：74－78.

[115] 王欣，姚洪兴．长三角 OFDI 对区域技术创新的非线性动态影响效应——基于吸收能力的 PSTR 模型检验 [J]．世界经济研究，2016 (11)：86－100.

[116] 王福涛，张振刚，陈昊扬．FDI 技术变迁向度、劳动分配率与中国经济增长 [J]．科研管理，2017，38 (2)：1－9.

[117] 王碧珺，李冉，张明．成本压力、吸收能力与技术获取型 OFDI [J]．世界经济，2018，41 (4)：99－123.

[118] 王子奇．试论苏联解体对当代世界的重大影响 [J]．科学社会主义，2018 (1)：155－160.

[119] 汪思齐，王恕立．制造业双向 FDI 生产率效应的行业差异及人力资本门槛估计 [J]．经济评论，2017 (2)：100－112.

[120] 文淑惠，张诣博．金融发展、FDI 溢出与经济增长效率：基于"一带一路"沿线国家的实证研究 [J]．世界经济研究，2020 (11)：87－102，136－137.

[121] 魏浩，连慧君，巫俊．中美贸易摩擦、美国进口冲击与中国企业创新 [J]．统计研究，2019，36 (8)：46－59.

[122] 魏后凯．外商直接投资对中国区域经济增长的影响 [J]．经济研究，2002 (4)：19－26，92－93.

[123] 吴玉鸣．外商直接投资对环境规制的影响 [J]．国际贸易问题，2006 (4)：111－116.

[124] 吴超鹏，唐菂．知识产权保护执法力度、技术创新与企业绩效——来自中国上市公司的证据 [J]．经济研究，2016，51 (11)：125－139.

[125] 吴哲，范彦成，陈衍泰，黄莹．新兴经济体对外直接投资的逆向知识溢出效应——中国对"一带一路"国家 OFDI 的实证检验 [J]．中国管理科学，2015，23 (S1)：690－695.

[126] 肖琬君，冼国明，杨芸．外资进入与产业结构升级：来自中国城市层面的经验证据 [J]．世界经济研究，2020 (3)：35－47，137－138.

[127] 肖刚，杜德斌，其文. 中国区域创新差异的时空格局演变 [J]. 科研管理，2016，37 (5)：42 - 50.

[128] 谢子远，张浩飞，王佳，吴瑛，张浩飞. 中国高技术产业研发投入为何偏低：FDI 的视角 [J]. 科研管理，2017，38 (11)：1 - 9.

[129] 谢钰敏，周开拓，魏晓平. 对外直接投资对中国创新能力的逆向溢出效应研究 [J]. 经济经纬，2014 (3)：48 - 53.

[130] 徐硼，赵超，徐宏毅. 外商直接投资对科技服务业上市公司创新能力影响 [J]. 科研管理，2020，41 (11)：228 - 239.

[131] 徐盈之，王晶晶. 知识产权保护、产学研协同创新与产品质量升级 [J]. 大连理工大学学报（社会科学版），2017，38 (3)：24 - 30.

[132] 许和连，祝树金，徐航天. 加快推动形成全面开放新格局，致力共建创新包容的世界经济——第五届国际经济学前沿论坛综述 [J]. 经济研究，2019，54 (6)：199 - 203.

[133] 夏杰长，肖宇，孙盼盼. 以服务业扩大开放促进中国产业升级：理论逻辑与政策思路 [J]. 国际贸易，2020 (6)：4 - 13.

[134] 项婕妤. FDI 水平评价及其技术进步效应研究 [D]. 浙江工业大学，2014.

[135] 杨俊，邵汉华. 环境约束下的中国工业增长状况研究——基于 Malmquist - Luenberger 指数的实证分析 [J]. 数量经济技术经济研究，2009，26 (9)：64 - 78.

[136] 杨连星，刘晓光. 中国 OFDI 逆向技术溢出与出口技术复杂度提升 [J]. 财贸经济，2016，37 (6)：97 - 112.

[137] 杨连星，罗玉辉. 中国对外直接投资与全球价值链升级 [J]. 数量经济技术经济研究，2017，34 (6)：54 - 70.

[138] 杨世迪，韩先锋. 双向 FDI 与国内绿色创新的异质动态关联——基于环境规制的调节分析 [J]. 软科学，2021.

[139] 杨世迪，韩先锋，宋文飞. 对外直接投资影响了中国绿色全要素生产率吗 [J]. 山西财经大学学报，2017，39 (4)：14 - 26.

[140] 阳立高，贺正楚，柒江艺，韩峰. 发展中国家知识产权保护、人

力资本与经济增长［J］. 中国软科学，2013（11）：123－138.

［141］姚树洁，冯根福，王攀，欧境华. 中国是否挤占了OECD成员国的对外投资？［J］. 经济研究，2014，49（11）：43－57.

［142］余晓钟，刘利. “一带一路”倡议下国际能源产业园区合作模式构建——以中亚地区为例［J］. 经济问题探索，2020（2）：105－113.

［143］严成樑. 现代经济增长理论的发展脉络与未来展望——兼从中国经济增长看现代经济增长理论的缺陷［J］. 经济研究，2020，55（7）：191－208.

［144］衣长军，李赛，张吉鹏. 制度环境、吸收能力与新兴经济体OFDI逆向创新溢出效应——基于中国省际面板数据的门槛检验［J］. 财经研究，2015，41（11）：4－19.

［145］叶祥松，刘敬. 异质性研发，政府支持与中国科技创新困境［J］. 经济研究，2018，53（9）：116－132.

［146］永钦，杜巨澜，王凯. 中国对外直接投资区位选择的决定因素：制度、税负和资源禀赋［J］. 经济研究，2014，49（12）：126－142.

［147］殷朝华，郑强，谷继建. 对外直接投资促进了中国自主创新吗——基于金融发展视角的实证研究［J］. 宏观经济研究，2017（8）：69－85.

［148］尹东东，张建清. 我国对外直接投资逆向技术溢出效应研究——基于吸收能力视角的实证分析［J］. 国际贸易问题，2016（1）：109－120.

［149］张建，李占风. 对外直接投资促进了中国绿色全要素生产率增长吗——基于动态系统GMM估计和门槛模型的实证检验［J］. 国际贸易问题，2020（7）：159－174.

［150］张哲，辛灵. 我国稳外资政策措施，效果及思考［J］. 国际税收，2020（10）：16－22.

［151］张晓朋. 中国对外直接投资的风险评估指标体系及模型构建［D］. 上海社会科学院，2018.

［152］张兴祥. 更高水平对外开放的新趋势与新优势［J］. 人民论坛，2020（31）：50－52.

[153] 张幼文. 新时代中国国际地位新特点和世界共同发展新动力 [J]. 世界经济研究, 2017 (12): 24 - 28, 132 - 133.

[154] 张晓涛, 刘亿, 杨翠. 我国劳动密集型产业向"一带一路"沿线国家转移的区位选择——基于产业承接能力与要素约束视角 [J]. 吉林大学社会科学学报, 2019, 59 (1): 111 - 122.

[155] 张述存. "一带一路"战略下优化中国对外直接投资布局的思路与对策 [J]. 管理世界, 2017 (4): 1 - 9.

[156] 张岳然, 费瑾. 双边投资协定、东道国制度环境与中国对外直接投资区位选择 [J]. 世界经济与治论坛, 2020 (6): 116 - 141.

[157] 张慧颖, 邢彦. 知识产权激励、外国直接投资与中国出口技术进步研究——基于行业特征的实证分析 [J]. 中国科技论坛, 2018 (8): 119 - 128.

[158] 张洁颖, 周煊. "走出去"战略背景下中国对外直接投资政策体系的思考 [J]. 国际贸易, 2007 (4): 27 - 30.

[159] 张勋, 乔坤元. 中国区域间经济互动的来源: 知识溢出还是技术扩散? [J]. 经济学 (季刊), 2016, 15 (4): 1629 - 1652.

[160] 张兆国, 张旭. 所得税政策与企业研发创新——来自中国上市公司的经验数据 [J]. 工业技术经济, 2019, 38 (4): 3 - 12.

[161] 赵晓敏, 秦蕾, 陈芳娌, 刘越娇. 中国对外直接投资政策体系的建立与思考 [J]. 经营管理者, 2012 (4): 151 - 154.

[162] 赵蓓文等. 中国引进外资与对外投资演变 40 年 [M]. 上海: 上海人民出版社, 2018.

[163] 诸竹君, 黄先海, 王毅. 外资进入与中国式创新双低困境破解 [J]. 经济研究, 2020, 55 (5): 99 - 115.

[164] 朱承亮, 刘瑞明, 王宏伟. 专利密集型产业绿色创新绩效评估及提升路径 [J]. 数量经济技术经济研究, 2018 (4): 61 - 79.

[165] 周立. 中美贸易争端: 技术封锁与保护主义 [J]. 国际经贸探索, 2018, 34 (10): 88 - 104.

[166] 庄子银, 李宏武. FDI、知识产权与中国的专利结构 [J]. 研究

与发展管理，2018，30（1）：81 -91.

[167] 詹晓宁，欧阳永福.《G20全球投资政策指导原则》与全球投资治理——从“中国方案”到“中国范式”[J]. 世界经济研究，2017（4）：3 -13，134.

[168] 钟哲明. 中苏不同的改革开放源于不同的理论指导（上）[J]. 政治学研究，2009（1）：13 -25.

[169] Aitken, B. J., and A. E. Harrison. Do Domestic Firms Benefit from Direct Foreign Investment? [J]. American Economic Review, 1999, 89 (3): 605 -618.

[170] Ahmed, E. M. Are the FDI Inflow Spillover Effects on Malaysia's Economic Growth Input Driven? [J]. Economic Modelling, 2012, 29 (4): 1498 -1504.

[171] Akhtaruzzaman, M., N. Berg., and C. Hajzler. Expropriation Risk and FDI in Developing Countries: Does Return of Capital Dominate Return on Capital? [J]. Staff Working Papers, 2017, 49 (5): 84 -107.

[172] Author, S. B. K. Does Foreign Direct Investment Increase the Productivity of Domestic Firms? In Search of Soillovers Through Bacward Linkages for Smarzynska Beata K Author [J]. American Economic Review, 2004, 94 (3): 605 -627.

[173] Adom, P. K., E. E. O. Opoku, and K. M. Yan. Energy Demand - FDI Nexus in Africa: Do FDIs Induce Dichotomous Paths? [J]. Energy Economics, 2019, 81 (JUN): 928 -941.

[174] Atems, B., and J. K. Mullen. "Outward FDI from the USA and Host Country Financial Transparency." [J]. Journal of International Trade & Economic Development, 2016, 25 (7 -8): 1 -22.

[175] Almus, M., and D. Czarnitzki. The Effects of Public R&D Subsidies on Firms' Innovation Activities in a Transition Economy: The Case of Eastern Germany [J]. ResearchGate, 2003, 21 (2): 226 -236.

[176] Blum, B. S. Claro, I. Horstmann., and T. Tombe. The DNA of

New Exporters: Spin – Offs and FDI at the Extensive Margin of Trade [J]. American Economic Review: Insights, 2020, 2 (3): 397 –408.

[177] Bewley, and F. Truman. Advances in Econometrics (Fifth World Congress) Operationalizing Walras: Experience with Recent Applied General Equilibrium Tax Models [J]. 1987 (18): 231 –259.

[178] Benjamin, and Zissimos. The Economics of the World Trading System [J]. The Economic Journal, 2004, 114 (496): 338 –340.

[179] Bitzer, J., and M. Kerekes. Does Foreign Direct Investment Transfer Technology Across Borders? New Evidence [J]. Economics Letters, 2008, 18 (3): 452 –465.

[180] Blonigen, B., A. Ronald, B. Davies, G. R. Waddell, and H. T. Naughton. FDI in Space: Spatial Autoregressive Relationships in Foreign Direct Investment [J]. European Economic Review, 2006, 51 (5): 1303 – 1325.

[181] Branstetter, L. G., and R. F. F. Foley. Do Stronger Intellectual Property Rights Increase International Technology Transfer? Empirical Evidence from U. S. Firm – Level Data [J]. Quarterly Journal of Economics, 2006, 121 (1): 321 –349.

[182] Balasubramanyam, V. N., M. Salisu., and D. Sapsford. Foreign Direct Investment As an Engine of Growth [J]. The Journal of International Trade & Economic Development, 1999, 8 (1): 27 –40.

[183] Battisti, M., F. Belloc, M. Del Gatto. Unbundling Technology Adoption and TFP at the Firm Level: Do Intangibles Matter? [J]. Journal of Economics & Management Strategy, 2015, 24 (2): 390 –414.

[184] Borensztein, E., J. De Gregorio, and J – W. Lee. How Does Foreign Direct Investment Affect Economic Growth? [J]. Journal of International Economics, 1998, 45 (1): 115 –135.

[185] Berman, E., and Machin, S. Skill – based Technology Transfer around the world [J]. Oxford Review of Economic Policy, 2000, 16 (3):

12 -22.

[186] Buckley, P. J., L. J. Clegg, A. R. Cross, X. Liu, and V. P. Zheng. The determinants of Chinese outward foreign direct investment [J]. Journal of International Business Studies, 2007, 38 (2): 499 -518.

[187] Belkhodja, O., M. Mohiuddin, and E. Karuranga. The Determinants of FDI Location Choice in China: A Discrete - Choice Analysis [J]. Applied Economics, 2017, 49 (13 -15): 1241 -1254.

[188] Cheung, K., and P. Lin. "Spillover Effects of FDI on Innovation in China: Evidence from the Provincial Data" [J]. China Economic Review, 2004, 15 (1): 25 -44.

[189] Campos, N. F., and Y. Kinoshita. Foreign Direct Investment as Technology Transferred: Some Panel Evidence from the Transition Economies [J]. Manchester School, 2002 (70): 398 -419.

[190] Cantwell, J. A., and P. E. E. Tolentino. Technological Accumulation and Third World Multinationals [Z]. Paper presented at the annual meeting of the European International Business Association, Antwerp, December, 1987.

[191] Chamley, C. Optimal Taxation of Capital Income Taxation in General Equilibrium with Infinite Lives [J] Econometrica, 1986 (54): 607 -622.

[192] Chang, C. L., Chen, S., and M. Aleer. Globalization and Knowledge Spillover: International Direct Investment, Exports and Patents [J]. Economics of Innovation and New Technology, 2013, 22 (4): 329 -532.

[193] Cozza, C., R. Rabellotti, and M. Sanfilippo. The Impact of Outward FDI on the Performance of Chinese Firms [J]. China Economic Review, 2015 (36): 42 -57.

[194] Coe d, T., and E. Helpman. International R&D Spillovers [J]. European Economic Review, 1995, 39 (94): 859 -887.

[195] Colciago A, Etro F. Real business cycles with Cournot competition and endogenous entry [J]. Journal of Macroeconomics, 2008, 32 (4): 1101 -

1117.

[196] Criaco, G., T. Minola, and P. Migliorini. To Have and Have Not: Founders' Human Capital and University Start - up Survival. The Journal of Technology Transfer [J]. Journal of Technology Transfer, 2014, 39 (4): 567 - 593.

[197] Duanmu, J. L. Firm Heterogeneity and Location Choice of Chinese Multinational Enterprises (MNEs) [J]. Journal of World Business, 2012, 47 (1): 64 - 72.

[198] Djankov, S., and B. Hoekman. Foreign Investment and Productivity Growth in Czech Enterprises [J]. The World Bank Economic Review, 2000, 14 (1): 49 - 64.

[199] Dong, B. G., and Guo. A Model of China's Export Strengthening Outward FDI [J]. China Economic Review, 2013, 27: 208 - 226.

[200] Dash, R. K., and P. C. Parida. FDI, Services Trade and Economic Growth in India: Empirical Evidence on Causal Links [J]. Empirical Economics, 2013, 45 (1): 217 - 238.

[201] Elia, S., I. Mariotti, and L. Piscitello. The Impact of Outward FDI on the Home Country's Labour Demand and Skill Composition [J]. International Business Review, 2009, 18 (4): 357 - 372.

[202] Fieler, A. C. Nonhomotheticity and Bilateral Trade: Evidence and a Quantitative Explanation [J]. Econometrica, 2011, 79 (4): 1069 - 1101.

[203] Feldman, M. and M. Kelley. The Ex Ante Assessment of Knowledge Spillovers: Government R&D Policy, Economic Incentives and Private Firm Behavior [J]. Research Policy, 2006, 35 (10): 1509 - 1521.

[204] Grossman, G. M., and E. Helpman. Trade, Knowledge Spillovers, and Growth [J]. Nber Working Papers, 1990, 35 (2 - 3): 517 - 526.

[205] Gunby, P., Y, Jin, and W. R. Reed. Did FDI Really Cause Chinese Economic Growth? A Meta - Analysis [J]. World Development, 2017 (9): 242 - 255.

[206] Ghebrihiwet, N. Acquisition or Direct Entry, Technology Transfer, and FDI Policy Liberalization [J]. International Review of Economics & Finance, 2017, 51 (6): 455 -469.

[207] Greiner, A., and G. Kauermann. Debt Policy in Euro Area Countries: Evidence for Germany and Italy Using Penalized Spine Smoothing [J]. Economic Modelling, 2008, 25 (2): 1144 -1154.

[208] Helpman, E. Trade, FDI, and the Organization of Firms [J]. Journal of Economic Literature, 2006, 44 (3): 589 -630.

[209] Harding, T., and B. S. Javorcik. Foreign Direct Investment and Export Upgrading [J]. Review of Economics and Statistics, 2012, 94 (4): 964 -980.

[210] Haddad, M., and A. Harrison. Are There Positive Spillovers From Direct Foreign Investment?: Evidence From Panel Data for Morocco [J]. North - Holland, 1993, 42 (1): 51 -74.

[211] Haskel, J., and G. Wallis. Public Support for Innovation, Intangible Investment and Productivity Growth in the UK Market Sector [J]. Economics Letters, 2013, 119 (2): 95 -198.

[212] Hiratsuka, D. Japan's Outward FDI in the Era of Globalization [M]. 2018.

[213] Huang, S. C. Capital Outflow and R&D Investment in the Parent Firm [J]. Research Policy, 2013, 42 (1): 245 -260.

[214] Huang, C. H., K. F. Teng, and P. L. Tsai. Inward and Outward Foreign Direct Investment and Poverty: East Asia vs. Latin America [J]. Review of World Economics, 2010, 146 (4): 763 -779.

[215] Hayakawa, K., T. Matsuura, K. Motohashi, and A. Obashi. Two - dimensional Analysis of the Impact of outward FDI on Performance at Home: Evidence from Japanese Manufacturing Firms [J]. Japan & the World Economy, 2013, 27 (4): 25 -33.

[216] Jacob, M., and G. José Luis. Technology Transfer and Multina-

tionals: The Case of Balearic Hotel Chains' Investments in Two Developing Economies [J]. Tourism Management, 2007, 28 (4): 976 -992.

[217] Javorcik, B. Does Foreign Direct Investment Increase the Productivity of Domestic Firms? In Search of Spillovers through Backward Linkages [J]. The American Economic Review, 2004, 94 (3): 605 -627.

[218] Jeon, Y., B. I. Park, and P. N. Ghauri. Foreign direct investment spillover effects in China: Are they different across industries with different technological levels? [J]. China Economic Review (1043951X), 2013, 26: 105 -117.

[219] Kogut, B., and S. J. Chang. Technological Capabilities and Japanese Foreign Direct Investment in the United States [J]. The Review of Economics and Statistics, 1991, 73 (3): 401 -413.

[220] Khoury, T. A., and M. W. Peng. Does Institutional Reform of Intellectual Property Rights Lead to More Inbound FDI? Evidence from Latin America and the Caribbean [J]. Journal of World Business, 2011, 46 (3): 337 -345.

[221] Kumbhakar, S. C. Stochastic Frontier Analysis [M]. Cambridge: Cambridgen University Press, 2000.

[222] Kao, C. Spurious Regression and Residual - Based Tests for Cointegration in Panel Data [J]. Journal of Econometrics, 1999, 90 (1): 1 -4.

[223] Klenow, H. P. J. Misallocation and Manufacturing TFP in China and India [J]. Quarterly Journal of Economics, 2009, 124 (4): 1403 -1448.

[224] Kim, D., and P. Perron. "Unit Root Tests Allowing for a Break in the Trend Function at an Unknown Time under Both the Null and Alternative Hypotheses." [J]. Journal of Econometrics, 2009, 148 (1): 1 -13.

[225] Keupp, M., A. Beckenbauer, and O. Gassmann. How Managers Protect Intellectual Property Rights in China Using De Facto Strategies [J]. R& D Management, 2009, 39 (7): 211 -224.

[226] Liu, X., J. Lu, and A. Chizema. Top Executive Compensation,

Regional Institutions and Chinese OFDI [J]. Journal of World Business, 2014, 49 (1): 143 – 155.

[227] Li, Y., and J. L. Hu. R&D, FDI, and Efficiencies of Small and Medium – Sized Firms [J]. Journal of Management Research, 2013, 13 (3): 163 – 179.

[228] Lichtenberg, F. R. The Private R&D Investment Response to Federal Design and Technical Competitions [J]. American Economic Review, 2001, 78 (3): 550 – 555.

[229] Liang, Z., and L. Xue. The Evolution of China's IPR System and its Impact on the Patenting Behaviors and Strategies of Multinationals in China [J]. International Journal of Technology Management, 2010, 51 (51): 469 – 496.

[230] Mello, D., and R. Luiz. Foreign Direct Investment in Developing Countries and Growth: A Selective Survey [J]. Journal of Development Studies, 1997, 34 (1): 1 – 34.

[231] Merlevede, B., K. Schoors, and M. Spatareanu. FDI Spillovers and Time Since Foreign Entry [J]. World Development, 2014, 56 (3): 108 – 126.

[232] Merlevede, S., V. L. Freya, and L. Cappon. The Blurred Vision of Lady Justice for Minors with Mental Disorders: Records of the Juvenile Court in Belgium [J]. International Journal of Law and Psychiatry, 2014, 37 (2): 198 – 209.

[233] Mitra, A., C. Sharma, V., Varoudakis, and Marie – Ange. Trade Liberalization, Technology Transfer, and Firms' Productive Performance: The Case of Indian Manufacturing [J]. Journal of Asian Economics, 2014, 33 (8): 1 – 15.

[234] Mansfield, E. Intellectual Property Protection, Foreign Direct Investment, and Technology Transfer [M]. World Bank, 1994.

[235] Nabin, M., X. Nguyen, and P. Sgro. On the Relationship

Between Technology Transfer and Economic Growth in Asian Economies [J]. World Economy, 2013, 36 (7): 935 - 946.

[236] Nakamura, T. Foreign Investment, Technology Transfer, and The Technology Gap: A Note [J]. Review of Development Economics, 2010, 6 (1): 39 - 47.

[237] Owen - Smith, J., and W. W. Powell. To Patent or Not: Faculty Decisions and Institutional Success at Technology Transfer [J]. Journal of Technology Transfer, 2001, 26 (1 - 2): 99 - 114.

[238] Paul J, Benito G R G. A review of research on outward foreign direct investment from emerging countries, including China: what do we know, how do we know and where should we be heading? [J]. Asia Pacific Business Review, 2018, 24 (2): 1 - 26.

[239] Perri, A., and E. Peruffo. Knowledge Spillovers From FDI: A Critical Review From the International Business Perspective [J]. International Journal of Management Reviews, 2016, 18 (1): 3 - 27.

[240] Piperopoulos, Panagiotis, Jie, Wang, and Chengqi. Outward FDI, Location Choices and Innovation Performance of Emerging Market Enterprises [J]. Research Policy, 2018, 47 (11): 121 - 138.

[241] Pradhan, J. P., N. Singh. Outward FDI and Knowledge Flows: A Study of the Indian Automotive Sector [J]. Mpra Paper, 2008, 1 (1): 155 - 186.

[242] Pedroni, P. Critical Values for Cointegration Tests in Heterogeneous Panels with Multiple Regressors [J]. Oxford Bulletin of Economics and Statistics, 1999, 61 (S1): 653 - 670.

[243] Romer, P. M. Endogenous Technical Change [J]. Journal of Political Economy, 1990, 98 (5): 71 - 102.

[244] Radlo, M. J. Outsourcing/Off - Shoring: A Way to Boost Restructuring in the Polish Banking Sector? [J]. Ssrn Electronic Journal, 2012 (15): 1 - 25.

[245] Sakwa, R. Rise and Fall of the Soviet Union [J]. International Journal of Political Economy, 2013, 24 (1): 5-18.

[246] Stoian, C., and F. Filippaios. Foreign Direct Investment in Central, Eastern and South Eastern Europe: an 'eclectic' approach to Greek investments [J]. Int. J. of Entrepreneurship and Innovation Management, 2008, 8 (5): 542-564.

[247] Snchezsellero, P., J. Rosellmartnez, and G. M. Garcavzquez. Absorptive Capacity From Foreign Direct Investment in Spanish Manufacturing Firms [J]. International Business Review, 2014, 23 (2): 429-439.

[248] Szczygielski, K., W. Grabowski, and T. Pamukcu. Does Government Support for Private Innovation Matter? Firm-level Evidence from Two Catching-up Countries [J]. Research Policy, 2017, 46 (1): 219-237.

[249] Song, M. L., J. Tao, and S. H. Wang. FDI, Technology Spillovers and Green Innovation in China: Analysis Based on Data Envelopment Analysis [J]. Annals of Operations Research, 2015 (1): 47-64.

[250] Thangavelu, S. M., Y. W. Yong, and A. Chongvilaivan. FDI, Growth and the Asian Financial Crisis: The Experience of Selected Asian Countries [J]. The World Economy, 2010, 32 (10): 1461-1477.

[251] Tan, E. C., C. F. Tang, and P. Rupah Devi. "What Could Cause A Country's GNP to be Greater than its GDP?" The Singapore Economic Review, 2020, 11: 1-22.

[252] Vahter, P., and J. Masso. Home Versus Host Country Effects of FDI: Searching for New Evidence of Productivity Spillovers [J]. Social Science Electronic Publishing, 2006, 53 (2): 165-196.

[253] Wang, C. L., and H. F. L. Chung. The Moderating Role of Managerial Ties in Market Orientation and Innovation: An Asian Perspective [J]. Journal of Business Research, 2013, 66 (12): 2431-2437.

[254] Wang, J. Y., and M. Blomström. Foreign Investment and Technology Transfer: A Simple Model [J]. North-Holland, 1992, 36 (1): 1-32.

[255] Wang, C., and J. Hong, M. Kafouros, and M. Wright. "Exploring the Role of Government Involvement in Outward FDI from Emerging Economies." [J]. Journal of International Business Studies, 2012, 43 (7): 655 – 676.

[256] Whalley, J., and X. Xin. China's FDI and Non – FDI Economies and the Sustainability of Future High Chinese Growth [J]. China Economic Review, 2010, 21 (1): 123 – 135.

[257] Wells, L. T. Jr Third World Multinationals [M]. Cambridge, Massachusetts: MIT Press, 1983.

[258] Young, A. Gold into Base Metals: Productivity Growth in the People's Republic of China during the Reform Period [J]. Journal of Political Economy, 2003, 111 (6): 1220 – 1261.

[259] Zhu, X. D. Understanding China's Growth: Past, Present, and Future [J]. The Journal of Economic Perspectives, 2012, 26 (4): 103 – 124.

[260] Zhang, L. "The Knowledge Spillover Effects of FDI on the Productivity and Efficiency of Research Activities in China." [J]. China Economic Review, 2017, 42: 1 – 14.

[261] Zhang, H., and Song, S. Promoting Exports The Role of Inward FDI in China [J]. China Economic Review, 2000, 11 (4): 385 – 396.

致 谢

本书终告一段落，掩卷思量，饮水思源，在此谨表达拳拳谢意。首先，本书作为国家社会科学基金项目“双向跨境投资驱动中国创新发展的时空演化机制及其共轨溢出效应”（19BJL076）的结项成果；其次，感谢课题组成员两年来的努力工作和评审专家的宝贵意见，各位严谨务实的学术精神和辛勤付出为项目结题和本书撰写做出了重要贡献。最后，尤其要感谢课题组成员韩先锋博士对课题研究和本书撰写（第6章）的支持，还有杨松参与撰写第2章中国跨境投资的历史演化与驱动转型（12000字），张玉荣参与撰写第3章文献梳理（13000字），以及中国财政经济出版社的编辑出版工作，在大家协作支持下，本书得以付梓。

作者

2021年12月